古典古代語文研究叢書 卷一
Classico-Antiquity Inquiry Series One

영어의 차용어와 신조어
라전-희랍語根과 영어語尾

ENGLISH WORDS LOANED AND COINED:
Latin-Hellenic Roots and English Endings

서울고전고대문헌연구소
소장·문학박사 朴起用 지음
by Litt.D. Ki-Yong Park, Diréctor,
Institútum Clássico-Antiquitátum Seoulénse

http://words_loaned_&_coined.2021.ICAS.org

저자약력

1939 대한민국 함경남도 북청군 북청읍 내리 출생
1959 성신고등학교 졸업 (라전語·희랍철학개론 이수; 獨語 독학)
1960 가톨릭대학교 신학대학 철학과 1년 수료 (논리학·자연철학·通用희랍어 이수; 히브리語 독학)
1961 건국대학교 문과대학 국문학과 2년 수료 (국어국문학·중세국어·한문 이수; 史賣아이누語 독학)
1963 위 대학 영문학과 졸업 (영시론·수사학·비교문학·저널리즘 이수) 및 육군소위 임관 (ROTC 제1기)
1965 육군소위 예편 (보병수도사단 소대장)
1966 고려대학교 대학원 영문학과 석사과정 입학 (古代·中世영어 전공; 獨語 이수; 佛語 청강; 고트語·게르만語·로망스語 독학)
1970 위 문학석사학위 취득
1983 서울대학교 대학원 언어학과 박사과정 입학 (역사-비교언어학 전공; 梵語·만주語·튀르크語 청강; 길략語·유구語·日語·켈트語·헷語·악카드語·콥트語·케멧語·키엔기르語*·사유-언어기원론·언어계통론·언어유형론·품사론·통사론·문자학 연구)
1992 위 문학박사학위 취득
1993 위 대학원 언어학과 강사 (담당과목: 라전어·희랍어·범어 문법-원전강독; 9년)
1997 서울고전고대문헌연구소장 (論語商語·라전語·희랍語·梵語·히브리語·악카드語·케멧語·키엔기르語)

著書 論文

1987 조용한 혁명을 위하여: 상허 유석창 박사 일대기 (건국대학교 설립자; 도서출판 나라기획)
1992 舊新聖書複文構造對照分析 (서울大박사학위논문)
1994 「수메르語格體系對照分析」 (한국언어학회 '언어학' 16호)
1995 「羅典語·希臘語·梵語助詞體系比較分析」 (위 17호)
1996 「言語類型論試論」 (위 19호)
1996 「羅典-希臘語源英語造語法比較分析」 (英語史學會 '英語史' 2호)
2003 分論語: 論語文法 새로 쓰다 (도서출판 月印)

---

* 商語·헷語·케멧語·키엔기르語: '漢語·히타이트語·애급語·수메르語'의 改稱. 본서는 正名主義를 표방하므로 여하한 誤稱도 개칭된다. '키엔기르': 악카드人의 誤讀 ('Sumeru~Kiengir')

Lætitiæ, semper Sorori meæ Sponsæque,

et formosæ labiis et voce suavi,

quæ me pergere Latinitatem coegisti

rursum in medio quadraginta ætatis meæ

내 나이 마흔 허리에 라전어에
다시 매달리도록 부추겼고
입술도 예쁘고 목소리도 상냥한
나의 평생 누이이자 배필인 그대 래띠씨아에게

To Laetitia, my Always Sister and Spouse,
with lovely lips and sweet voice as well,
who forced me to carry on Latinity again
even in my age of mid-forty

앵글로프리시아어와 그 列島; Ⓝ·Ⓜ·Ⓚ·Ⓦ와 알프레드大王

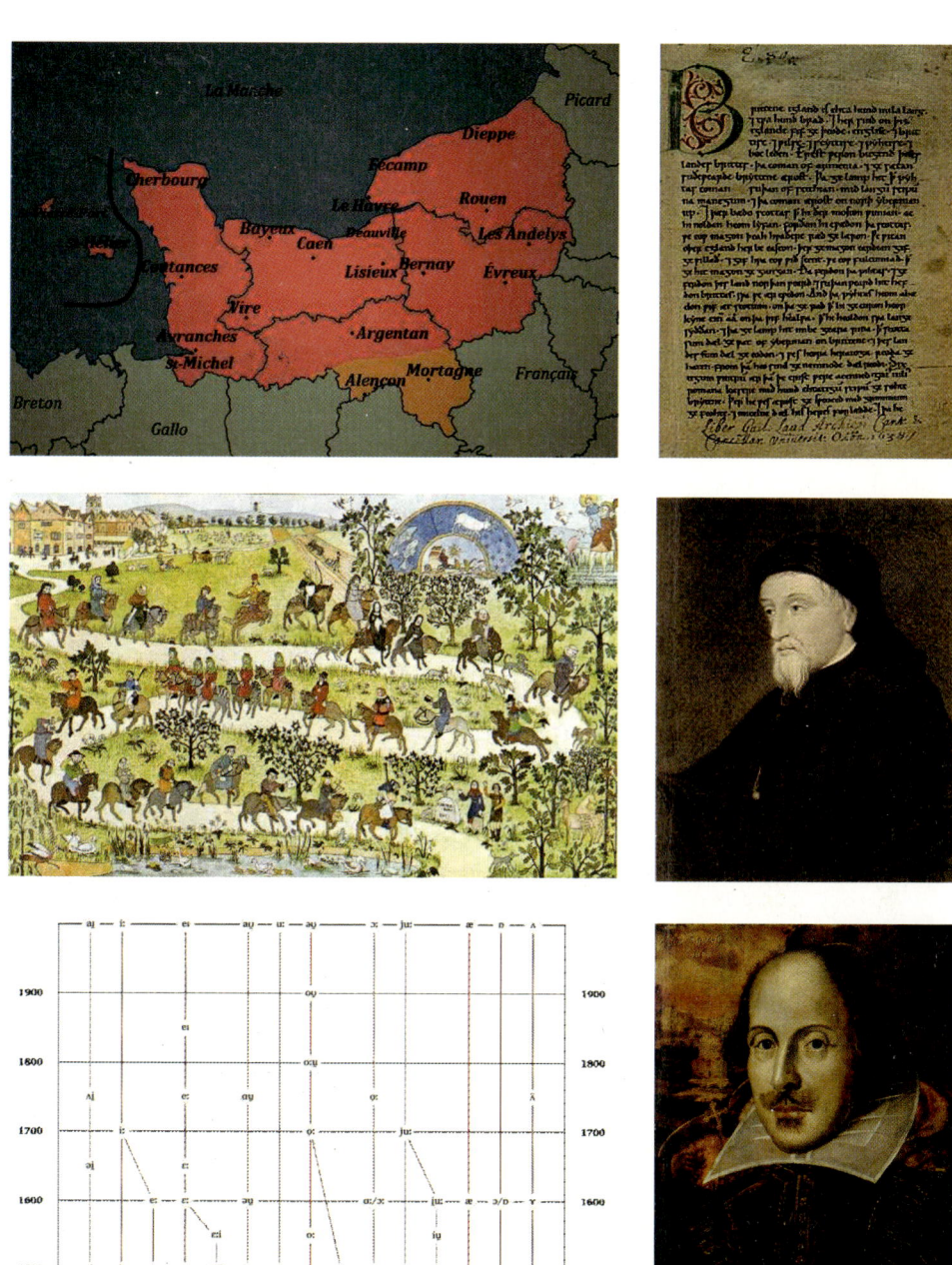

노르만디와 ^NF; ^ME & 쵸서; ^{EM}E와 쉐익스피어

Isaac Newton (1642~1727):
Philosophiæ Naturalis Principia Mathematica (1687)

머리말

본서의 표제대로 글을 쓰려면 동원되어야 할 어학지식은 古典·中世紀라전어·古典·通用희랍어·古代·中世·現代初期영어·노르만(古代)·中世·現代불어를 망라해야 하는데 지금까지 국내·국외에서 출간된 'Word Power' 等屬은 그렇지 못하며 노르만佛語를 통하여 中世영어에서 받아들인 차용어는 제대로 분석·정리되어 있지 않다. 그 까닭이 무엇일까? 노르만佛語를 제대로 집필한 포괄적인 어휘론은 찾을 수 없기 때문이었는데 Heinrich Berger(1899)의 'Die Lehnwörter in der Französischen Sprache Ältester Zeit'(古代불어의 借用語)는 라전·희랍語·獨語·아랍·페르시아語에서 차용된 노르만佛語를 다룬 것이므로 이에서 中世영어로 再차용된 어휘를 찾아내면 된다는 생각이었으나 이에서 다루지 않은, 오늘날 사용빈도가 높은 기본어휘수준의 수많은 차용어가 빠져 있으므로 완벽을 기하려면 이를 색출하지 않을 수 없음을 알게 되었다. 차용의 경로가 분명하게 밝혀지지 않았으나 노르만·中世불어를 경유, 英語의 음운에 순치된 라전·희랍어근의 차용어를 색출하는 작업을 본서가 떠맡아야 함을 일컫는다. 희랍어근의 차용어는 라전語를 경유한 것이며 獨語·아랍語·페르시아語 차용어는 소수에 불과할 뿐만 아니라 노르만佛語에 한정되고 英語에 차용되지 않았으므로 차용어와 무관하다. 따라서 색출해야 할 차용어는 오로지 라전·희랍어근에서 노르만佛語를 거쳐 中世영어에 유입된 어휘들이며 그 어형은 지배적으로 中世영어에서 現代영어로 전승되었다.

이들 차용어를 색출, 차용경로를 특정하면 본서의 집필취지는 충족되며 노르만佛語를 거친 現代영어의 차용어는 그 차용경로가 명백하게 확인될 수 있다. 이는 오래도록 정리하지 못한 라전·희랍어근의 DNA를 확인하는 쾌거이며 이를 성공적으로 마치면 英語어휘의 계통론적인 통시태는 매끈하게 정리될 수 있다. 나는 학위를 마치자 이 일에 몇 차례 달려들었으나 번번이 실패, 접어두었던 과제를 해결할 빌미는 바로 하인리히 베르거의 덕분이며 본서가 英語의 라전·희랍어근 차용어와 신조어를 정리하는 효시가

- i -

된다면 이는 독자와 더불어 英美人이 해결하지 못했던 사안을 풀었다는 기쁨을 함께 나누지 않을 수 없다. 이는 구글·아키브의 知識편재화에서 말미암은 열매이며 지구촌이 모두 함께 누릴 수 있는 새 생각의 결과물이다. 1,022,000 개(2020.6.)에 달하는 英語 총어휘 가운데 60만 개는 라전-희랍어근의 차용어·신조어이며 이들 어휘항목에 대한 계통론적인 확인은 英語어휘론의 大業이 아닐 수 없다. 유일한 最大국제어인 英語는 이제와서 英연방과 美國의 전유물이 아니라 지구촌의 無形공유자산이므로 英語의 어사적인 難題를 거들어야 하는 책무를 마다할 수 없는 국제적인 사안이며, 나의 영어학에 대한 버리지 못한 꿈은 古代-中世-現代初期-現代영어의 合成文통사구조通時분석과 이에 언어유형적으로 선택된 몇 가지 개별언어를 덧보탠 그 통사구조의 對照분석을 本총서의 한 권으로 곁들이는 것이다. 요한福音의 여러 譯本은 통사구조분석의 地文으로 적합한 것으로 여겨 선택되었다.

60만 개에 달하는 英語차용어·신조어는 라전-희랍어근이 도합 최대 8만 개에 불과한 것이며 이에 대한 정복은 오직 암기에 의한 것이나 이를 극복하면 나머지 52만 개는 암기가 아니라 이해에 의한 것이므로 다만 몇 달이면 끝장을 볼 수 있다. 따라서 어근이 암기의 대상이고 轉成接辭類가 이해의 대상이므로 무턱대고 달려드는 것은 어휘학습의 능사가 아니며 암기-이해의 황금률을 잘 운용하는 것이 王道이다. 가장 효율적인 방법론의 제시는 어학전공자의 몫이며 본서는 이를 펼치기 위한 것인데 英語처럼 우여곡절이 심한 개별언어는 그 有關언어 전반에 대한 포괄적인 어학지식을 쌓지 못한 채 펴낸 어휘학습서의 경우 독자에게 공연한 시간과 노력의 낭비를 강요할 따름이다. 나는 국내외에서 출간된 수십 종에 이르는 학습서를 훑어보았으나 본서에서 제시하는 요건을 충족시킨 만족할 만한 양서는 유감스럽게도 아직 한 권도 없다. 있다면 탄산수類의 드링크뿐이며 어휘학습疾의 근치를 위한 의약품이나 보약은 없다. 이는 그만큼 英語어휘의 완치를 위한 선배·스승 專攻醫가 없었기 때문이다.

나는 학부에서 영어영문학과(1963)를 마친 이래 58년만에 비로소 그 왕도를 터득했으며 그 이전에 몇 차례 쓰기를 시도하다 접은 것은 그 꼬투리를 포착하지 못한 채 달려들었기 때문이었다. 사유-언어의 기원과 기원탐구의 要諦에 대한 理通은 새 생각의 포착을 동반했으며 적확한 키워드로 구글·아키브의 知識편재화에 편승, 새 생각의 실마리는 어김없이 거머쥘 수 있게 되었다. 知識편재화를 이끌어 구글·아키브를 우리에게 안겨준 Kahle(1960~)와 Page(1973~)는 나의 새 생각을 위한 화수분이 되었으나 아직도 구글·아키브의 키워드는 기독교의 고등종교적인 울타리를 유감스럽게도 걷어치우지 못한 지난날의 것이며 더욱이 르네상스 이전의 고대문헌·고대어·고대문자에 대한 정보는 우리의 지식욕을 충족시키지 못하고 있다. 이러한 나의 불만은 그래도 知識편재화 이전 知識賣買시대에 견주면 배부른 푸념이 아닐 수 없으나 그래도 우리 인류를 眞性거짓의 空집합에서 풀어내고 참 진리치를 만끽할 수 있도록 知識편재화의 大義현양에 더 앞장선다면 지구촌은 참 진리치의 光源으로 빛날 것이다.

라전-희랍어근의 英語차용어·신조어와 그 앵글로색슨 토박이말은 참 진리치에 대한 새 생각을 자아내고 기원탐구·자아정체확인·자아실현을 위한 어사적인 연모를 부리는 데 가장 적합한 개별언어이며 평화상을 제외한 노벨상은 새 발견의 개념을 담을 라전-희랍어근 英語신조어에 대한 授賞인 셈이다. 즉, 沒入교육이 아니다. 따라서 높은 수준의 英語구사능력이란 앵글로색슨 토박이말도 기존 라전-희랍어근 英語신조어도 스스로의 신조어도 포괄적으로 영위할 수 있는 어휘지식을 뜻하며 이들 어휘항목의 고른 학습·구비는 사람살이 내내 지속되는 英語학습의 지속적인 과제이다. 이를 닥치는 대로 익힐 것이 아니라 어휘구조의 갈래를 따라 책략적으로 학습하지 않으면 괄목할 만한 진전은 기대할 수 없으며 이를 깨달은 우리 전문교육의 首長은 어느 누구 한 사람도 없었다. 본서는 이를 겨냥하여 획기적인 학습방향을 제시할 것이며 독자는 袖珍本으로 펴낸 본서를 웃옷이나 손가방에 넣고 3년만 끼고 살면 마치 소설책을 읽듯이 읽을지라도 차곡차곡 쌓이는 낟가리처럼 어원에 따른 英語단어장의 최대확대를 기대할 수 있으며 英語의 차용어·신조어 100만 개는 인위적인 노력의 결과이나 韓語는 같은 기간에 그 절반에 머물러 있을 따름이다.

'노르망디'(Normandy; Normandie)는 9세기 바이킹(Norsemen; Norvégiens)이 노

략질 뒤에 주저앉자 이들을 샤를 3세(879~929)가 정착시킨 프랑스의 서북부지방을 일컬으며, 당시 古代불어는 로마교회의 영향력과 더불어 말기通俗라전어 굴절체계의 붕괴(800년)로 말미암아 로망스語(초기佛語·伊語·西語·葡語)의 일원으로 정립되어 가고 있었다. 즉, '어근+곡용幹모음+곡용어미'로 구성되었던 古典라전어의 명사曲用연쇄체는 곡용어미(對格)가 탈락, 逆成되었으며 이는 이들 네 언어가 相似性·相異性을 공유하면서 제 각각 그 현대어의 어형으로 推移하는 과정에 있었음을 일컫는데 라전語의 직계子言語인 伊語에 견주어 나머지 셋은 켈트語의 계통론적인 有緣性을 공유한 가운데 라전語의 어사적인 형태구조를 받아들이는 데 각각 그 정도가 달랐다. 노르만侵攻(879~929)에 의하여 브리딴니아에 도입된 古代불어는 본서에서 '노르만佛語'을 일컬으며 이는 현대西語·葡語보다 현대佛語에 더 가까운 형태구조와 음운자질을 中世영어·현대初期영어·現代영어에 傳授시켰다.

中世영어(11세기末~15세기)는 古典라전어·말기通俗라전어의 어사적인 형태구조·음운자질을 노르만佛語를 경유, 차용했으며 이는 노르만支配계층의 國籍의식이 400년 뒤에야 비로소 노르망디가 아니라 브리딴니아로 覺醒, 推移하는 동안 말기古代영어(앵글로색슨語)와 中世영어(쵸서英語)는 民草의 언어였음을, 그 언어유형은 곡용형에서 還배어형으로 자연스럽게 推移되었음을 각각 뜻한다. '베오울프'(700~1000; 웨스트색슨語)의 低地게르만어, '캔터베리 이야기'(1483; 쵸서)의 水平化영어, '햄릿'(1603; 쉐일스피어)의 大母音推移영어, '모비딕'(1851; 허먼 멜빌)의 現代영어 등은 英語가 산출한 英美문학의 걸작이며, 만일 노르만佛語에 의한 라전(-희랍)語根차용어가 中世영어기간 동안 傳受되지 않았다면 오늘날의 英語는 알프레드大王의 웨스트색슨語를 이은 低地게르만어의 곡용유형과 웨스트색슨 단어장을 간직한 언어로 남아 있을 것이었다. 이러한 想定은 英語史的으로 英語의 大成을 위한 노르만佛語·中世불어의 공헌으로 받아들일 수 있다.

으뜸 국제어 現代영어의 명사·형용사·부사·동사語形은 앵글로색슨系와 라전-희랍어근차용어系로 양분되며 전자는 게르만語의 生動力과, 후자는 라전語-희랍語의 優雅美를 均分하는 결과를 초래하였다. 우리의 경우와 아주 딴판으로 英語는 라전-희랍어근의 차용어·신조어를 英語의 大義를 위하여 적극적으로 수용했으며 이는 그 이전에 劣勢언어 가운데 하나였던 英語를 지구촌의 최대어휘(100만개)를 보유하는 데 성공하였다. 라전-희랍어근의 차용어·신조어에 대한 英美人의 현실적·실리적인 시각은 산업혁명(1760~1820)을 계기로 삼아 새로운 공산품의 상표와 발견이론의 전문용어를 양산했으며 그 어휘항목·어휘구조는 노르만佛語에서 받아들인 中世영어의 것을 쉐익스피어를 비롯한 시인·희곡작가·소설가들이 잘 다듬고 사전편찬자 사무엘 존슨(1709~1784)의 'A Dictionary of the English Language'(1755)에서 正書法的으로 잘 정돈되었다. 歐美의 경우와 달리 우리 국어학계는 語文的인 국수주의에 머물러 있고 歷代 대통령·교육부장관·서울大총장도 고전-고대어학의 중요성을 모르므로 法科·政治-經濟科에서 法制史·政治-經濟思想史의 원천인 우르남마法(2100 BC)·함무라비法典(1750 BC)·로마법大典(529~565)을 읽지 못한 채 이들 학과목을 배우고 학위를 따서 교수가 되거나 考試를 치르든지 말든지 나라의 세 기둥인 曺界·政界·財界를 이끄는 엘리트가 될지라도 이들은 모두 英語 신조어의 능력은 없다. 이는 통탄하지 않을 수 없는 일이며 그래도 나라가 지구촌에서 國格을 유지하면서 버티는 것은 세종대왕의 訓民正音 덕분에 문맹률이 1%에 불과하기 때문이나 實質문맹률이 75%에 이르는 까닭은 初·中等·大學교과과정을 한글專用으로 시행하기 때문이다. 입에 담기 무척 창피한 말이지만 우리 대학생·대학졸업자의 '漢字'실력은 망신스럽게도 옆나라 초등생의 경우보다 못한 실정이므로 實質문맹률 75%는 우리의 어문생활뿐만 아니라 교양·전공·전문분야의 독서를 가로막으며, 나아가, 國語신조어를 구사하여 새 생각을 담은 서적을 읽어도 이해할 수 없는 결과를 초래한다. 한 걸음 더 나아가, 라전-희랍語根과 英語·獨語·伊語·佛語·西語·葡語語尾의 신조어를 실은 外書의 독서-이해는 막히지 않을 수 없으므로 본서는 이에 대처하기 위한 방편을 지향하며 그 학습은 단기간일수록 바람직하도록 줄이고 또 줄였다.   辛丑年(2021) 冬至 妙衍 朴起用 사룀

Ⓐ: 略字·記號

Ⓐ: 아이누語

Ⓐ: 악카드語

ᴾⒶ: 팔레스트리나아람語

ˢⒶ: 앵글로색슨語(古代영어); ᴺⒶ: Northumbrian; ᴹⒶ: Mercian; ᴷⒶ: Kentish; ᵂⒶ: Wessex

Ⓔ: 英語; ᴹⒺ: 中世영어; ᴱᴹⒺ: 쉐익스피어英語(初期현대영어)

ᴺⒻ: 노르만佛語(古代불어); ᴹⒻ: 中世불어; Ⓕ: 佛語

Ⓖ: 獨語; Ⓓ: Dansk; Ⓕ: 프리지아語; Ⓖ: 고트語; Ⓞ: Norsk; Ⓢ: Svensk

Ⓗ: 희랍語; ᶜⒽ: 通用희랍어(Common Hellenic)

ᴮⒽ: 히브리語(Biblical Hebrew); ᴿⒽ: 再生히브리語語(Revived Hebrew)

Ⓘ: 伊語; Ⓟ: 葡語; Ⓢ: 西語

Ⓚ: 키엔기르語('수메르語'의 개칭); ᵐᵗⓀ: 케멧語 ('埃及語'의 개칭; Kmt; Kemet)

ᴾ/ˢⓀ: 韓語 (一次·二次동원어)

Ⓛ: 라전語; ᴱⓁ: 初期라전어語(Early); ᴹⓁ: 中世紀라전어(Medieval); ᴿⓁ: 現代라전어(Roman)

ᶜⓈ: 梵語 (Classical Sanskrit)

ᴷⓈ: 韓商字 (韓語음가商字; *Shanguese* Characters according to Korean Phonological Values)

ᵈⁱ/ᴷⓈ: http://商(=殷)나라/商語·商字('漢語·漢字'의 개칭).ac (文理上帝譯商語/韓語音價商語)

■·◆: 語彙·語源; ●: 註釋; ☞: 보라!

∞: 三次동원어; ∞: 二次동원어; ∞: 一次동원어

'+áre/+ári': 第一活用化

A→B/X__Y: X와 Y 간의 A는 B로

AP/BP: 現在이후·現在이전 (After Present; Before Present); X_{bis}; X_{twice}; X_{ter}: X_{thrice}

Av.: 非幹母音동사 (verbum athemáticum)

Dv.: 脫形동사 (verbum déponens)

Dvʃ.: 아오리스트脫形동사

LV: 連結모음 (Linksvokal)

pl.tt.: 複數명사 (plurále tantum)

Rv.: 重複音節동사 (verbum reduplicátum); 'Rvd.': 重複不備동사 (defectívum)

Σv.: 아오리스트動詞 (verbum sigmáticum; +s+)

vf.: 反復동사 (verbum frequentatívum; +t+; +s+)

vj.: 強勢동사 (verbum intensívum; +t+)

vn.: 中性동사 (verbum neutrále; 繫辭)

'vʃ': 機動동사 (verbum inchoatívum; +sc+)

B: **參考文獻**

가톨릭대학교 고전라틴어연구소 編 (1995), Dictionárium Latíno-Coreánum

금하연 外 (2016), 許愼 說文解字 (100 AD)

金公七 (1999), 耽羅語硏究

_____ (2000), 아이누語硏究

南廣祐 (1960, 1995, 2021), 敎學古語辭典

都守熙 (2005), 百濟語硏究

동아출판사 (1990; 2016; 제5판), 동아 새국어사전

배대온 (2003), 歷代 이두사전

전광진 (2013; 2019), 선생님 한자책

千素英 (1990), 古代國語語彙硏究

최남희 (2005), 고구려어연구

臺灣성서공회 (2016), 新舊約聖書 文理串注上帝版

諸橋徹次 (1943~2000; 15권), 大漢和辭典

BAYARYN, M. (re-typeset; 2016), The Gospel according to St. John in Sanskrit-English-German-Latin

BALL, C.J. (1913), Chinese and Sumerian

BERGER, H. (1899), Die Lehnwörterbuch in der Französischen Sprache Ältester Zeit

BORGER, R. (1988), Mesopotamisch-babylonische Zeichenliste

BOSWORTH, J. (arranged; 1874), The Gothic and Anglo-Saxon Gospels in Parallel Columns with the Version of Wycliffe and Tyndale

BRACHET, A. (1882), An Etymological Dictionary of the French Launguae

CLARK, M. et al. (2008), Oxford German Dictionary

FISCHER, S.R. (1988), Evidence for Hellenic Dialect in the Phaestos Disk

FORCELLINI, A. (1940), Lexicon Totius Latinitatis (Vols. I~IV)

GALLÉE, J.H. (1903), Vorstudien zu einem Altniederdeutschen Wörterbuch

Sir GARDINER, A. (1957), Egyptian Grammar

GLARE, P.G.W. (2012), Oxford Latin Dictionary (Vols. I & II)

GRIM, J. (1848), Gothisches Glossar von Ernst Schultze

HARGROVE, H.L. (ed.; 1902), King Alfred's Old English Version of St. Augustine's Soliloquies

HALLORAN, J.A. et al. (1996), Lexicon of Sumerian Logograms

HAYES, J.L. (1990), A Manual of Sumerian Grammar and Texts

HUEHNERGARD, J. (1997), A Grammar of Akkadian

KLUGE, F. (1891), An Etymological Dictionary of the German Language

LEROUX, E. (ed.; 1883), Mélanges Orientaux: Textes et Traductions

LIDDELL & SCOTT, Greek-English Lexicon (Vols. I & II)

McINTYRE, D. (1845), On the Antiquity of the Gaelic Language

MEILLET, A. (1828), Esquisse d'une histoire de la langue latine

MONTAGUE, R. (1973), The Proper Treatment of Quantification in Ordinary English

Sir MOPNIER-WILLIAMS, M. (1872), A Sanskrit-English Dictionary

OESTERLEY, H. (1872), Gesta Romanorum

OXFORD UNIV. PRESS, (pub.; 1857; 2010), Oxford English Dictionary Online

PEARSALL, J. et al. (1998; 2010), The New Oxford English Chinese Dictionary

PRATT, R.A. (ed.; 1966), The Tales of Canterbury, Complete, Geoffrey Chaucer

PRITCHARD, M.T. (ed.; 1969), ANET (Ancient Near Eastern Texts)

RABIN, Ch.M. (1973), A Brief History of the Hebrew Language

von RICHTHOFEN K.F. (1840), Altfriesisches Wörterbuch

RUHLEN, M. (1987), A Guide to the World's Languages (Vol. I: Classification)

SCHMANDT-BESSERAT, D. (1996), Before Writing

SIMPSON, D.P. (1968; 1977), Cassell's Latin Dictionary: Latin-English & English-Latin

von SODEN, W. (1969), Grundriss der akkadischen Grammatik

STRATMANN, F.H. (1891), A Middle-English Dictionary

TOLLER, T.N. (1882), An Anglo-Saxon Dictionary

TREGELLES, S.P. (1857), Gesenius's Hebrew and Chaldee Lexicon

TULLOCH, S. (ed.; 1993), Wordfinder

VILBORG, E. (1960), A Tentative Grammar of Mycenaean Greek

WAITE, M. et al. (ed.; 2009), Oxford Thesaurus of English
WALDE, A. (1910), Lateinisches Etymologisches Wörterbuch
WEEKLEY, E. (1921), An Etymological Dictionary of the English Language
WHITNEY, W.D. (1879), A Sanskrit Grammar
WOODHOUSE, S.C. (1910; 1964), English-Greek Dictionary: A Vocabulary of the Attic Language
WRIGHT, J. (1906), An Old High German Primer
_____ (1912), Comparative Grammar of the Greek Language
_____ (1917), A Middle High German Primer
_____ (1954), Grammar of the Gothic Language
ZEUSS, J.C. (1853), Grammatica Celtica

C: 본서의 신조어 및 개칭·교정

본서는 正名主義를 표방하므로 고대어·고전어·현대어를 막론하고 그 오칭은 개칭되며 非文신조어는 校訂된다. **첫째 묶음 라전-희랍어근 차용어**에서 섭취할 수 있듯이 古代 불어를 경유 中世영어(죠서英語)로 再차용된 라전-희랍차용어의 語形은 현대初期영어(쉐익스피어英語) 이래 사무엘 존슨(1709~1784)의 'A Dictionary of the English Language' (1755.4.15.; 'Oxford English Dictionary,' 1st Ed.; 1928)에서 줄기차게 다듬어졌으며 **둘째 묶음 라전-희랍어근 신조어**에서 살필 수 있듯이 신조어는 양산되어 오늘날의 正書法에 따른 英語 總어휘 백만 개를 넘는 어휘항목으로 집대성되었다. 이 가운데 허다한 誤稱·非文신조어는 마치 인류의 잘못을 그대로 두고 보면서 성찰의 계기로 삼자는 것인지 아니면 그 잘못을 간과한 듯이 언급의 대상도 되지 않고 있으며 그러므로 본서는 正名主義의 旗幟 아래 英語 차용어·신조어를 생체해부하는 김에 그 개칭·교정을 들추어 韓語·英語와 전문용어의 운용·운영에 새 기운을 불러일으켜 21세기의 마땅한 새 진로를 모색하고자 한다.

'그리스·프랑스'는 보이오티아海岸의 마을인 'Graia'(<gray; old; withered>)에서, 침략자 프랑크族(西게르만族)에서 각각 따온 지명이며 그 원명은 '헬라스; 골'(Hellas; Gaul)이 옳으나 국제사회와 自國에서 각각 그 오칭에 둔감한 실정이다. '그리스*'는 英語에 덩달아 우리의 표준어로 査定되어 있는 까닭에 http://헬라스(그리스*의 개칭).ac로 바로잡아야 옳으며 더욱이 '그리스*'는 英語의 로마자轉寫에 불과하므로 이는 '希臘'에 대등한 語辭的인 품격을 갖출 수 없을 만큼 천박하다. 콧대도 높고 주도면밀한 프랑스가 프랑크의 지배·통치를 오늘날까지 기억하도록 내버려 두는 까닭은 이해하기 어려우며 더욱이 國號 '프랑스'는 게르만語(<free>)의 차용어에서 형성되었음에랴? 그 교정은 난감하다. 高宗황제가 '大韓帝國'의 國號를 漢人의 蔑稱인 '朝鮮'(길략語 'təosuğg'; <the Tungus; barbarians>)에서 '大韓'으로 바로잡은 것은 '三國史記'(1145) 이래 최대 민족주체사관의 發露이자 민족적인 자아정체의 확인이며 이에 따라 '배달국-古조선'은 '韓나라'(3897~2333~108 BC)로 개칭되어야 옳다.

漢人이 漢字의 起源을 夏나라·商나라(2070~1600~1046 BC; 金文·甲骨文)에 두지 않고 漢나라(202 BC~220 AD)에 두는 것은 周나라(c.273~c.230 BC)의 정권교체와 연관된 집권세력의 政治工程에서 말미암았든지 四聲의 출현이 그 反證인지 모르며 그 工程 이전은 商字(漢字의 개칭)에 의하여 문자학적인 선후관계로 정상화될 수 있다. 이에 따라 '商語·商文·商字韓音價'는 韓語的인 것으로, '漢語·漢字·漢文·漢音價'는 工程에 따른 것으로 각각 변별되며, 나아가, 전자는 韓語·한글·韓文學의 새 지평의 펼침에 필수적으로 요청되는 語文的인 연모이다. 즉, 商字의 造語역량은 新造語力의 무한대를 뜻하며 이는 탐스러운 토박이말의 개발·발굴·변안과 더불어 韓語의 미래가 걸려 있는 우리 국어의 표음적·표기적인 양대 資産이다. 라전-희랍어근에 의한 英語의 신조어는 英語와 英國·英聯邦·美國의 原話者뿐만 아니라 지구촌민 모두의 어사적인 공유자산이며 이는 또한 韓語언어공동체의 으뜸 국제어이므로 신조어의 조어법뿐만 아니라 旣存신조어의 오류

결함에서 완벽을 거울삼아야 옳다.

차용어·신조어는 조어법의 규칙을 준수하지 않으면 非文이며 조어법의 적용대상은 명사·형용사·派生부사·동사를 망라하나 그 지배적인 품사는 명사이다. 명사는 一般명사·固有명사로 양대별되며 상표(브랜드)를 포함한 一般명사는 **둘째 묶음**의 주제이다. 우리의 가축 가운데 개는 이름을 지어 부르면 내내 따르는데 개의 이름도 지배적으로 명사이며 알음사람 누적총계 천억 명(2016.11.21.퍼거슨 심프슨; 바르셀로나大 통계학교수)의 이름은 그 총수가 도합 그만큼이다. 同義語 2억 개를 제외한 자연언어의 어휘총수 1억 개에 견주면 人名 천억 개는 엄청난 수치에 이르며 우리는 지구촌 전반의 작명법에 통달하지 못했어도 아기의 이름을 짓는다. 나는 학위논문심사를 마치자 작명법에 뛰어들어 오늘날까지 공부하고 있으며 알고 보니까 작명법이론도 여럿이고 그 대다수가 잘못된 것인데 내가 첫눈에 골라잡은 책이 초기現代국어套로 읽기 어려워도 지당한 내용에 수긍하지 않을 수 없는 것이다. 좋지 못한 일로 뉴스에 오르는 성명들을 그 이론에 따라 풀면서 놀라지 않을 수 없었으며 姓名 三字의 陰陽五行的인 組合 스물다섯은 고작 하나나 둘만 吉한 것이기 때문이다. 英語의 신조어보다 몇 십 배나 어려운 商字이름 두 字는 商字 총수 10만 개 가운데 가려내야 하는 고난도의 퍼즐이다. 四柱八字·行列은 운명론적이며 고마운 예외는 착한 마음씨다. 즉, 착한 사람의 凶한 이름을 일컫는다. 姓名 三字의 心相·劃相·音相 가운데 心相이 으뜸이며 이는 본서에서 http://心相·劃相·音相(作名三大要綱).ac 로 정리된다. 본서의 차용어·신조어는 그 語彙場 하나마다 두툼한 사전 여럿을 옮겨 읽어야만 입증되는 것이었으며 그 반복적인 동작은 오른팔에 통증을 일으켰다.

(하-01) Ⓛ http://aspéctus ítivus.ac: 'ientive* aspect'의 개칭;
◆: aspéctus, us, m.(Ⅳ-A), 시야·아스펙트(相); eo, ĭvi/ĭi, ĭtum, ĭre, Avi., 가다; ítivus, a, um, adj.(Ⅱ-Ⅰ-Ⅱ-a), '가+ㄴ'(<gone>; 過去分詞);
◉;: 'ientive*': 吉川守(廣島大언어학과교수; 1978; Sumerian Ventive and Ientive*; 非文

◉₂ 키엔기르語·악카드語·韓語의 '去稱相'(itive); '來稱相'(ventive);

◉₃ http://去稱相/itive.ac

(하-02) Ⓗ http://Atopia.ac: 'Utopia*'의 개칭;

◆: 'a+': pref., <non+>; particulum deprivatívum; 'u,' adv.neg., <not>; topos, u, m., 장소;

◉: 토마스 무어(Utopia*; 1516): 'u'는 희랍語의 否定副詞이지 접두사가 아니므로 非文이다.

(하-03) Ⓔ http://CityBank.com: 'Citibank*'의 개칭;

◆: cívitas, átis, f.(III-A; →ᴺⒻ/ᴹⒻ/Ⓕ cité→ᴹⒺ→citē→Ⓔ city), 都市; ˢⒶ bench(∞ᴺⒻ banc)→ᴹⒺ/Ⓔ bank→Ⓖ Bank; Ⓘ banca; Ⓟ/Ⓢ banco, sb., 銀行;

◉: 'Citibank*'의 'citi+(←city)는 'citizen'(어미: +zen)의 경우와 달리 명사(bank)의 경우 非文이며, 이는 라전-희랍어근의 문제가 아니라 명사어미의 異形態素에 대한 위반이다.

(하-04) http://ᵈⁱ/ᴷⓈⓀⓁ *dik∞ᵛ√di∞di(<king→god>).ac: 'di(帝)/diĝ.ir/deus'의 語源:

◉: '帝/diĝ.ir/deus(<god>)'는 우리 지능의 완전계발(12,000 BC) 이전 없었던, 意味轉成에 의한 개념이며 기독교는 예슈아를 다윗의 후손으로, 로마가톨릭은 1925년 이래 '그리스도王 大祝日'로 각각 기린다. 즉, 교황 바오로6세(1969)의 칙서 'Mystérii Pascháli's'(빠스카의 신비)에서 예슈아는 'Dómini Nostri Iesu Christi Universórum Regis'(온 누리의 우리 주 예수 그리스도 王)으로 새로 일컬어졌다. 이는 2천 년 이전에 생존했던 자연인 한 사람의 지위를 王으로 追尊한 무척이나 상식을 벗어난 행위이며 비록 신앙집단에 한정된 것이지만 無所不爲의 專橫이 아닐 수 없다.

(하-05) Ⓗ http://文字起源論/grammatetiology.ac: (新案);

◆: aition(/et+i+o+n/: 中世紀라전어의 通用희랍어轉寫), u, n., 起源; gramma, atos, n., 문자; logos, u, m., 말·연구;

◉; ①(頂左) '韓字'(3890 BC; '鹿書'의 개칭)1); ②(頂右) 키엔기르文字(象形: 3500 BC; 楔形: 3200 BC);

　　③(上左) '케멧象形文字'(3300 BC); ④(上右) '페니키아알파벳'(1000 BC);

　　⑤(中左) '마소라히브리알파벳'(1000 AD); ⑥(中右) '加臨土正音'(1200);

　　⑦(下左) '訓民正音'(1446.10.9.; 板本體); ⑧(下右) '한글'(宮體)

◉;₂ 우리의 韓字 31字는 위원회의 蒼頡문자 1,500字 안에 들어 있으므로 韓字의 총수는 1,500字에 불과하며 오늘날 한글音節의 子母組合數 11,172字에 견주면 비록 上代한어 (3,898~108 BC)의 경우 훨씬 줄어들겠지만 그래도 턱없이 부족한 것이다. 위 위원회에서 商語를 蒼頡문자의 기록대상언어로 잡은 것은 일을 시작에서부터 그르친 것이며 原천부경의 韓字本은 上代한어의 토박이말('혼'·<性·命·精, ?·?·?; 心·氣·身, 맘·숨·몸>)과 數詞(一~十)을 포함하고 있었을 것이므로 이들의 韓字를 확인할 수 있다면 解讀은 성공적이다. 이는 文字起源論의 새 지평을 여는 문자학적 大혁신이 될 수 있을 것이다.

◉;₃ 키엔기르文字(←http://封版.ac; <envelope>; 3550 BC; 조철수 박사의 번역←http://物標.ac; <token>; 8000 BC; 본서의 번역)와 케멧文字는 각각 語彙문자(종합적·아날로그)와 音素문자(분석적·디지털)이며 전자는 廢用(100 AD)되었고 후자는 한글을 포함한 모든 字母문자의 母문자가 되었다. 그 시작은 페니키아알파벳였으며 셈語(케멧語·페니키아語)는 氣息音(强·弱)·와우—音(/w/)·요드—音(/y/)이 母音문자로 代用되므로 母音문자는 따로 考案을 요하지 않았다.

◉;₄ 이들 代用문자를 모음문자로 바꾼 것은 希臘알파벳(1000 BC)이었으며 셈語(古히브리·아람알파벳)를 제외하고 라틴알파벳·訓民正音을 비롯한 모든 字母문자에서 이를 받들였다. 古히브리알파벳은 바빌로니아幽囚(587~538 BC) 이후 아람알파벳으로 代替

---

1) '韓나라'(倍達國−古朝鮮의 개칭; 3897~2333~108 BC; '朝鮮': 漢人의 韓나라에 대한 蔑稱 cf., 길략語 'təosuğg'; <the Tungus; barbarians>); '韓字(31字)': 神誌赫德(fl.3897 BC; 皇命制定)→'蒼頡문자'(1,500字; 2700 BC; 中華漢語工具書庫편집위원회; 2002; 夏字·商字의 先代문자로 解讀하려는 機構; 蒼頡: 紫府선생의 留學弟子)

되었으나 이는 여전히 母音문자가 따로 없는 것이었으며 第二次분산(66 AD) 이후 띠베리아地方(1000)은 유태교傳統수호자들이 잠입, 전통수호를 위하여 토라를 제대로 읽고자 母音符號를 고안, 이는 '마소라符號'로 일컫는다. '마소라히브리알파벳'은 宋나라 北京의 유태인 공동체(1200)에서 입수, 사용했으며 당시 高麗의 冬至使 수행원(太白敎徒)들은 開京으로 가져와 '加臨土正音'('가름토': <distinguished phonemes>)으로 그 字形을 다듬었다.

◉; 세종대왕은 訓民正音(1446) '序文'에서 '新制二十八字'로, 鄭麟趾는 그 '用字例'에서 '字倣古篆'으로 기술하고 있으며 이는 문자학적인 계통과 메타문자(加臨土正音)를 확인하는 것이나 世祖의 '世宗御製訓民正音'(1459)은 문자학적인 오류이다. 新制과정에서 세종대왕이 마소라히브리알파벳을 함께 고찰했는지는 명확하게 알 수 없으나 그가 당시에 수집할 수 있었던 文字學문헌 가운데 태백교도들이 持入했던 소중한 자료를 빠뜨렸을 리가 없었을 것으로 판단된다.

◉; 세종대왕은 훈민정음의 母音문자를 가림토정음의 경우를 따랐고 마소라히브리알파벳의 모음부호를 따르지 않았으며 훈민정음의 正書法은 가림토정음을 따라 音節단위로 구성된 語彙연쇄체로 실현되었고 히브리알파벳의 경우처럼 어휘를 풀어쓰는 것이 아니었다. 이는 商字의 영향도 있었을 것이지만 書藝의 視覺美를 위한 탁견이었으며 아직 띄어쓰기를 몰랐으나 이는 띄어쓰기와 더불어 더욱 돋보이는 문자학적 선견지명이었다.

◉; 훈민정음·한글의 書藝서체는 판본체·궁체로 兩대별되며 전자는 세종어제훈민정음의 것이고 후자는 궁녀들의 것이다. 商字의 六書(대전·소전·팔분·예서·행서·초서)에 견주어 판본체는 투박하면서 장중하며 궁체는 곱게 다듬어져 단아하다. 國展의 대통령賞은 書藝도 포함하며 이는 훈민정음·한글·商字의 모든 서체를 망라한 것이다. '한글날'과 더불어 문자에 관한 한 대한민국은 文字强國이 아닐 수 없는데 이는 우리 國字를 제외하면 문자학사上 그 프로필이 분명한 문자는 없기 때문이다.

(하-06) ⒽＨ http://印刷起源論/graphetiology.ac: (新案);

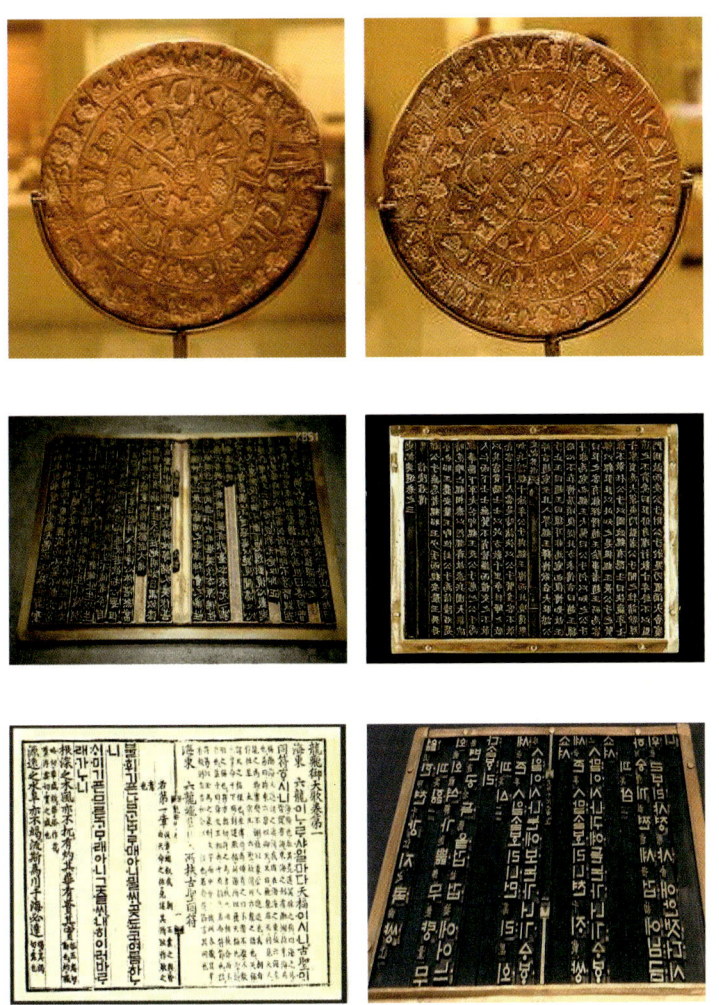

◆: graphē, ēs, f., 그림; aition/logos: 上同;

◉ ; ①·②(上左右) 파이스토스圓盤文字(Phaistos Disc; 2000 BC; Side-A & -B; 字形 鑄物壓印);

③(中左) 直旨금속활자(1337; 直旨心體要節); ④(中右) 甲寅字(1434; 桂陽君의 書體로 鑄造);

⑤(下左) 龍飛御天歌(1447; 初刊活字本/木簡本); ⑥(下右) 訓民正音活字本(1434; 月印千江 之曲);

◉; Fischer(1988)의 'Evidence for Hellenic Dialect in the Phaestos Disk'에서 解讀된 최초의 非金屬活字押印은 도리아方言의 先代語(1600 BC)로 확인되었으며 이는 아직 더 이상 출토되지 않았다. 사유-언어의 기원은 사람을 有思有言인간으로, 문자의 기원은 그를 無限記憶인간으로, 인쇄문화는 그를 知性人으로 각각 변모시켰으며 인쇄문화의 原鄕은 희랍(끄레떼)이었다. 3,300년 뒤 금속활자의 본격적인 시발은 高麗의 直旨字이지만 그 명예는 구텐베르크聖書(1455)에 앗기었으며 그래도 우리의 인쇄문화는 세종朝에서 甲寅字로 맥통을 이었다. 甲寅字는 세종대왕의 寵冠(8남)인 桂陽君의 書體를 본뜬 것이며 우리의 인쇄문화는 임진왜란 병자호란의 와중에서도 줄기차게 이어졌으므로 우리 둘레에 포진한 호전적인 軍事강국의 침략과 국권피탈에 대항한 문화강국의 저력은 直旨字·甲寅字·訓民正音의 덕분이었다.

◉; 인쇄문화는 活字體의 審美値가 독서의 효율을 상승시킬 뿐만 아니라 인쇄문화를 증진시키는 중요한 요건이 되었으며 오늘날 한글 폰트의 전산화는 電算인쇄문화를 촉진하였다.

(한-07) Ⓗ http://harpaxapotomy.ac: 우리 새 외과수술기법 'Mongtang Operation*'의 校訂;

◆: harpax, adv., 한번; harpax-apas, asa, an, adj., 한번의; tomē, ēs, f., 자르기·수술

(한-08) Ⓛ http://Homo gnarus/알음사람.ac: 'Homo sápiens*(슬기사람*)의 개칭;

◆: homo, mĭnis, m.(III-A), 사람; gnarus, a, um, adj.(II-I-II-a), 잘 아는;

◉: 린네우스(1758; '슬기사람'): 우리 인류의 체질인류학적인 변별자질에 대한 오류로 말미암은 非文

KI-EN-GIR

(하-09) Ⓚ http://Ki-En-Gir.ac: '수메르'의 原名;

◆: Ki: sb., \<place\>; En: sb., \<the Lord\>; Gir, vi., \<to go\>; \<The Land for the Lord to go\>;

◉: 악카드人은 키엔기르語의 'K'를 /Š/로 인식하므로 'Ki-En-Gir'를 'Šumeru'로 기록했으며 이에서 '키엔기르'는 그 原名으로 복원된 것이다.

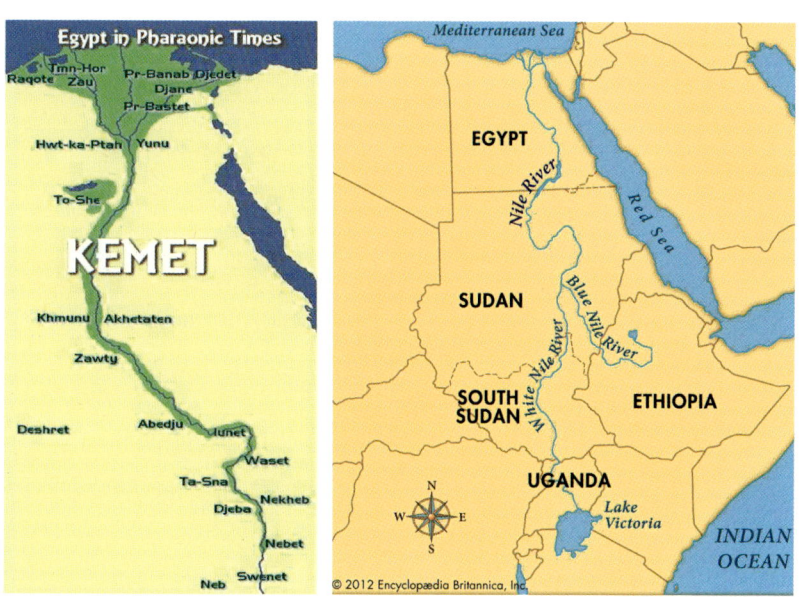

(하-10) ᵐᵗⓀ http://Kemet('Egypt'의 개칭).ac:

◆: Kemet, adj., \<black; Black Land; the cultivated area along the Nile valley\>);

◉: 멤피스(Hwt-Ka-Ptah; \<Mansion of the Spirit of Ptah\>)는 희랍어 'Aigyptos'로 轉寫되었으며 이보다 더 확대된 지역인 'Kemet'가 國號로 더욱 더 적합하다.

(하-11) Ⓗ 'Micromalaca': 'Microsoft*'의 校訂;

◆: micros, ē, on, adj., 작은; macros, a, on, adj., 큰; malakos, ē, on, adj., 부드러운; sklēros, a, on, adj., 딱딱한; nanos, u, m., 난쟁이; gigas, antos, m., 거한;

apeiros, on, adj., 한정되지 않은; apeira, <無限小·無限大>: 중성複數주격/대격; 명사←형용사;

◉₁ micr+o+: 10^{-6}; macr+o+: 10^{6}; nan+o+: 10^{-9}; gig+a+: 10^{9}; 'apeir+o+'=$10^{\pm\infty}$; malaca/sclera(←malaka/sklera: 라전어의 희랍어 轉寫; 중성複數주격/대격; 명사←형용사; '소프트웨어·하드웨어'); 'soft'는 英語토박이말이므로 '+o+'(連結모음)의 連結대상이 아니며 'Microsoft*'는 非文이다.

◉₂ Microsoft社(1975)와 IBM社(1920's)에서 'micro; macro'(1933)보다 'nano; giga'(1960)를 商號로 채택하고 이에 'malaca; sclera'(<software; hardware>)를 連接했었다면 兩社는 지식산업을 선도하는 지구촌적인 위상에 걸맞았을 것이며 'nano; giga'는 'apeiro'에 견주어 초라할 날이 곧 당도할 것이다.

◉₃ ① http://micromalaca.com;   ② http://macrosclera.com;
    ③ http://nanomalaca.com;   ④ http://gigasclera.com;
    ⑤ http://apeiromalaca.com; ⑥ http://apeirosclera.com;
    ⑦ http://apeira.org 등에서 ⑤~⑦은 IT産業 최강국의 國格에 걸맞은 브랜드들이다.

◉₄ ⑤은 '소프트웨어'(malaca)를 無限小($10^{-\infty}$)까지, ⑥은 '하드웨어'(sclera)를 無限大($10^{+\infty}$)까지 縮小·擴大하기 위한 프로그램·機器의 작성·생산을 專擔하는 尖端기업이며 ⑦은 ⑤⑥을 비롯한 자연과학·인문학에 無限小·無限大($10^{\pm\infty}$)의 學理를 개발·제시하는 均衡子의 구실을 떠맡아야 할 先導연구기관이다.

◉₅ '$10^{\pm\infty}$'는 영원성에 시뮬레이션하지 않으면 우리의 이해를 가로막으며 무한대는 지성에서 연유하는 수학적인 개념이고 영원성은 超지성에 의한 종교학적인 개념이다. 브라흐마는 自創者(Self-Creator)이며 헤페르 제-세프와 야웨는 自存者(Self-Beings)인데 이는 영원성·편재성의 通性원리를 충족시키는 개념이 아니며 '혼'은 '一始無始一; 一終無終一; 一遍無偏一'(無始·無終·無偏)의 超존재(Beyond-Being without Beginning, Ending or Dasein)로 오로지 포착되었으므로 이와 결부되지 않는 한 '10$^{+\infty}$'는 우리의 지성이 감당할 수 없다. 自創者·自存者는 창조·존재 이전에 존재하지 않았을 것이므로 영원성에 저촉되며 이는 브라마니즘·불교·힌두교·케멧신화종교·유태-기독교가 놓치고 있는 대목이고 처음과 마지막을 아울러 생각하지 못한 것으로 드러난다. 편재성은 영원성을 입증하는 通性원리이며 우리의 지성은 물질계를 벗어나 존립할 수 없을 뿐만 아니라 思惟의 주체가 될 수 없다. 즉, 無限循環宇宙連續體는 'ᄒᆞᆫ'의 '10$^{+\infty}$'(영원성의 시간적인 개념)를 입증하는 물증(편재성의 공간적인 개념)이며 이는 現代존재론의 새 생각이므로 그 이전까지 우리는 영원성을 오로지 시간적인 개념에서 모색했을 따름이다.

◉; 우리의 지성은 우리 지능의 완전계발 이래 인도·케멧·히브리의 창세신화·신화종교사상에 이끌려 오늘에 이르렀으며 우리의 지성이 용납할 수 있는 으뜸 생각은 'ᄒᆞᆫ'의 通性원리와 무한순환우주연속체의 제일원인을 오로지 색출해낸 紫府선생(fl.2707 BC)의 天符經 商譯本 81字뿐인데 이는 現代사상계에서 公認되지 않은 超종교사상일 뿐만 아니라 그 서지학적인 명확한 典據의 부재를 들어 僞書로 폄훼되고 있을지라도 그 通性원리(영원성·편재성), 창조성지(목적인), 제일원인(생성인)은 三大고등종교나 現代사상계에서 간파하지 못한 的確한 으뜸 생각이 아닐 수 없다. '10$^{+\infty}$'는 고등수학에서 매끄럽게 完決되지 못한 사안이지만 天符經에서 그렇지 않다.

◉; '시간적으로 시작도 없고 끝도 없다'('ᄒᆞᆫ'의 영원성)는 천부경의 첫머리·끝머리만큼 영원성에 대한 명확한 언표는 창세문학·경전 그 어디에도 없으며 '공간적으로 어디에나 두루 퍼진다'('ᄒᆞᆫ'의 편재성)는 편재성에 대한 時空연속체의 4차원적인 실체는 純자연철학적인 새 생각이다. 영원성·편재성의 연속체는 現代존재론의 學理를 충족시키며 이는 천부경과 純자연철학의 5천 년 묵은 새 생각이다. x-軸의 最古기록은 천부경이며 y-軸은 빅뱅 이후의 공간적인 팽창에서 알아낸 자연과학의 발견이다. 그러나 純자연철학의 견지에서 공간의 팽창은 時空起源(時空連續體)에 잇달아 暗黑後光起源(暗黑에너지·暗黑物質)·通常物質起源(大폭발)을 견인하였다.

Brahma (Creator), Vishnu(Preserver), Shiva(Destroyer)

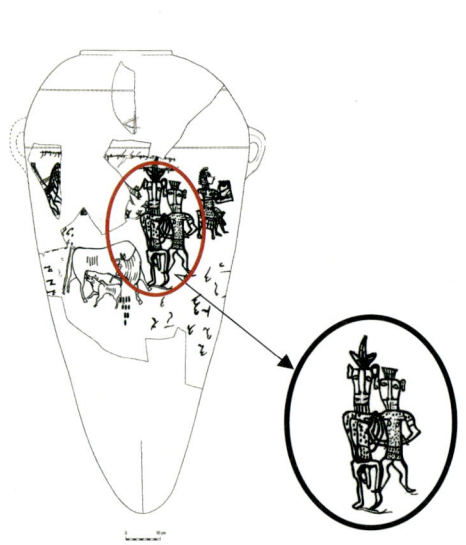

Yâwê (genital), Seraphim (asexual), cattle (inmumerable)

Re (𓆣𓇳 ; /Ḫeper de-Sef/; <Being by Itself>)

◉ ͗: '야웨 신화'는 케멭 태양신 레(Re)의 自存者(헤페르 재-세프; 사자의 서 XIX:9)를 意譯한 <Ego sum qui sum; I am that I am>(출애굽기 III:14)에서 진화된 것이며 그 진화 이전 야웨는 마치 알파 침팬지가 모든 암컷을 거느리듯이 陰莖를 드러내고 있으나 세라핌·케루빔 등의 大천사들은 그렇지 못하다. 구름 위, 穹蒼(/rāqîʻa/; <firmament>) 아래에 자리 잡은 '軍神 야웨'(/yāwē ʼĕlōhēi ṣbāʼôt/; <Yâwê Deus sabaoth>)의 왕국이 있었으며 이 곡식항아리(3000 BC)는 예리코(8000 BC)의 가옥(높이 15m)보다 5천 년 뒤진 것이고 케멭象形文字(3300 BC) 이후 300년 뒤 '헤페르 재-세프'('사자의 서': 1550 BC)의 개념이 구전되던 시점에 해당된다. 수에즈運河 이전 케멭과 팔레스트리나는 連陸된 至近이었다.

(하-12) Ⓗ http://思惟言語起源論/noematoglossetiology.ac;
noemat+o_1+gloss+$ø_2$+et+i+o_3+log+y:

  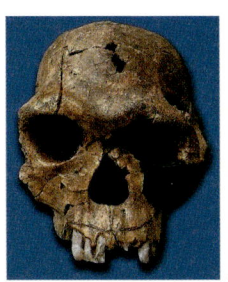 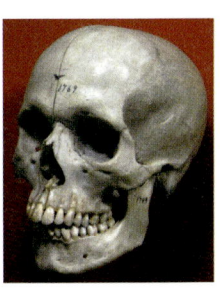

사헬사람 (7,000,000 BC)　　아파르사람 (3,200,000 BC)　　손쓴사람 (2,000,000 BC)　　알음사람 (200,000 BC)

◆ ͗: Toumai (<Hope of Life>; *Sahelanthropus tsadensis*); Lucy (*Australopithecus afarensis*);

　　KNM-ER 1813 (*Homo habilis*); Idaltu (<Elder>; Homo gnarus);

◆$_2$ noēma, atos, n., 思惟; glōssa, as, f., 言語; aition, u, n., 起源; logos, u, m, 말연구;

◉ ͗: '+o_{1-3}+': 連結모음$_{1-3}$(重合語: 語根$_{1-4}$; noemat+/+gloss+/+et+/+log+); '+i+': 호

조음;

◉₂ '+o₂+et+'(→'+ø+et+'): 同音(모음)탈락;

◉₃ 'et+i+o+n': 上同;

◉₄ 뚜마이(대뇌용량 550cc)의 好意는 고릴라·침팬지(500cc)의 暴力과 변별, 사람屬으로 분기되었으며 이는 대뇌용량 50cc의 차이 때문이다. 그는 타인에게 호의를 나타내고자 주둥이·엄니·털을 퇴화시키고 미소·웃음·보조개·쌍꺼풀·입술(http://脣値/labial values.ac)을 개발했으며 탈모는 驅蟲을 위하여 위생적인 것이었다. 자연발화의 불씨를 받아 식품을 구워 火食을 했으며 육류는 대뇌용량을 확대하는 영양소가 되었다. 사람屬의 대뇌용량은 루씨의 경우를 제외하면 꾸준히 증가했으며 이는 사유-언어의 기원으로 치달았다. 그러나 고릴라·침팬지는 500cc에 머물러 아프리카의 열대우림에 갇혀 있다.

◉₅ 루씨는 곧선사람(1,400cc)과 손쓴사람을 異種으로 낳았으며 손쓴사람은 좌측 두뇌에 초기 언어영역을 두었으나 곧선사람은 그렇지 못하여 우리의 직계조상에서 물러나 사유-언어의 기원을 향한 마라톤에서 탈락하였다. 곧선사람은 유라시아로 올라와 네안데르탈사람(1,450cc)을 낳았으며 이는 우리와 겹異種인데 언어영역의 부재로, 물론, 사유-언어의 기원에서 탈락하였다.

◉₆ 農耕문명(120,000 BC) 이전 우리는 숲에서 채취-수렵경제 패러다임으로 생존했으며 인구가 2천 명에 이르면 자연자원의 회복을 위하여 3:7로 분거하지 않을 수 없었는데 이주자 1,400명은 유라시아로 옮겼는데 곧선사람이 그랬고 이에서 네안데르탈사람(300,000 BC)이 태어났다.

◉₇ 네안데르탈사람보다 10만 년 뒤에 이달뚜는 태어났으며 그의 혀에 하나나 두 가지 돌연변이가 발생하여 손쓴사람에서 분기되었다. 이는 우리의 혀가 음식물의 引入을 담당하는 기관인데 調音點과의 접촉을 위한 혀의 자유운동을 뜻하며 마지막 빙하기(10만년 이전) 직전 一次유라시아 이주민은 혀를 우물거리며 이주, 네안데르탈사람을 제외하고 모두 凍死하였다. 혀의 자유운동 뒤 分節音의 生成을 위한 옹알이를

마치고 '*MA'를 뚜르카나湖岸에서 발화했으며 100년 뒤(60,000 BP) 二次유라시아 이주민이 다시 分居하였다. 네안데르탈사람은 언어의 정보력에 뒤져 멸종(4만년 이전)했으며 이는 이베리아半島에서 크로마뇽사람과 네안데르탈사람 간에 벌어진 생존경쟁에서 말미암은 것이다.

(하-13) Ⓗ http://philognosia.ac: 'philosophia*'의 校訂;
◆: philia, as, f., 사랑; gnōsis, eos, f., 지식; sophia, as, f., 지혜;
◉$_1$: 'philognōsia': 愛知學(哲學); 'philosophia*': 愛智學(非철학);
◉$_2$: 소크라떼스·쁠라똔·아리스또뗄레스도 '愛智學'으로 'philosophein'(<to philosophize>) 하였고 獨逸철학자들도 'philosophieren'(<ditto>)했으나 우리는 '愛知學'(http://惹(哲/惹의 合字).ac)으로 惹學(즉, 생각-말에 대한 분석)을 해온다.

(하-14) Ⓔ http://心體協應說/psychosomatic coordination thesis.ac (新案):
本총서의 思惟言語起源論은 고릴라·침팬지·人屬의 분기 이래 大腦용량이 550cc에서 1,400cc로 확대되고 이에 뇌세포 백억 개, 뉴론 1조 개, 입안·입술·콧구멍의 조음점, 舌胃(後頭部)의 낮은 높이, 혀의 자유운동, 옹알이의 연습 등을 완비, 心體的인 協應을 이룰 수 있게 된 것은 60,100 BP로 추정되며 이는 마지막 빙하기와 第一어족분기(60,000 BP) 및 阿洲·歐亞洲의 인구비례에서 유추되는 본서의 假說이다. 첫 발화자는 http://Ursprecherin.ac(Original Female Speaker)로 이에서 命名(學齡의 소녀)된다.

(하-15) Ⓛ http://sescentennial.ac: 'Six-Hundredth Anniversary'(定都600週年)의 개칭;
◆: sescénti, æ, a, num.card.pl.tt., 600; sescenenniális, e, adj.(III-b), 600週年의;

ᴹⓁ ánnium(→+ énnium), i, n.(II-D), 1년의 기간; ᴹⓁ anniális, e, adj.(III-b), 年間의;

◉₁: 'sescentennial'←'sescent+i#ennial': 同音탈락(←+ø#en←+i#en)·高舌化(en←an)·호조음;

◉₂: 서울定都600주년(1994)을 맞아 삭여놓은 기념건축물의 英文題號(Six-Hundredth Anniversary)는 격식을 갖춘 언표가 아니므로 國格을 실추시키고 英語지식의 천박함을 드러내며 이는 모두 라전어학지식의 황폐함에서 말미암은 것이다. '開校600週年'을 기념하여 지은 건물의 큼직한 標石에서도 그러하므로 600년의 學格은 새삼 부끄러움이 아닐 수 없다.

(한-16) Ⓛ http://sonora.com: 중성複數주격/대격; <things sonorous>: 'Sony*'의 개칭;
◆: sonus, i, m.(II-A), 소리; sonórus, a, um, adj.(II-I-II-a), 소리나는;
◉: 'Sony*'는 어근이 'son+'이며 이에 '+y*'가 接尾될 수 없으므로 非文이다.

(한-17) http://加臨土正音(古篆의 明示).ac: '字倣古篆'(訓民正音用字例; 奧饌解 註書)의 校訂;
◉₁: '古篆'은 篆書를 지칭하지 않으며 이는 '加臨土正音'을 에둘러 이른 非문자학적인 문자명;
◉₂: '古代和字'(LeRoux; 1883)는 加臨土正音을 改作, 訓民正音의 先문자로 날조하려던 문자학적 詐欺

(한-18) http://過去時制/現在時制(preterite/present tense).ac: '過去語幹*·現在語幹*'의 校訂;
◉: 국문법의 '과거語幹*·現在어간*'은 韓語에 活用語幹이 형의 공백이므로 언어유형론적인 非文

(한-19) http://冠形語/articular adjectival.ac: '그림씨*·형용사*'의 개칭;

◉: '그림씨*·형용사*'는 韓語(膠着型언어)의 경우 언어유형론적·품사론적으로 型의 空白이며 그 等價문법범주는 동사(動作·狀態)의 어근에 冠形形어미('+ㄴ/는/ㄹ')를 後接한 '冠形語'이다.

(하-20) http://膠着詞/agglutination.ac: '토씨; postposition'의 개칭;

◉: 格할당에 관여하는 품사('agglutination')로 이해시키자 한 프랑스淑女(히브리大박사과정)는 得意의 웃음을 웃었으며 그는 더 일찍 알았다면 韓語문법의 이해는 훨씬 더 빨랐을 것이라고 말하였다.

(하-21) 非幹모음(AThV)·幹모음(ThV: 曲用/活用) (新案):

◆: ① http://+ø₁+: Urlateinisch DNA.ac: 語裔的 DNA; 60,100~60,000 BP);

② http://+ø₁+: Palaic Latin DNA.ac: 先라전어(ᴾⓁ 60,000~40,000 BP);

③ http://+ĭ₁+/+ĕ₁₂+: Initial Archaic Latin DNA.ac: 초기上古라전어 (ᴵᴬⓁ 40,000~30,000 BP);

④ http://+ĭ₂+/+ī/ē+: Mid-Archaic Latin DNA.ac: 중기上古라전어 (ᴹᴬⓁ 30,000~25,000 BP);

⑤ http://+ō+/+ā+: Final Archaic Latin DNA.ac: 말기上古라전어 (ᶠᴬⓁ 25,000~20,000 BP)

◉₁: 一次동원어(∞) '*MA; *BA; *GA'→ᴾⓁ '*MAMA; *BABA; *I'(<mama; papa; go/come>);

◉₂: 幹모음(thematic vowels): ᴬⓁ에서 어근(명사·동사; 終聲: 子音)과 屈折어미(곡용·활용; 初聲: 자음) 간의 자음충돌을 해소하기 위한 好調音(모음)을 지칭하며 이는 ᴵᴬⓁ에서 고안된 新案문법범주이다.

◉₃: 幹모음은 위와 같이 분류되며 ᵁⓁ·ᴾⓁ의 명사·동사는 지배적으로 폐쇄말음의 單

음절로 구성된 語根명사·語根동사였으므로 통사성분(주격·대격·보격, 과거·현재)은 지배적인 어순(PSO; SOP; SPO)에 의하여 통사적으로 할당되었다. 이는 셈語(PSO), 키엔기르語·라전語·韓語(SOP), 商語(SPO)에 전승되었다.

◉₄ 幹모음은 印赫語의 專有的인 문법범주이며 셈語(악카드語)의 곡용체계는 어근(지배적으로 자음終聲)과 格어미(주격·속격·대격: '+u/i/a')의 後接에 의한 것이므로 호조음(幹모음)을 요하지 않는다. 인혁語 가운데에서도 라전語의 幹모음은 명사곡용·동사활용 양자에서 가장 명확하게 확인될 수 있으며 이는 라전語의 명사·동사와 형용사(초기上古라전어의 新案품사)는 어느 것이나 하나도 빠짐없이 위의 幹모음 가운데 하나를 포함하여 구성되었으므로 그 어휘의 형성시대를 특정할 수 있는, 역사-대조언어학적으로 중차대한 가치를 지닌 문법범주이다. 언어유형·어족을 막론하고 자연언어의 어휘항목이 라전語와 二次동원어인 경우 그 형성시대와 어사적인 진화과정은 언어유형의 鼎立(20,000 BP)과 어족의 확정(10,000 BP)을 포함하여 문자의 기원과 역사시대 이전까지의 言語相을 견인한다.

◉₅ 이렇듯이 언어과학적·역사-대조언어학·인혁어학·라전어학적으로 중요하고 매력적인 문법범주의 가치는 기존 학계에서 간파하지 못했으므로 사유-언어의 기원뿐만 아니라 그 이후의 언어과학적인 상한을 특정하지 못하고 단지 PIH(先인혁어)로 얼버무리고 있을 따름이다.

◉₆ 언어과학은 인문학·사회과학·자연과학 전반과 알음사람의 지식·지성에 핵심적인 정보를 제공할 학적인 책무를 지니고 있으나 이는 사유-언어의 기원과 언어유형론의 정설 및 진리치·윤리치·심미치의 판정기준 등을 先決하지 못하여 우리의 학문 전반을 진취적으로 견인하지 못하고 있는 실정이다. 만일 인혁학·라전어학·역사-비교언어학에서 幹모음의 실체·정체·능력을 제대로 간파하여 언어학의 초기부터 印赫어족의 장벽에 갇힌 역사-비교언어학을 벗어나 역사-대조언어학적으로 一次·二次·三次동원어의 층위(汎·交·本어족)를 설정했었다면 우리는 그 숱한 전쟁을 치르지 않았을 것이다. 알음사람의

아프리카一元論은 우리 인류가 형제자매의 피붙이임을 입증하기 때문이다.

(하-22) http://新制.ac: '御製'의 校訂';

◉: 新制: 訓民正音解例序文(世宗親書; 世宗25年·1446); 御製(世宗御製訓民正音; 世祖5年·1459)

(하-23) Ⓐ http://아리랑←ara+rank.ac: '아리랑'의 어원; P/S Ⓚ '-랑'∞Ⓐ '-rank' (新案);

◉: '아-라-랑'←아라-리-랑←아라-랑←Ⓐ ara#rank; <with my sweet heart; with a beauty>

(하-24) http://類型子/typolozigers.ac (新案);

◉: 언어유형의 메타문법범주는 https://配語/glossotax.ac(配語型); 膠着/agglutination (膠着型); 曲用/declension(曲用型)으로 鼎立되며 그 이상은 없다.

(하-25) http://顚位詞/supínum.ac: '目的分詞*'의 개칭;

◆: particípium, i, n.(II-D), 分詞: supínus, a, um, adj.(II-I-II-a), 뒤집힌·顚覆된;

◉: 'particípium supínum': 顚位詞; 對格: finále(目的轉位詞); 奪格: adverbiále(附加轉位詞); 기존의 '目的分詞'는 對格에 대하여 한정적이다.

(하-26) http://題格교착사/topicalizing agglutination.ac: '補助詞'의 개칭;

◉: 한어족祖語 *.øʌn; OK/MK/K *隱/-는~은/-은~는∞G .an/.nan∞Rk .nu∞J .nə/.no

(하-27) 祖語(Parent Languages):

① http://아프리카祖語(60,100~60,000 BP).ac (新案);

② http://코카시아祖語(60,000~40,000 BP).ac (新案);

③ http://유라시아祖語(40,000~20,000 BP).ac (新案);

④ https://原라전어 DNA/아프리카祖語(60,100~60,000 BP).ac (新案);

⑤ http://先라전어 DNA/코카시아祖語(60,000~40,000 BP).ac (新案);

⑥ http://초기 上古라전어 DNA/겐툼-사툼祖語(40,000~30,000 BP).ac (新案);

⑦ http://중기 上古라전어.DNA/겐툼-사툼祖語(30,000~25,000 BP).ac (新案);

⑧ http://말기 上古라전어 DNA/겐툼-사툼祖語(25,000~20,000 BP).ac (新案);

⑨ http://初期라전어/이딸리아語派祖語(20,000 BP~350 BC).ac (新案);

⑩ http://古典라전어(350 BC~300 AD).ac (新案);

⑪ http://原韓語 DNA/아프리카祖語(60,100~60,000 BP).ac (新案);

⑫ http://先한어 DNA/코카시아祖語(60,000~40,000 BP).ac (新案);

⑬ http://上古한어 DNA/北方系膠着型祖語(40,000~20,000 BP).ac (新案);

⑭ http://韓語族祖語(20,000 BP~10,000 BC).ac (新案);

⑮ http://上代한어(10,000 BP~3898~2333~108 BC).ac (新案);

◉ $_f$: 아프리카祖語의 http://第一語族分岐.ac(아프리카·유라시아語系; 60,000 BP)와 코카시아祖語의 http://第二語族分期.ac(배어형·교착형·곡용형語族; 40,000 BP) 및 http://第三語族分岐.ac(言語類型別개별어족; 20,000 BP) 등의 라전어·한어話者는 각각 2천 명 미만의 言彙에 포함되었으나 http://一次·二次·三次同源語.ac는 語齡的 DNA로서 라전語·韓語에 전승, 오늘날까지 그 단어장에 收錄되어 있으며 이는 廢語가 되지 않는 한 언어적인 생명력을 유지하고 신조어로 고안되면 廢語에서 活語로 再生된다. 廢語도 재생되면 活語로 승격되며 이는 컴퓨터의 프로그램에서 삭제되었던 기록과 마찬가지이다.

◉ $_g$: 라전語는 인혁語族·겐툼語群·이딸리아語派의 中心언어였으며 유로파 전역을 옮겨 다니다 뽀江을 건너 이딸리아半島로 南下-진입(1,000 BC)하기 이전까지 헬라스語派·게르만語派·켈트語派와 어울리면서 서로 차용어를 유입-유출하였다. 初期라전어에 유입된 차용어는 본서(**첫째 묶음**)에 발췌되어 있으며 이딸리아半島 先주민의 에트루리아語(계통불명)·오스카-움브리아語(從자매어)·팔리스키語(親자매어) 등을 합병, 언어통일(라

전어化을 이룩하였다. 음절의 축약으로 말미암아 第一음절에 실현되던 强勢악센트는 前末음절로 强弱악센트로 推移했으며 이는 뒷날 初期로망스어를 거쳐 오늘날 로망스語에 전승되었다.

◉₃ 第二어족분기에 독자적으로 東進, 제주도·경상도·일본열도에 도착한 아이누語 (30,000 BP)를 제외하면 교착형어족祖語는 天山산맥西端으로 移住, 이에서 우랄-유카기르·키엔기르·앨람-드라비다語 등은 西部유로파·메소포타미아로 각각 서진·남하하였고 호주語·대양주語는 天山南路로 호주·대양주에, 알타이諸語·韓어족·축치-캄찻키語·마야語·잉카語는 天山北路로 파미르高原·바이칼湖를 경유 시베리아·南만주·南北아메리카에 각각 분기·분거했으며, 한어족祖語는 바이칼湖에서 남만주平原으로, 이에서 지각변동(10,000 BC) 이전 길략語는 사할린으로, 유구語·日語는 유구열도·일본열도로, 韓語는 南만주-韓半島로 각각 분포되었다. 한어족祖語·上代한어와 韓語의 三次동원어(길략語·유구語·日語)에 대한 연구는 우리의 책무이며 그 일부는 本총서(2022b)에 실린다.

(한-28) http://'혼'(天符經의 '一').ac (新案):

◉ᵢ ① http://'혼'의 妙衍(物質-生命體의 生成·進化·種化·存續·消滅).ac (新案);

② http://'壹敎'(天符經의 超宗敎哲學).ac (新案);

③ http://韓나라(3897~2333~108 BC; 倍達·朝鮮의 개칭).ac (新案);

④ http://韓字(3890 BC; 韓나라의 國字; '鹿書'의 개칭).ac (新案);

⑤ http://上代韓語(10,000 BP~3898~2333~108 BC).ac (新案);

⑥ http://無限循環宇宙連續體(壹敎의 宇宙觀).ac (新案);

⑦ http://前自我·本自我·後自我(上惹의 自我觀).ac (新案);

⑧ http://天符經論(天符經 釋義).ac (新案);

◉₂ 天符經商譯文(崔致遠번역)의 '一 ²⁾' 그 韓字原文(紫府 선생 지음)에 上代한어 '*혼' (∞ᴱⒽ *hen∞ᴱⓁ *un; <one>)으로 기록되었을 것이며 이는 上惹의 으뜸 앎에 의하

---

2) '一始無始一; 一妙衍萬往萬來; 一終無終一': '혼'은 일지 않는 '혼'에서 인다. '혼'이 그윽하게 퍼지므로 모든 것 가고 모든 것 온다. '혼'은 그치지 않는 '혼'에서 그친다. ᴾ/ˢⓀ 일-∞Ⓚ il∞ᵈⁱ/ᴷⓈ 溢: <to arise>

여 물질계·생물계 일체에 대한 純자연철학적인 제일원인의 주체로 파악된다. 上悊의 우주관은 무한순환우주연속체에 대한 것이며 이와 더불어 그의 자아실현은 自我의 無化에 대한 충족이다. 고등종교의 救援論인 涅槃·至福直觀은 中悊·下悊의 탐욕에 불과한 것으로 드러난다. 上悊의 自我觀은 共有지식(前自我)·私有知識(本自我)·後人의 記憶(後自我) 등으로 구분되며 그의 自我無化에 대한 가치관은 '혼'에 대한 으뜸 앎과 對等한 깨달음이 아닐 수 없다.

◉₃ 신화종교는 王을 神으로 섬기는 祈福종교이며 고등종교는 死後의 救援論(涅槃·至福直觀)을 眞性거짓의 空잡합으로 先制되지 않는 한 성립될 수 없는 中悊·下悊의 自然종교·啓示종교다. 自然종교는 신화종교의 傳承이며 啓示종교는 그 傳承의 변증법적인 釋義이다. 불교는 브라흐민敎의 사회제도적인 革新이며 기독교는 야훼神話·유태교의 異민족배타에 대한 撤廢이므로 양자는 原鄕의 힌두교·유태교에서 배척받아 漢나라·로마에서 인류의 보편성·공통성을 명분으로 내걸고 고등종교로 변신하였다. 구원론이 형의 공백이자 고등종교로 조직되지 않은 壹敎는 자아실현을 겨냥한, 유일한 超종교이다.

(하-29) http://許昌德 羅韓辭典.ac: '라틴-한글 사전'의 校訂;

◉₁ '라틴': '羅典語'를 특정하지 못하는 로마자英語式 類似轉寫('래틴'); '한글': 우리 國字의 文字名;

◉₂ '라틴-한글 사전'은 '라틴알파벳-한글의 (문자학적) 사전'(?)으로 엉뚱하게도 풀이되며, 이는 'Six-Hundredth Anniversary'보다 더 古典語사전의 품위를 깎아내리는 標題가 아닐 수 없다. 'Dictionárium Latíno-Coreánum'(副題)에 따라 '羅韓辭典'으로 개칭되지 않으면 우리의 古典라전어는 내내 부끄럽다.

◉₃ 原저자(許昌德; 1919~1992)의 미완성 遺稿는 872쪽까지이며 이는 '가톨릭대학교 고전라틴어연구소 편찬'(대표편찬위원: 허창덕; 위원: 백민관·최승룡·장익·성염)의 명의로 출간(1995; pp.1,029)되었다. 遺稿는 原저자의 독자적인 學業이지 그 누구와도 協業하지 않은 것이므로 補完(pp.157)과 共편찬 사이에 범주화의 오류를 견강부회함은 不義이

며 '許昌德 羅韓辭典'으로 校訂되지 않는 한 '海賊版'의 불명예를 씻을 수 없고 그러한 校訂은 비로소 그가 평생토록 羅韓辭典의 집필과 라전어 교육에 헌신한 그의 노고·공헌에 대한 同僚·弟子들의 마땅하고 올바른 최소한의 기림과 몫이다.

本총서의 卷四(http://天符經論.icas2023.org)는 본서(http://차용어·신조어.icas2021.org)뿐만 아니라 卷二(http://友情論.icas2022a.org)와 卷三(http://韓語學.icas2022b.org)을 아울러 익히고 나서 읽어야 알맞은 글이며 이들 導論(卷一~三)은 卷四가 새 생각을 비일비재하게 담고 있으므로 이에 대응하기 위한 것이기 때문이다. **아래** (하-30~34)는 자연과학과 純자연철학 간의 間隙을 좁혀보려는 시도에 따른 일단의 신조어이며 비록 暗黑後光(暗黑에너지·暗黑物質)이 修訂뉴톤力學(1983)에 의하여 부정되었을지라도 이들 신조어는 그 間隙을 메우는 것 이상으로 자연과학의 暗黑後光과 천부경의 妙衍 간에 조화로운 개연성을 엿보인다. 특히, 'The Big Crunch Theory'(下右)는 천부경의 妙衍에 가장 가깝게 다가온 자연과학의 尖端的인 새 생각이며 이는 바로 몇 년 전까지 자연과학에서 용납할 수 없었던 놀라운 純자연철학적인 변신이 아닐 수 없다. 만일 이렇게 진척된다면 미구에 자연과학과 천부경이 반갑게 만나게 될지도 모른다. 그렇게 된다면 인문학과 자연과학의 語法은 큰 어려움 없이 터놓고 의사소통을 할 수 있을 것이다.

(하-30) http://時空起源論/chronotopetiology.ac ('一妙衍萬往萬來'; '妙衍': 進化 천부경론);

(하-31) http://暗黑後光起源論/scurhaletiology.ac (Dark Halo; Dark Energy; Dark Matter);

(하-32) http://通常物質起源論/metriopragmatetiology.ac (大폭발; Beginning of Beings);

(하-33) http://生命體起源論/biorganetiology.ac (大탄생; Beginning of Life);

(하-34) http://次畿宇宙起源論/diadochocosmetiology.ac (大함몰; Beginning of the

Next World)

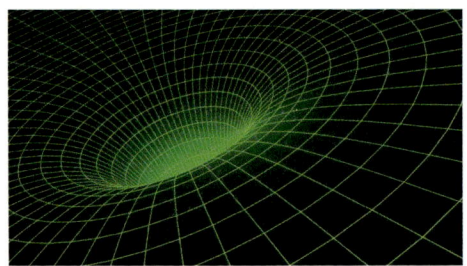
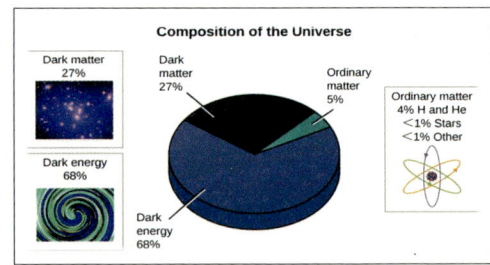
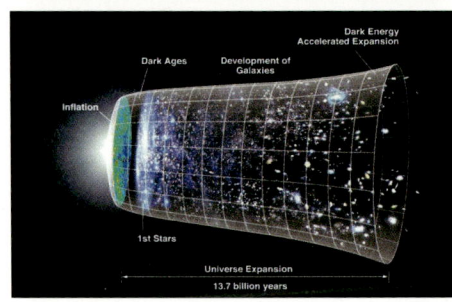
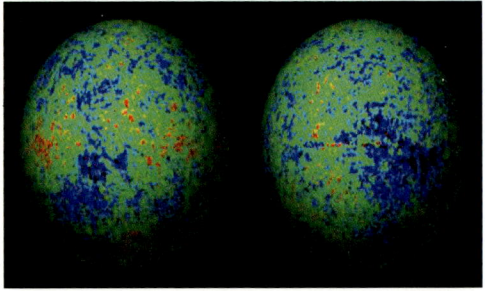
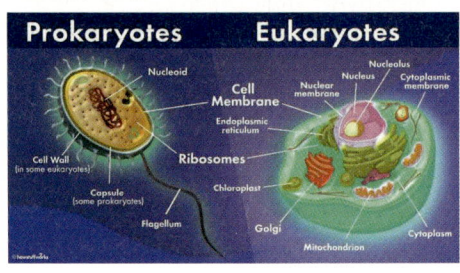
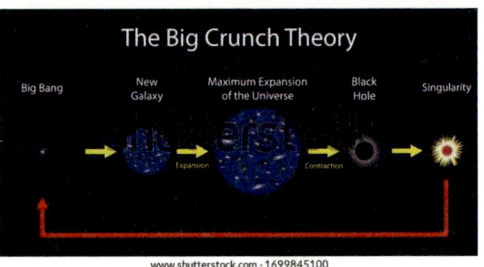

◉₁: 'chronos; topos; aition; logos; /scuros/(←scouros); halos/hēlos; pragma; metrios; bios; organon; diadochos; cosmos'; <time; place; origin; word; dark; sun-ring; matter; ordinary; life; body; succeeding; world>; halos: 도리아方言; hēlos: 여타 方言;

◉₂: Ⓗ 'aition'→ᶜⒽ /etion/; Prokaryotes; Eukaryotes; <原核生物; 眞核生物>;

◉₃: 暗黑後光(暗黑에너지·暗黑物質): Dark Sun-Ring (Dark Energy; Dark Matter);

◉₄: 修訂뉴톤力學(1983)은 '暗黑後光'을 야속하게도 否認하지만, 스티브 호킹(1942~2018)의 'Cosmic Microwave Background'가 前生우주와 연관되듯이 'The Big Crunch Theory'

는 來生우주의 빅뱅을 前提로 한 것이다.

목   차

영어의 차용어와 신조어

첫째 묶음: 라전-희랍어근 차용어

머리말·약자·기호·참고문헌·본서의 신조어 및 개칭·교정 ⋯ i~xxxiv
들어가기 하나 ⋯ 1

㉮ 고유명사借用語 ⋯ 3
㉯ 앵글로색슨語의 借用語 ⋯ 6
㉰ 라전語의 희랍語借用語 ⋯ 8
㉰ 英語의 라전語借用語 ⋯ 12

첫째 꼭지: 명사차용어 ⋯ 15
둘째 꼭지: 형용사차용어 ⋯ 113
셋째 꼭지: 파생부사차용어 ⋯ 131
넷째 꼭지: 동사차용어 ⋯ 135
꼬리말 하나 ⋯ 153

둘째 묶음: 라전-희랍어근 신조어

들어가기 둘 ⋯ 157

다섯째 꼭지: 단일어 ⋯ 161
여섯째 꼭지: 파생단일어 ⋯ 175
일곱째 꼭지: 합성어 ⋯ 195
여덟째 꼭지: 파생합성어 ⋯ 201
아홉째 꼭지: (派生)복합어·중합어 ⋯ 203
열째 꼭지: 범어·희랍어·라전어 신조어 ⋯ 209
꼬리말 둘 ⋯ 213

부록: 라전語의 屈折패러다임 … 217

James Webb Space Telescope (2021.9.8.)

영어의 차용어와 신조어
첫째 묶음: 라전-희랍어근 차용어

들어가기 하나: 英語는 원래 앵글로프리지아列島의 淺海에서 프리지아人과 더불어 살던 앵글人-색슨人의 언어이며 이는 프리지아語와 분기, 브리딴니아로 옮겨온 노섬브리아語·메르시아語·켄트語·웨스트색슨語를 통틀어 앵글로색슨語(古代영어; 450~1150)로 일컫는다. 웨스트색슨의 알프레드大王(849~899)은 나머지 앵글로색슨人(켄트·메르시아·노섬브리아) 모두를 위한 군주였으며 그는 데인族(丁抹人)의 침략을 막아내고 아우구스띠누스(354~430)의 '독백록'(Soliloquies)을 웨스트색슨語로 옮길 정도로 라전語 실력이 좋았다. 앵글로색슨語의 말기에 노르망디에 정착했던 바이킹(윌리암 公爵)은 브리딴니아를 침공, 알프레드大王의 앵글로색슨語를 저버리고 노르만佛語로 브리딴니아를 통치했으며 古代영어의 곡용체계는 붕괴되고 中世영어(1150~1450)는 노르만佛語(古代불어)의 라전-희랍어근 차용어를 再차용하였다. 쵸서(1343~1400)의 '캔터베리 이야기'는 앵글로색슨 토박이말과 노르만佛語를 뒤섞은 中世영어(還配語型 언어)의 산문이며, 쉐익스피어(1564~1616)의 희곡·소네트는 현대初期영어(1485~1714)의 산문·운문이다.

쉐익스피어英語는 大母音推移(Great Vowel Shift)의 기간에 해당되며 이에서 英語의 短모음·長모음('a:ā; e:ē; i:ī; o:ō; u:ū')은 滑音(glides: 'əi; əu')을 거쳐 二重모음('ɑi; ɑu; ɛi; ɔu')으로 推移, 현대적인 음운자질을 갖추게 되었다. 英語의 단어장은 ① 古代영어에서 전래된 앵글로색슨 토박이말, ② 노르만佛語에서 鑄造된 라전-희랍어근 차용어(中世영어에서 再차용), ③ 中世영어에서 現代영어에 이르기까지 다듬어진 라전-희랍어근의 고전적인 어휘항목, ④ 現代영어에서 鑄造된 라전-희랍어근 신조어 등을 망라하며 토박이말은 게르만語의 生動力을, 再차용어는 라전-희랍語의 準고전성을, 신조어는 잘 다듬은 古典性을, 새 개념을 쉽사리 담을 수 있는 라전-희랍어근의 효율성을 각각 갖추고 있는 말마디들이다. 이는 마치 韓語의 탐스러운 토박이말과 玄妙한 商字('漢字'의 개칭)차용어·신조어에서 찾아볼 수 있는 것처럼 英語의 어휘항목이 노르만佛語와의 접촉이 없었다면 게르만語의 생동성을 獨語의 경우처럼 보전할 수 있었겠지만 ③·④의 古典性을 갖추지 못했을 것으로 똑같이 견주어진다.

　본서를 효율적으로 읽고 쉽게 이해할 뿐만 아니라 실제로 독자의 英語어휘력을 대폭 늘리고 英語를 키우고 같이 자라난 긴밀한 관계에 있는 라전語·中世紀라전어·희랍語·通用희랍어·古代영어(토박이말)·中世영어(차용어)·現代初期영어(쉐익스피어英語)와 佛語·獨語·伊語·西語·葡語의 어휘항목을 일거에 포획할 수 있는 마치 語辭的인 저인망을 설치하면 英語의 어휘력을 획기적으로 향상시키는 일이 될 것이며 독자의 통시적인 英語 어휘력은 영어-영문학 전공자의 경우와 거의 엇비슷한 수준으로 변모할 것이다. 독자의 전공영역이 어떠한 것이든지 그의 英語는 새 생각을 담을 수 있는 신조어의 조어력을 갖출 수 있을 것이며 그의 새 생각은 라전-희랍語根과 英語어미(명사·형용사·부사·동사)로 구성되는 신조어로 鑄造될 수 있을 것이다. 훌륭한 논문이란 이들 신조어를 잘 구사한 새 생각의 언표이며 노벨상은 평화상을 제외하면 결국 이러한 신조어에 대한 授賞이며 신조어를 요하지 않는 논문이나 새로운 발견과 이론·학리는 별것이 아니라는 말이 된다. 앵글로색슨 토박이말과 라전-희랍어근·英語어미의 신조어를 적절하게 구사할 수 있을 때 독자는 어떠한 새 생각과 이론도 英語로 담을 수 있을 것이다.

　라전어借用語는 古代영어에서 직접 받아들인 것과 中世영어에서 古代불어를 경유, 유입된 것으로 양분되며, 古代영어는 曲用型으로, 古代불어·中世영어는 水平化된 還配語型으로 달랐어도 모두 라전語의 格어미(曲用어형)와 人稱어미(活用어형)는 삭제된 것이다. 라전語의 屈折어형은 '語幹+格/人稱어미'(語幹←'어근+幹모음')로 구성되며 古代영어·古代불어·中世영어에 차용된 라전語의 문법범주는 格/人稱어미를 제외한 語幹뿐이다. 그 차용된 語幹의 類型은 ㉮(고유명사借用語)·㉯(앵글로색슨語의 借用語)·㉰(라전語의 희랍語차용어)·㉱(英語의 희랍語차용어) 등으로 구분되며 이는 지배적으로 佛語(古代·中世·現代)의 어형이 그 모형이 된 것이나 中世영어 이래 英語音韻을 따른 독자적인 것도 더러 있다.

㉮: 고유명사借用語:

(㉮-01) Ⓐ/ᴮⒽ/ᴾⒶ/Ⓗ/ᶜⒽ/Ⓛ/ᴹⓁ/ˢⒶ/Ⓝ/Ⓜ/Ⓚ/Ⓦ/ᴺⒻ/ᴹⒺ/Ⓔ/ᶠⒻ/Ⓖ/Ⓓ/ᶠⒻ/Ⓖ/Ⓗ/Ⓞ/Ⓢ)/Ⓘ/Ⓟ/Ⓢ/ᶜⓈ/ᵈⁱ/ᴷⓈ/ᴾ/ˢⓀ:

Ⓐ Bâb-Illim→ᴮⒽ Bāvēl→Ⓗ Babylōn→Ⓛ Babylónia→ᴺⒻ/ᴹⒺ Babylonie→Ⓔ Babylon; ᴹⒻ/ᶠⒻ/Ⓖ Babylonie; Ⓘ/Ⓟ/Ⓢ Babilonia; ᶜⓈ/ᵈⁱ/ᴷⓈ/ᴾ/ˢⓀ: Baberu/巴比倫/바빌론

◆: Ⓐ Bâb-Illim, ⟨Gate of God⟩; ᴮⒽ Bāvēl, ⟨confusion⟩; Ⓗ Babylōn, ⟨Babylon⟩; ⓁBábylon/ Babylónia

■: Ⓗ Babylōn, ōnos, f.; Ⓛ Bábylon, ónis, f.(Ⅲ-A), 바빌론(바빌로니아의 수도); Babylónia, æ, f.(Ⅰ), 바빌로니아;

◉ᵢ: 'Bâb-Illim': 절대형(←babum, m., 大門)·연계형(屬格; illum, m., 神); 'bāvēl,' m., 混沌('Bā- vēl,' m., 바빌론; 에즈라書 Ⅰ:11); Ⓗ 'Babylōn, ōnos, f., 바빌론;

◉₂: ᴮⒽ 'bāvēl'(混沌)='Bāvēl'(바빌론): Ⓐ 'Bâb-Illim'의 어원학적 오류

(㉮-02) ᴮⒽ/Ⓗ/Ⓛ/ᴹⓁ/ˢⒶ/ᴺⒻ/ᴹⒺ/Ⓔ/ᴹⒻ/ᶠⒻ/Ⓖ/Ⓘ/Ⓟ/Ⓢ/ᶜⓈ/ᵈⁱ/ᴷⓈ/ᴾ/ˢⓀ:

◆: ᴮⒽ Dāwiđ→Ⓗ Dayid→Ⓛ Dávidem→ᴺⒻ/ᴹⒺ/Ⓔ/ᶠ/Ⓟ/Ⓢ David: Ⓘ Davide; ᶜⓈ Dāyūdo; ᵈⁱ/ᴷⓈ 大衛; ᴾ/ˢⓀ 다윗;

■: ᴮⒽ 'Dāwiđ': ⟨Beloved⟩; Ⓛ Dāvid, vĭdis, m.(Ⅲ-A), 다윗;

(㉮-03) Ⓚ/Ⓐ/ᴮⒽ/ᴾⒶ/Ⓗ/ᶜⒽ/Ⓛ/ᴹⓁ/ˢⒶ/ᴺⒻ/ᴹⒺ/Ⓔ/ᴹⒻ/ᶠⒻ/Ⓖ/Ⓘ/Ⓟ/Ⓢ/ᶜⓈ/ᵈⁱ/ᴷⓈ/ᴾ/ˢⓀ:

◆: Ⓚ edin→Ⓐ edinnu→ᴮⒽ 'ēđen→Ⓗ Eden/hēdonē→Ⓛ/ˢⒶ/ᴺⒻ/ᴹⒺ/Ⓔ/Ⓖ/Ⓘ/Ⓟ Eden; Ⓕ Éden; Ⓢ Edén; ᶜⓈ Edhini; ᴷⓈ 伊登; ᴾ/ˢⓀ 에덴;

◉: Ⓚ 'edin': ⟨steppe, a paradise between the upper Euphrates and Tigris⟩; ᴮⒽ 'ēđen & Eden: 傳寫; Ⓗ 'ēđen & hēdonē: ⟨pleasure⟩

(가)-04) ᵐᵗⓀ/ᴮⒽ/ᴾⒶ/Ⓗ/Ⓛ/ᴹⓁ/ˢⒶ/ᴺⒻ/Ⓔ/Ⓔ/ᴹⒻ/Ⓕ/Ⓖ/Ⓟ/Ⓢ/ᶜⓈ/ᵈⁱ/ᴷⓈ/ᴾ/ˢⓀ:

◆: ᵐᵗⓀ Ḫeper ḏe-Sef→ᴮⒽ/ᴾⒶ Yᵉhôwāh→Ⓗ (Kyrios)→Ⓛ (Dóminum)→ˢⒶ (Hlāfweard)→ᴹⓁ (Seniórem)→ᴺⒻ (Seir)→ᴹⒺ (Ḥlāford)→Ⓔ (Lord); ᴹⒻ/Ⓕ (Seigneur); Ⓖ (Herr); Ⓘ (Signore); Ⓟ (Senhor); Ⓢ (Señor); ᶜⓈ (Satya; ⟨Truth⟩)3); ᵈⁱ/ᴷⓈ 耶和華; ᴾ/ˢⓀ 야웨;

◉₁: 'JHWJ'(/yâwê/): ⟨ego sum qui sum; I am that I am; 自存者⟩⟨출애굽기 III:14⟩ ←𓂀𓏏𓏭 ḫpr(/Ḫeper ḏe-Sef/; ⟨Being by Itself⟩; 사자의 서 XIX:9); 'Jehovah': 誤讀; 'Kyrios; Dóminum; Hlāfweard; Ḥlāford; Lord; Seniórem; Seir; Seigneur; Herr; Signore; Senhor; Señor': 代讀; 'Sir'←'Seniórem';

◉₂: 케멧語의 母音알파벳은 喉音을 제외하면 형의 공백이므로 그 음가는 불확실하며 '/E/'는 편의상의 代音이며 명사는 單子音의 경우 그 우측에, 二音節의 경우 그 가운데에, 전치사는 그 좌측에 각각 분포된다. '/E/' 이외에, 예를 들면, 기존의 'RA'(⟨Sun-God⟩) 등은 /R'E/로 바로 잡아야 옳다.

(가)-05) ᴮⒽ/ᴾⒶ/Ⓗ/Ⓛ/ᴹⓁ/ˢⒶ/ᴺⒻ/Ⓔ/Ⓔ/ᴹⒻ/Ⓕ/Ⓖ/Ⓟ/Ⓢ/ᶜⓈ/ᵈⁱ/ᴷⓈ/ᴾ/ˢⓀ:

◆: ᴮⒽ Yᵉhôšuʻa/ᴾⒶ Yēšûʻa→Ⓗ Iēsus→Ⓛ Jesus→ᴺⒻ/ᴹⒺ Jesu→Ⓔ Jesus; Ⓕ Jésus; Ⓖ Jesus; Ⓘ Gesù; Ⓟ Jesus; Ⓢ Jesús; ᶜⓈ Yĭsoḥ; ᵈⁱ/ᴷⓈ 耶穌; ᴾ/ˢⓀ 예수/예슈아;

■: Jesus, us, m.(IV-A), 예수;

◉: ᴮⒽ Yᵉhôšuʻa/ᴾⒶ Yēšûʻa; ⟨Yah is salvation⟩

(가)-06) ᴮⒽ/ᴾⒶ/Ⓗ/Ⓛ/ᴹⓁ/ˢⒶ/ᴺⒻ/Ⓔ/Ⓔ/ᴹⒻ/Ⓕ/Ⓖ/Ⓟ/Ⓢ/ᶜⓈ/ᵈⁱ/ᴷⓈ/ᴾ/ˢⓀ:

◆: ᴮⒽ/ᴾⒶ Yisrāʼel→Ⓗ Israēl→Ⓛ Israël→ᴺⒻ/ᴹⒺ/Ⓔ/Ⓖ/Ⓟ/Ⓢ Israel; Ⓕ Israël; Ⓘ Israele; ᶜⓈ Isrāyel; ᵈⁱ/ᴷⓈ 以色列; ᴾ/ˢⓀ 이스라엘;

■: Israël, m.indecl., 이스라엘;

---

3) 'Satya'(⟨Truth⟩)는 'Yāwē'에 대한 번역(直譯·意譯·音譯)이 아니므로 이와 같은 경우 이하 생략된다.

◉: ᴮⒽ/ᴾⒶ Yisrā'ēl; <a soldier of God>

(가-07) ᴮⒽ/ᴾⒶ/Ⓗ/Ⓛ/ᴹⓁ/ˢⒶ/ᴺⒻ/ᴹⒺ/Ⓔ/ᴹⒻ/Ⓕ/Ⓖ/Ⓟ/Ⓢ/ᶜⓈ/ᵈⁱ/ᴷⓈ/ᴾ/ˢⓀ:

◆: ᴮⒽ/ᴾⒶ Yôḥānān→Ⓗ Iōannēs→Ⓛ Joánnem→ᴺⒻ/ᴹⒺ/Ⓔ/ᴹⒻ/Ⓕ John; Ⓖ Johann; Ⓘ Giovanni; Ⓟ João; Ⓢ Juan; ᶜⓈ Yohan; ᵈⁱ/ᴷⓈ 約翰; ᴾ/ˢⓀ 요한/요하난;

■: Joánnes, is, m.(III-B), 요한;

◉: ᴮⒽ/ᴾⒶ Yôḥānān: <Whom Yah bestowed>

(가-08) ᴮⒽ/ᴾⒶ/Ⓗ/Ⓛ/ᴹⓁ/ˢⒶ/ᴺⒻ/ᴹⒺ/Ⓔ/ᴹⒻ/Ⓕ/Ⓖ/Ⓟ/Ⓢ/ᶜⓈ/ᵈⁱ/ᴷⓈ/ᴾ/ˢⓀ:

◆: ᴮⒽ Yôsēf→Ⓗ Iōsēph→Ⓛ Joséphum→ᴺⒻ/ᴹⒺ/Ⓔ/ᴹⒻ/Ⓖ/Ⓟ Joseph; Ⓘ Giuseppe; Ⓢ José; ᵈⁱ/ᴷⓈ 約瑟夫; ᴾ/ˢⓀ 요셉;

■: Joséphus, i, m.(II-A), 요셉;

◉: ᴮⒽ Yôsēf: <He shall add>

(가-09) ᴮⒽ/ᴾⒶ/Ⓗ/Ⓛ/ᴹⓁ/ˢⒶ/ᴺⒻ/ᴹⒺ/Ⓔ/ᴹⒻ/Ⓕ/Ⓖ/Ⓟ/Ⓢ/ᶜⓈ/ᵈⁱ/ᴷⓈ/ᴾ/ˢⓀ:

◆: ᴮⒽ miryām/ᴾⒶ maryām→ᶜⒽ Mariam→ᴹⓁ María→ᴺⒻ/ᴹⒺ Maria→Ⓔ Mary; ᴹⒻ/Ⓕ Marie; Ⓖ/Ⓘ/Ⓟ/Ⓢ Maria; ᶜⓈ Mariyām; ᵈⁱ/ᴷⓈ 瑪麗亞; ᴾ/ˢⓀ 마리아/미르얌;

■: María, æ, f.(I), 마리아;

◉₁: ᴮⒽ 'miryām'; <their contumacy>; '+yām': 所有접미사(複數3인칭);

◉₂: ᶜⒽ 'Mariam'(루캄福音 I:46; 主格; '+iam'='+yām')→ᴹⓁ 'María'(主格)

(가-10) ᵐᵗⓀ/ᴮⒽ/Ⓗ/Ⓛ/ᴹⓁ/ˢⒶ/ᴹⒺ/Ⓔ/ᴺⒻ/ᴹⒻ/Ⓕ/Ⓖ/Ⓘ/Ⓟ/Ⓢ:

◆: ᵐᵗⓀ PER-'E→ᴮⒽ par'ôh→Ⓗ pharaō→Ⓛ Pharaónem→ˢⒶ/ᴹⒺ pharao→Ⓔ pharaoh; ᴺⒻ/ᴹⒻ/Ⓕ pharaon; Ⓖ Pharaoh; Ⓘ palao; Ⓟ pharaoh; Ⓢ faraón;

■: Phárao, ónis, m.(III-A), 파라오;

◉: ᵐᵗⓀ/PER-'E/: <house-great; 大殿>; 여타: 轉寫

🔲: 앵글로색슨語의 借用語:

(🔲-01) Ⓛ/ˢⒶ/Ⓝ/Ⓜ/Ⓚ/Ⓦ/ᴺⒻ/ᴹⒺ/Ⓔ/ᴹⒻ/Ⓕ/Ⓖ/Ⓓ/Ⓕ/Ⓖ/Ⓞ/Ⓢ/Ⓘ/Ⓟ/Ⓢ:

◆: Ⓛ diábolum; ˢⒶ dëofol; ᴺⒻ dïable; ᴹⒺ dëofel; Ⓔ devil; ᴹⒻ/Ⓕ diable; Ⓖ Teufel; Ⓕ düüwel; Ⓓ djævel; Ⓗ duivel; Ⓞ djevel; Ⓢ djävul; Ⓘ diavolo; Ⓟ diabo; Ⓢ diablo;

■: diábolus, i, m.(II-A), 악마;

◉₁: 'diábolum': 'di+'(←de+; cf., ᴱⓁ): 'di'; <gods>); '+ab+': 호조음; '+ol+'(←+ul+): 縮小·輕蔑첨사;

◉₂: ˢⒶ(=Ⓝ/Ⓜ/Ⓚ/Ⓦ): 'dëofol'

(🔲-02) Ⓗ/Ⓛ/ˢⒶ/ᴺⒻ/ᴹⒺ/Ⓔ/ᴹⒻ/Ⓕ/Ⓖ/Ⓘ/Ⓟ/Ⓢ:

◆: Ⓗ diakonos; Ⓛ diáconum; Ⓕ diakon/ˢⒶ diacon; ᴺⒻ/ᴹⒺ diacne; ᴹⒻ diaconesse; Ⓔ/Ⓕ diacon; Ⓖ Diakon; Ⓘ diacono; Ⓟ/Ⓢ diácono;

■: Ⓗ diakonos, u, m.; diáconus, i, m.(II-A), 執事·副祭

(🔲-03) Ⓛ/ˢⒶ/ᴺⒻ/ᴹⒺ/Ⓔ/ᴹⒻ/Ⓕ/Ⓖ/Ⓘ/Ⓟ/Ⓢ:

◆: Ⓛ duplum; ˢⒶ/ᴺⒻ doble; ᴹⒺ duble; Ⓔ/Ⓕ double; Ⓘ doppio; Ⓟ duplo; Ⓢ doble;

■: duo, æ, o, num.card., 둘; duplum, i, n.(II-D), 갑절·두 배

◉: 'ambo, æ, o, adj., <both>': 유일한 雙數형용사

(🔲-04) Ⓗ/Ⓛ/ˢⒶ/ᴺⒻ/ᴹⒺ/Ⓔ/ᴹⒻ/Ⓕ/Ⓖ/Ⓘ/Ⓟ/Ⓢ:

◆: Ⓗ leōn; Ⓛ leónem; ˢⒶ/ᴺⒻ/ᴹⒺ lëon/lēo; ᴹⒻ/Ⓔ/Ⓕ lion; Ⓖ Löwe; Ⓘ leone; Ⓟ leão; Ⓢ león;

■: Ⓗ leōn, ontos, m.; leo, ónis, m.(Ⅲ-A), 사자

(냐-05) Ⓗ/Ⓛ/ᔆⒶ/ᴺⒻ/ᴹⒺ/Ⓔ/ᴹⒻ/Ⓕ/Ⓖ/Ⓘ/Ⓟ/Ⓢ:

◆: Ⓗ martyr; Ⓛ martyrem; ᔆⒶ/ᴺⒻ martyr; ᴹⒺ martir; ᴹⒻ/Ⓔ/Ⓕ martyr; Ⓖ Märtyrer; Ⓘ martire; Ⓟ/Ⓢ mártir;

■: Ⓗ martyr, yros, m.; martyr, y̆ris, m.(Ⅲ-A), 증인·순교자

(냐-06) Ⓗ/Ⓛ/ᔆⒶ/ᴺⒻ/ᴹⒺ/Ⓔ/ᴹⒻ/Ⓕ/Ⓖ/Ⓘ/Ⓟ/Ⓢ:

◆: Ⓗ myrrha→Ⓛ myrrham→ᔆⒶ/ᴺⒻ/ᴹⒺ mirre/myrre→Ⓔ myrrh; ᴹⒻ/Ⓕ myrrhe; Ⓖ Myrrhe; Ⓘ/Ⓟ/Ⓢ mirra;

■: Ⓗ myrrha, as, f.; myrrha, æ, f.(Ⅰ), 沒藥

(냐-07) Ⓛ/ᔆⒶ/ᴺⒻ/ᴹⒺ/Ⓔ/ᴹⒻ/Ⓕ/Ⓖ/Ⓘ/Ⓟ/Ⓢ:

◆: Ⓛ óleum→ᔆⒶ ele→ᴹⒺ ele/ᴺⒻ olie→Ⓔ oil; ᴹⒻ/Ⓕ huile; Ⓖ Öl; Ⓘ olio; Ⓟ/Ⓢ óleo;

■: óleum, i, n.(Ⅱ-D), 기름

(냐-08) Ⓗ/Ⓛ/ᔆⒶ/ᴺⒻ/ᴹⒺ/Ⓔ/ᴹⒻ/Ⓕ/Ⓖ/Ⓘ/Ⓟ/Ⓢ:

◆: Ⓗ scholē→ᴹⓁ scolam→ᔆⒶ scöl/ᴺⒻ escǫle→ᴹⒺ scöle→Ⓔ school; ᴹⒻ/Ⓕ école; Ⓖ Schule; Ⓘ scuola; Ⓟ escola; Ⓢ escuela;

■: Ⓗ scholē, ēs, f.; schola, æ, f.(Ⅰ), 학교;

◉: 'e/é+': 語頭호조음

댜: 라전語의 희랍語借用語:

(따-01) Ⓗ lepra→Ⓛ lepr+a+m→ᴺⒻ/ᴹⒺ/Ⓔ/ᴹⒻ/Ⓕ +ø_{bis}; Ⓖ/Ⓘ/Ⓟ/Ⓢ +a+ø:

◆: Ⓗ lepra; Ⓛ lepram; ᴺⒻ/ᴹⒺ lepre; Ⓔ leprosy; ᴹⒻ/Ⓕ lépre; Ⓖ Lepra; Ⓘ/Ⓟ/Ⓢ lepra;

■: Ⓗ lepra, as; lepra, æ, f., 문둥병

(따-02) Ⓗ id+e+a→Ⓛ id+é+a+m→ᴺⒻ/ᴹⒻ/Ⓕ/Ⓖ +ø_{bis}→Ⓔ/Ⓘ/Ⓟ/Ⓢ +a+ø:

◆: Ⓗ idea; Ⓛ idéam; ᴺⒻ idee; Ⓔ idea; ᴹⒻ/Ⓕ idée; Ⓖ Idee; Ⓘ/Ⓟ/Ⓢ idea;

■: Ⓗ ideō, vt., 알다; idea, as; idéa, æ, f.(I), 理想

(따-03) Ⓗ allēgoria→Ⓛ allegóriam→ᴺⒻ +ïe→Ⓔ +y; ᴹⒻ/Ⓕ/Ⓖ +ie; Ⓘ/Ⓟ +ia; Ⓢ +ía:

◆: ᴺⒻ allegorïe; Ⓔ allegory; Ⓕ allégorie; Ⓖ Allegorie; Ⓘ allegoria; Ⓟ alegoria; Ⓢ alegoría;

■: allēgoreō, vt.; allēgoria, as, f.; allegória, æ, f.(I), 譬喩

(따-04) Ⓗ erēmit+a+m→Ⓛ eremít+a+m→ᴺⒻ/ᴹⒺ/Ⓔ/ᴹⒻ/Ⓕ +ø_{bis}; Ⓘ/Ⓟ +a+ø; Ⓢ+o+ø:

◆: Ⓗ erēmitēs; Ⓛ eremít+a+m; ᴺⒻ eremite; ᴹⒺ ermit; Ⓔ hermit; ᴹⒻ/Ⓕ ermite; Ⓘ/Ⓟ eremita; Ⓢ ermitaño;

■: Ⓗ erēmitēs, u, m.; eremíta, æ, m.(I), 隱修者·隱者

(따-05) Ⓗ aggelos→Ⓛ ángel+u+m→ᴺⒻ +e→ᴹⒺ/Ⓔ/ᴹⒻ/Ⓕ/Ⓖ/Ⓢ +ø; Ⓘ/Ⓟ +o:

◆: ᴺⒻ angele; ᴹⒺ engel; Ⓔ angel; ᴹⒻ/Ⓕ ange; Ⓖ Engel; Ⓢ ángel; Ⓘ angelo; Ⓟ ango;

■: Ⓗ aggelos, u, m.; ángelus, i, m.(II-A), 천사·전령;

◉: '/ng/'(←'gg'): 희랍알파벳 正書法

(다-06) Ⓗ arōma→ᴹⓁ aromatizáre→ᴺⒻ aromatiser→ᴹⒺ aromat→Ⓔ/Ⓘ/Ⓟ/Ⓢ/Ⓖ aroma /Aroma; ᴹⒻ/Ⓕ arôme:

◆: Ⓗ/ᴹⒺ/Ⓔ/Ⓘ/Ⓟ/Ⓢ/Ⓖ: 명사; ᴹⒻ/Ⓕ; ᴹⓁ/ᴺⒻ: 동사;

■: Ⓗ arōma, atos, n.; aróma, ătis, n.(Ⅲ-C), 향료; aromatizo, ávi, átum, +áre, vi.(Ⅰ), 향내나다

◉: ᴹⓁ 'aromatizáre'←Ⓗ 'arōmatizein'(<향내나다>; ←arōma; <향초>)

(다-07) Ⓗ baptizein→ᴹⓁ bapt+iz+á+r+e→ᴺⒻ +is+i+er→ᴹⒺ +is+en→ Ⓔ+iz+e; ᴹⒻ/Ⓕ +is+er; Ⓘ +ezz+a+r+e; Ⓟ/Ⓢ +iz+a+r+ø:

◆: Ⓗ baptizō; ᴹⓁ baptizáre; ᴺⒻ baptisier; ᴹⒺ baptisen; Ⓔ baptize; ᴹⒻ/Ⓕ baptiser; Ⓘ battezzare; Ⓟ baptizar; Ⓢ bautizar;

■: Ⓗ baptizō, vt.; baptizo, ávi, átum, +áre, vt.(Ⅰ), 씻다·洗禮주다;

◉: ᴹⒺ '+en'←ˢⒶ '+an'

(다-08) Ⓗ basiliskos→Ⓛ basilísc+u+m→ᴺⒻ/ᴹⒺ/Ⓔ/Ⓖ/ᴺⒻ/Ⓕ +ø; Ⓘ/Ⓟ/Ⓢ +o:

◆: Ⓗ basiliskos→Ⓛ basilíscum→ᴺⒻ basilisc→ᴹⒺ/Ⓔ/Ⓖ basilisk; ᴺⒻ/Ⓕ basilisic; Ⓘ/Ⓟ/Ⓢ basilisco;

■: Ⓗ basiliskos, u, m.; basilíscus, i, m.(Ⅱ-A), 등지느러미 도마뱀·小王

(다-09) Ⓗ embolismos→ᴹⓁ embol+í+s+m+u+m→ᴺⒻ +i++s+m+e→Ⓔ +i+s+m+ø; ᴹⒻ/Ⓕ/Ⓖ +i+e; Ⓘ/Ⓟ/Ⓢ +i+a:

◆: Ⓗ embolismos; ᴹⓁ embolísmum; ᴺⒻ embolisme; Ⓔ embolism; ᴹⒻ/Ⓕ embolie; Ⓖ Embolie; Ⓘ/Ⓟ/Ⓢ embolia;

■: Ⓗ embolismos, u, m.; embolísmus, i, m.(II-A), 附加·塞栓症

(터-10) Ⓗkylix→Ⓛ cálic+e+m→ᴺⒻ+e→Ⓔ+ø; ᴹⒻ/Ⓕ/Ⓘ/Ⓟ cálice; Ⓢ +ø

◆: Ⓗ kylix; Ⓛ cálicem; ᴺⒻ calice; Ⓔ calix; ᴹⒻ/Ⓕ/Ⓘ calice; Ⓟ cálice; Ⓢ cáliz/calix;

■: Ⓗ kylix, kylikos, f.; calix, cálicis, m.(III-A), 잔·컵

(터-11) Ⓗ kanōn→Ⓛ canón+e+m→ᴺⒻ +e+ø→ᴹⒺ/Ⓔ/ᴹⒻ/Ⓕ/Ⓖ +ø; Ⓘ/Ⓟ +e+ø, Ⓢ+o+ø:

◆: Ⓗ kanōn; Ⓛ canónem; ᴺⒻ cane; ᴹⒺ canön/canoun; Ⓔ/ᴹⒻ/Ⓕ canon; Ⓖ Kanon; Ⓘcanone; Ⓟcânone; Ⓢ canónigo;

■: Ⓗ kanōn, onos, m.; canon, ŏnis, m.(III-A), 규범

(터-12) Ⓗ kanonikos→ᴹⓁ canón+ic+u+m→ᴺⒻ +ie+ø→ᴹⒺ +ø→Ⓔ +ic+ø; ᴹⒻ/Ⓕ+ique +ø; Ⓖ +isch+ø; Ⓗ +iek+ø; Ⓘ/Ⓟ/Ⓢ +ic+o:

◆: Ⓗ kanonikos; ᴹⓁ canónicum; ᴺⒻ canoinie; ᴹⒺ canon; Ⓔ canonic; ᴹⒻ/Ⓕ canonique; Ⓖkanonisch; Ⓤ canoniek; Ⓘ canonico; Ⓟcanônico; Ⓢ canónico;

■: Ⓗ kanonikos, ē, on; canónicus, a, um, adj.(II-I-II-a), 규범적

(터-13) Ⓗ klērikos→ᴹⓁ clér+ic+u+m→ᴺⒻ/ᴹⒺ +ie+ø→Ⓔ +y+ø; ᴹⒻ/Ⓕ +é+ø; Ⓖ +ø; Ⓘ/Ⓟ/Ⓢ +o+ø:

◆: Ⓗ klērikos; ᴹⓁ cléricum; ᴺⒻ/ᴹⒺ clergie; Ⓔ clergy; ᴹⒻ/Ⓕ clergé; Ⓖ Klerus; Ⓘ/Ⓟ/Ⓢ clero;

■: Ⓗ klērikos, u, m.; cléricus, i, m.(II-A), 성직자

(표-14) Ⓗ diakonos→Ⓛ diácon+u+m→ˢⒶ diacon→ᴺⒻ/ᴹⒺ diacne→Ⓔ/ᴺⒻ/Ⓕ deacon; Ⓖ Diakon; Ⓘ diacono; Ⓟ/Ⓢ diácono:

◆: Ⓗ diakonos; Ⓛ diáconus; ˢⒶ diacon; ᴺⒻ/ᴹⒺ diacne; Ⓔ/ᴺⒻ/Ⓕ deacon; Ⓖ Diakon; Ⓘ diacono; Ⓟ/Ⓢ diácono:

■: Ⓗ diakonos, u, m.; diáconus, i, m.(II-A), 執事·副祭

(표-15) Ⓗ drakōn→Ⓛ dracón+e+m→ᴺⒻ/ᴹⒺ/Ⓔ/ᴹⒻ/Ⓕ/Ⓖ/Ⓘ/Ⓟ/Ⓢ +ø:

◆: Ⓗ drakōn; Ⓛ dracónem; ᴺⒻ dragon; ᴹⒺ dragoun; Ⓔ/ᴹⒻ/Ⓕ dragon; Ⓖ Drachen; Ⓘ drago; Ⓟ dragão; Ⓢ dragón;

■: Ⓗ drakōn, ontos, m.; draco, ónis, m.(III-A), 龍

(표-16) Ⓗ scorpiōn→ᴹⒸ scorpión+e+m→ᴺⒻ/ᴹⒺ/Ⓔ/ᴹⒻ/Ⓕ/Ⓖ/Ⓟ/Ⓢ +ø_{bis}; Ⓘ +e+ø:

◆: Ⓗ scorpiōn; ᴹⒸ scorpiónem; ᴺⒻ scorpïon; ᴹⒺ scorpioun; Ⓔ/ᴹⒻ/Ⓕ scorpion; Ⓖ Skorp‐ion; Ⓘ scorpione; Ⓟ escorpião; Ⓢ escorpión;

■: Ⓗ scorpiōn, onos, m.; scórpio, ónis, m.(III-A), 전갈;

◉: 'e+': 語頭呼助音

(표-18) Ⓗ propheteia→ᴹⒸ prophet+í+a+m→ᴺⒻ/ᴹⒺ +ie→Ⓔ +y+ø→ᴹⒻ/Ⓕ +ie; Ⓖ +eiung; Ⓘ/Ⓟ +ia; Ⓢ +ía:

◆: Ⓗ propheteia; ᴹⒸ prophetíam; ᴺⒻ/ᴹⒺ prophecie; Ⓔ prophecy; ᴹⒻ/Ⓕ prophétie; Ⓖ Prophezeiung; Ⓘ profezia; Ⓟ profecia; Ⓢ profecía;

■: Ⓗ prophēmi, vt., 예언하다; Ⓗ propheteia, as; prophetía, æ, f.(I), 豫言

(표-19) Ⓗ eidōlon→Ⓛ ídol+u+m→ᴺⒻ/ᴹⒺ/Ⓔ/ᴹⒻ/Ⓕ/Ⓖ +ø_{bis}; Ⓘ/Ⓟ/Ⓢ +o+ø:

◆: Ⓗ eidōlon; Ⓛ ídolum; ᴺⒻ ydole; ᴹⒺ ïdole; Ⓔ idol; ᴹⒻ/Ⓕ idole; Ⓖ Idol;

Ⓘ ídolo; Ⓟ/Ⓢ ídolo;

■:Ⓗ eidōlon, u; ídolum, i, n., 偶像

라: 英語의 羅典語借用語:

라(英語의 라전어차용어)는 가·나·다의 借用유형을 망라하며 라전어 명사의 단수對格곡용연쇄체(語幹+曲用어미; 어간=어근+ 곡용幹모음; 어근+ 곡용幹모음+ 對格곡용어미; R+ThV+m; R+e+m ← ĭ₁/₂+m; +a/u+ ← ō+m)는 Ⓛ 'R+e+m'(Ⅲ-A~D)·'R+a+m'(Ⅰ·Ⅴ)·'R+u+m'(Ⅳ-A·B; Ⅱ-A~D)에서 Ⓘ/Ⓟ/Ⓢ 'R+e +ø'; 'R+a+ø'; 'R+o+ø' 및 Ⓔ/Ⓖ 'R+ø_{bis}' 등으로 각각 차용되었으며 형용사는 로망스어에 한하여 男性·女性단수대격곡用연쇄체로 구성된다. 파생부사는 형용사에 파생부사어미 '+ment(e)'(로망스어)나 '+ly'(英語)를 後接 형성되며 라전어 동사의 능동태現在부정사(+ĕre/+īre/+ére/+áre; Ⅲ-A·B/Ⅳ/Ⅱ/Ⅰ)는 '+er/+ar/+ere/+ire/+are'(로망스어), '+ø/+e'(英語), '+ieren'(獨語) 등으로 각각 차용되었다. 'Eden; JHWH'(가)로 轉寫된 沒곡용명사를 포함하여 희랍어 등에서 라전어로 유입된 차용어 일체는 라전어의 屈折유형(명사曲用: Ⅲ-A~D/Ⅰ·Ⅴ/Ⅳ-A·B/Ⅱ-A~D; 형용사曲用: Ⅲ/Ⅱ-Ⅰ-Ⅱ-a~c; 活用: Ⅲ-A·B/Ⅳ/Ⅱ/Ⅰ)에 따라 명사·형용사·파생부사·동사로 분류(라)·유형화(마)되며 이에서 라·마의 일련번호가 매겨지고 문법범주에 대한 주석을 덧붙인다. 라는 가·나·다의 차용어에 일련번호를 매긴 것이며 마는 품사(첫째~넷째 꼭지)에 따른 借用語의 屈折형태소를 유형화하여 逆順사전식의 알파벳순으로 다시 일련번호를 매겨 기술된다. Berger(상게서)에 포함되지 않았지만 유용한 借用유형은 둘째 묶음의 新造語로 補整될 것이며 新造語의 借用형태소는 노르만佛語·中世영어(죠서英語)·현대초기영어(쉐익스피어英語)에서 이미 형성된 것이다. 이러한 견지에서 現代영어의 라전-희랍어근 신조어 도합 60만 개는 正書法을 겨냥한 사무엘 존슨이 그의 辭典에 中世영어-현대초기영어의 차용어를 알알이 잘 담아놓은 덕분이며, 이는 우리의 경우에 견주면 주시경·최현배·하웅 등 한글전용론자들이 商字語·상자借用語·상자新造語를 사갈시하는 것과 딴판으로 적극적으로 라전-희랍語根

으로 신조어를 纂造하여 오히려 英語의 어휘항목을 살찌우는 데 성공하였다. 하여, 英語는 산업혁명 이후 고작 100년 사이에 下流에서 지구촌을 一大一路하는 언어로 그 위상을 굳혔다.

先라전어(코카시아祖語)의 명사·동사는 沒굴절연쇄체로 구성되었으며 이는 '語根명사·語根동사'로 일컬어지는데 韓語의 體言·用言이 더 명확한 언어유형론적인 문법개념이다. 즉, 체언(삶/넋/얼)과 용언(가/오+; 먹/죽+)은 膠着詞('토씨'의 개칭)·語末어미(+다/고/지)의 連接에 의하여 각각 통사론적으로 膠着敍述연쇄체로 구성되는데 先라전어에서 지배적으로 폐쇄말음單음절로 구성된 語根명사·語根동사는 沒곡용·沒활용연쇄체였으므로 세 가지 어순型(PSO; SOP; SPO; P/S/O: 술어·주어·객어)과 時候부사(<now; then>)에 의하여 格(주격·대격)과 時制(현재·과거)를 할당·지정되었다. 第二어족분기(40,000 BP) 이후 초기 上古라전어(40,000~30,000 BP)에서 先라전어의 문법적인 결함에 대한 言彙의 批評문법적인 시각에서 고안된 문법범주는 語根명사·동사를 위한 曲用·敍述연쇄체의 曲用·活用어미를 고안·연접하는 것인데 명사·동사의 폐쇄말음과 初聲자음어미 사이에 발생하는 자음충돌을 해소하기 위한 문법범주는 호조음(즉, 初期곡용·활용幹모음: '+ĭ₁+'; +ĕ₁/₂+')이며 전자는 '+ø+'(단수主格)의 경우 형의 공백이나 '+m'(단수對格곡용어미)의 연접을 위하여 '+ĕ+'(←'+ĭ₁+')로, 후자는 인칭활용어미('+m/s/t+'; +mus/tis/nt+'(←PIH *MA/*SA/*TA; *MASI/*TASI/*NTI; <me/thee/that; us/you/them>' 單數 1·2·3; 複數 1·2·3)의 연접을 위하여 '+ĕ₁/₂+'로 각각 곡용·활용幹모음으로 실현되었다.

'+ĕ+'는 末期곡용幹모음 '+a/u+'(←'+ō+'; 대격)와 더불어 ᴺⒻ/ᴹⒺ의 차용어에서 '+a/e/o+'로 전승되었으며 이는 로망스語에서 곡용어미의 탈락으로 마치 어미처럼 실현된다. 曲用체계의 붕괴는 라전語와 로망스語 간의 언어유형론적인 변별을 초래했으나 活用체계는 그렇지 않다. 즉, 라전語의 활용幹모음 다섯('+ĕ₁/₂/ĭ/ē/ā+'은 이를 모두 상실한 Ⓕ를 제외한 로망스語에서 셋(Ⓘ: '+a/e/i+r+e'; Ⓟ/Ⓢ: +a/e/i+r +ø+)으로 각각 줄어들었으나 활용체계는 언어유형의 변별에 관여되어 있지 않다. 따라서 말기通俗라전어의 마지막 단계에 '어근+a/e/o+m'으로 구성되었던 명사의 단수對格곡용연쇄체는 '+m'를 상실했으며 이에 따라 라전語의 곡용체계는 마침내 붕괴되었다. 초기伊語의 통사연쇄체는 주어(주격)·객어(대격)의 格할당을 先라전어의 어순형 한 가지(SPO)에 의존하지 않을 수 없었으며 여타 로망스語와 中世영어의 格할당은 마찬가지였다. 말기通俗라전어에 이르도록 라전語의 지배적인 어순은 'SOP'였고 古代영어의 경우 주절·종속절의 지배적인 어순은 각각 'SPO', SOP'였는데 곡용체계의 붕괴 이후 똑같이 'SPO'로 推移했으며 이는 비록 인위적이지만 히브리語의 경우 'PSO'(聖書히브리어)에서 'SPO'(現代·再生히브리어)로 똑같이 그러하였다. 따라서 'SOP'(古典라전어)는 곡용체계의 붕괴에 의하여, 'PSO'(聖書히브리어; 1910년대)는 英語獨語(주절)·佛語에 휩쓸려 각각 還配語型('SPO')으로 推移하였다.

英語의 라전語차용어는 古代·中世·現代初期영어 전기간 동안 英語의 단어장을 증식하는 지배적인 어휘항목이며 산업혁명 이래 오늘날의 現代영어에 이르는 기간 동안 라전-희랍어근과 영어어미(명사·형용사·파생부사·동사)의 연접에 의한 신조어는 現代영어의 어휘증식을 위한 大道·王道가 되었다. 신조어법을 준수·공인된 英語의 신조어는 로망스語·게르만語뿐만 아니라 지구촌의 개별언어 절대다수에서 轉寫·譯語로 수용되고 있으며 차용어가 수동적인 것이었다면 신조어는 활성적인 것이다. 英語의 경우와 달리, 韓語는 훈민정음 이후에도 商語·商字의 위세에 억눌려 이에 의한 차용어뿐만 아니라 신조어도 우리 학문·어문생활에 지배적인 지위를 차지했으며 그만큼 우리 토박이말은 時調의 경우가 아니면 거들떠 보지도 않았다. 초기現代한어에 들어서자 국어에 대한 자의식에 매우 늦게나마 눈을 떴으며 이는 극단적으로 어문적인 국수주의를 초래하여 오늘날까지 그 주장을 고수하는 '한글專用論'을 초등·중등·대학 교육과정에 導入, 한글의 문맹률은 비록 1%에 지나지 않지만 商字語의 글이나 말의 뜻을 헤아리지 못하는 實質문맹률은 75%에 이른다. 이는 商字학습을 학교교과과정에서 완전히 배제해 놓았기 때문이나 국어 어휘의 총수 50만 개 가운데 60%에 이르는 30만 개는 商字차용어이므로 商字를 모르면 비록 음가를 알아도 이해하지 못한다. 앞에서 말한 實質문맹률 75%는 한글전용문교정책으로 30만 개에 이르는 商字차용어의 음가·의미를 익히는 교육과정에 포함되지 않았기 때문이며 한글전용론이 계속 國策으로 시행된다면 그 폐해는 기하급수로 폭증할 것이다.

첫째 꼭지: 명사차용어

英語의 주된 갈래는 ^Al^Ⓔ(古代英語; 알프레드大王의 웨스트색슨語)·^Ch^Ⓔ(中世英語; 쵸서英語)·^Sh^Ⓔ(初期現代英語; 쉐익스피어英語)이며 見本文例는 웨스트색슨語譯(마텃야후福音 VII:24)·쵸서의 '캔터베리 이야기'(앞머리)·쉐익스피어의 '소넷트'(XVIII)이고 그 ① 原文, ② IPA, ③ 현대영어直譯은 다음과 같다.

^Al^Ⓔ: ① Ǣlċ þāra þe þās min word ġehīerþ, and þā wyrċþ,

biþ ġelīċ þǣm wīsan were, sē his hūs ofer stān ġetimbrode.

② /ælċ þaːra þe þaːs min word yehiːerþ and þaː wyrċþ

biþ yeliċ þæːm wiːzan were seː his over staːn yetímbrode/

③ ⟨Each of those who hears these words of mine, and does them,

is like the wise man who timbers his house upon stone.⟩

◆: ælċ; þāra; þe; þās; min; þā; þǣm; sē; his: 대명사·관사; word(←word, f., *a word*): 女性複數對格; ġehīerþ(←ġehīeran, vt., *to hear*); wyrċþ(←wyrċan, vt., *to work/do*); biþ(←bēon, vi., *to be*): 현재單數3인칭; ġetimbrode(←ġetimbrian, vt., to *timber/build*): 과거單數3인칭; ġelīċ: 주어보어(adj.pred. indecl., *like*, +dat.); wīsan(←wīs, adj., *wise*): 弱곡용男性단수與格; were(←wer, m., *a man*∞Ⓖ wer, 관계대명사; cf., wolfwer, *wolf-man*): 單數여격; hūs, n., *a house*; ofer, prep., *over*; +dat./acc.; stān, m., *a stone*

^Ch^Ⓔ: ① Whan that Aprile with his shoures soote

The droghte of March hath perced to the roote,

② /whan ðat aprilə wið his ʃuːrəs sɔːtə

ðə drohtə ɔv marċ haþ persəd tɔ ðə rɔːtə/

— 15 —

③ <When April with its sweet showers

　　Hath pierced the drought of March to the root,>

^(Sh)Ⓔ: ① Shall I compare thee to a summer's day?

　　Thou art more lovely and more temperate,

　　Rough winds do shake the darling buds of May,

　　And summer's lease hath all too short a date;

② /ʃal əi compə: ði: tɔ a sʌməs dəi

　　ðəu a:t moə lʌvli and moə tempərəit

　　rʌf windz du ʃəik ðə darliŋ bʌdz ɔv məi

　　and sʌməs li:s haþ ɔl tu: ʃɔ:t ə dəit/

③ <ditto>

◉: 이상에서 차용어는 ^(Al)Ⓔ의 경우 없으며 ^(Ch)Ⓔ·^(Sh)Ⓔ의 경우 각각 'Aprile; May'와 'temperate; date'뿐이다. IPA는 ^(Al)Ⓔ·^(Ch)Ⓔ의 長母音이 ^(Sh)Ⓔ의 滑音('ə')을 거쳐 Ⓔ에서 二重母音으로 推移되었음을 보여준다.

Henry Sweet(1882)의 'Anglo-Saxon Primer'는 구글·아카이브에서 PDF 텍스트로 다운 받을 수 있으며 116쪽에 불과한 이 小冊子는 읽는 만큼 現代영어학습을 위한 보약과 같은 내용을 담고 있다. 이는 自習으로도 학습할 수 있는 英語공부의 전략적인 정보를 담고 있으며 이와 더불어 본서의 차용어·신조어를 익힌 독자의 英語지식은 잘 구축된 난공불락의 요새에 견줄 수 있다. 앞에서 말했듯이 ㎖의 借用유형은 언어과학지식에 따른 분석적인 방법으로 라전語차용어를 정복하기 위한 책략으로 모색된 것이며 이는 屈折유형의 단순성에서 복잡성으로의 추이를 품사별·알파벳順으로 정리된 것이므로 소설처럼 한번 읽고 말 것이 아니라 읽고 또 읽는 詩처럼 읽으면 독자의 단어장은 무럭무럭 자라날 것이다. 차용어와 신조어를 마치면 독자는 전공분야의 학리와 새 생각을 담을 말마디를 스스로 지을 수 있으며 신조어의 鑄造에 능숙하여 학리와 새 생각을 지구촌에 두루 펼쳐 公認을 받으면 그는 大學으로

位相을 굳힐 것이다. 이를 위한 사다리는 차용어·신조어 이외에 다른 묘수가 있을 수 없다. 古典라전어 명사의 단수對格은 '+a/e/u(←ō/ ĭ$_{l/s}$/ō(곡용幹모음)+m(曲用語尾)'의 연쇄체로 구성되었으며 이 연쇄체에서 '+m(曲用語尾)'가 말기通俗라전어(800 AD)에서 消失, 이는 곡용機制의 붕괴를 지시한다. '+a/e/u+'는 初期로망스어에서 '+a/e/o+'로 推移, Ⓘ/Ⓟ/Ⓢ로 전승되었으며, 본서는 Ⓛ '(+i)+a/e/u+m,' Ⓘ/Ⓟ/Ⓢ '(+i)+a/e/o+ø'와 Ⓔ '+y/e+ø; +ø$_{bis}$'를 공시적으로 견줄 뿐만 아니라 통시적으로 ^{N}Ⓕ·^{M}Ⓔ를 경유, 형성된 라전語의 명사借用語를 포괄적·입체적으로 밝혀 정리하기를 겨냥한다. ① Ⓛ '+ø'→Ⓔ '+ø'; ② '+a+m+'→ '+ø$_{bis}$'; ③ '+r/t+i+a +m+'→'+r/c+y+ø'; ④ '+e+m+'→'+ø$_{bis}$'; ⑤ '+tu+d+in+e+m+' →'+tu+d+ e+ø'; ⑥ '+u+m+'→'+ø$_{bis}$'; ⑦ '+d/r+i+u+m+'→'+d/r+y+ø' 등의 借用類型은 일련번호를 매겨 알파벳順으로 기술된다.

(매–01) Ⓛ '+ø'→Ⓔ '+ø':

(가–03) Ⓚ/Ⓐ^{B}/Ⓗ^{P}/Ⓐ/Ⓗ/Ⓗ/Ⓛ/^{M}Ⓛ/^{S}Ⓐ/Ⓝ/Ⓜ/Ⓚ/Ⓦ)/^{N}Ⓕ/^{M}Ⓔ/Ⓔ/^{M}Ⓕ/Ⓕ/Ⓖ/Ⓕ/Ⓖ/Ⓓ/Ⓗ/Ⓞ/Ⓢ)/Ⓘ/Ⓟ/Ⓢ/ ^{C}Ⓢ/$^{di/Ⓚ}$Ⓢ/$^{T/S}$Ⓚ:

■: Ⓚ edin→Ⓐ edinnu→^{B}Ⓗ 'ēden→Ⓗ Eden/hēdonē→Ⓛ/^{S}Ⓐ/^{N}Ⓕ/^{M}Ⓔ/Ⓔ/Ⓖ/Ⓘ/Ⓟ Eden; Ⓕ Éden; Ⓢ Edén; ^{C}Ⓢ Edhini; $^{di/Ⓚ}$Ⓢ 伊登; $^{P/S}$Ⓚ 에덴;

◆: Ⓚ 'edin': <a paradise between the upper Euphrates and Tigris>; ^{B}Ⓗ 'ēden(창세기 II:3); Eden: 傳寫; Ⓗ 'ēden & hēdonē: <pleasure>

(매–01) Ⓛ '+ø'→Ⓔ '+ø':

(가–04) ^{mt}Ⓚ/^{B}Ⓗ/^{P}Ⓐ/Ⓗ/Ⓛ/^{M}Ⓛ/^{S}Ⓐ/^{N}Ⓕ/^{M}Ⓔ/Ⓔ/^{M}Ⓕ/Ⓕ/Ⓖ/Ⓟ/Ⓢ/^{C}Ⓢ/$^{di/Ⓚ}$Ⓢ/$^{P/S}$Ⓚ:

◆: ^{mt}Ⓚ Ḥeper de-Sef→^{B}Ⓗ/^{P}Ⓐ Yᵊhôwāh→Ⓗ (Kyrios)→Ⓛ (Dóminum)→^{S}Ⓐ (Hlāfweard)→^{M}Ⓛ (Seniórem)→^{N}Ⓕ (Seir)→^{M}Ⓔ (Ηlāford)→Ⓔ (Lord); ^{M}Ⓕ/Ⓕ (Seigneur); Ⓖ (Herr); Ⓘ (Signore); Ⓟ (Senhor); Ⓢ (Señor); ^{C}Ⓢ (Satya; <Truth>); $^{di/Ⓚ}$Ⓢ 耶和華; $^{P/S}$Ⓚ 야웨;

■: Ⓗ kyrios, u, m.; dóminus, i, m.(II-A), 주인; sénior, sénius, óris, adj.comp./c.(III-a; III-A), 더 늙은·연장자; 'JHWH': tetragrámmaton, n., 四字成語;
◉: 'JHWH'(/yâwê/): <ego sum qui sum; I am that I am; 自存者>(출애굽기 III:14) ←𓀭 𓁰(/Ḥeper de-Sef/; <Being by Itself>; 사자의 서 XIX:9); 'Jehovah': 誤讀; 'Kyrios; Dóminum; Hlāfweard; Hlāford; Lord; Seniórem; Seir; Seigneur; Herr; Signore; Senhor; Señor': 代讀; 'Hlāfweard→Hlāford→Lord; (=Herr)'; 'Sir'← 'Seniórem'

(마-01) Ⓛ '+ø'→Ⓔ '+ø':
(가-06) ᴮⒽ/ᴾⒶ/Ⓗ/Ⓛ/ᴹⓁ/ˢⒶ/ᴺⒻ/ᴹⒺ/Ⓔ/Ⓕ/Ⓕ/Ⓖ/Ⓟ/Ⓢ/ᶜⓈ/ᵈⁱ/ᴷⓈ/ᴾ/ˢⓀ:
◆: ᴮⒽ/ᴾⒶ Yisrā'ēl→Ⓗ Israēl→Ⓛ Israël→ᴺⒻ/ᴹⒺ/Ⓔ/Ⓖ/Ⓟ/Ⓢ Israel; Ⓕ Israël; Ⓘ Israele; ᶜⓈ Isrāyel; ᵈⁱ/ᴷⓈ 以色列; ᴾ/ˢⓀ 이스라엘;
■: ᴮⒽ/ᴾⒶ Yisrā'ēl; Ⓗ Israēl; Ⓛ Israël; ᴺⒻ/ᴹⒺ/Ⓔ/Ⓖ/Ⓟ/Ⓢ Israel; Ⓕ Israël; Ⓘ Israele; ᶜⓈ Isrāyel; ᵈⁱ/ᴷⓈ 以色列; ᴾ/ˢⓀ 이스라엘;
◉: ᴮⒽ/ᴾⒶ Yisrā'ēl; <a soldier of God>

(마-01) Ⓛ '+ø₁'→Ⓔ '+ø₂':
(대-06) Ⓗ arōma→ᴹⓁ aromatizáre→ᴺⒻ aromatiser→ᴹⒺ aromat→Ⓔ/Ⓘ/Ⓟ/ Ⓢ/Ⓖ aroma /Aroma; ᴹⒻ/Ⓕ arôme:
◆: Ⓗ/ᴹⒺ/Ⓔ/Ⓘ/Ⓟ/Ⓢ/Ⓖ: 명사; ᴹⒻ/Ⓕ; ᴹⓁ/ᴺⒻ: 동사;
■: Ⓗ arōma, atos, n.; aróma, ătis, n.(III-C), 향료; aromatizo, ávi, átum, +áre, vi.(I), 향내나다;
◉₁: ᴹⓁ 'aromatizáre'←Ⓗ 'arōmatizein'(<향내나다>; ←arōma; <향초>);
◉₂: 라전어·伊語의 'aróma/aroma'는 中性·男性이며, 단수對格도 同形인 'aróma'의

語根·曲用어미(+ø₁)는 분석되지 않으므로 佛語를 제외한 로망스語와 게르만語에서 'aroma'(+ø₂)로 전승되었다.

(마-02) Ⓛ '+a+m'→Ⓔ '+ø_{bis}':
(라-02-1) Ⓛ áquil+a+m→ᴺⒻ/Ⓔ/Ⓕ +e+ø; Ⓘ/Ⓟ/Ⓢ +a+ø:
◆: Ⓛ áquilam; ᴺⒻ aigle; Ⓔ eagle; Ⓕ aigle; Ⓘ aquila; Ⓟ águia; Ⓢ águila;
■: áquila, æ, f.(I), 독수리

(마-02) Ⓛ '+a+m'→Ⓔ '+ø_{bis}':
(라-02-2) Ⓛ caus+a+m→ᴺⒻ/ᴹⒺ/Ⓔ/ᴹⒻ/Ⓕ +e+ø; Ⓘ/Ⓟ/Ⓢ +a+ø:
◆: Ⓛ causam; ᴺⒻ/ᴹⒺ/Ⓔ/ᴹⒻ/Ⓕ cause; Ⓘ/Ⓟ/Ⓢ causa;
■: causa, æ, f., 원인

(마-02) Ⓛ '+a+m'→Ⓔ '+ø_{bis}':
(라-02-3) Ⓛ colúmn+a+m→ᴺⒻ/ᴹⒺ +e+ø→Ⓔ +ø_{bis}; ᴹⒻ/Ⓕ +e+ø; Ⓘ/Ⓟ/Ⓢ +a+ø:
◆: Ⓛ colúmnam; ᴺⒻ/ᴹⒺ columne; Ⓔ column; ᴹⒻ/Ⓕ colonne; Ⓘ colonna; Ⓟ coluna; Ⓢ columna;
■: colúmna, æ, f.(I), 기둥

(마-02) Ⓛ '+a+m'→Ⓔ '+e+ø':
(라-02-4) Ⓛ disciplín+a+m→ᴺⒻ/ᴹⒺ/Ⓔ/ᴹⒻ/Ⓕ +e+ø; Ⓘ/Ⓟ/Ⓢ +a+ø:
◆: Ⓛ disciplínam; ᴺⒻ/ᴹⒺ/Ⓔ/ᴹⒻ/Ⓕ discipline; Ⓘ/Ⓟ/Ⓢ disciplina;
■: disco, dídici, ĕre, Rvt.(III-A), 배우다; disciplínus, æi, m.(II-A), 학생; disciplína, æ, f.(I), 교육

(마-02) Ⓛ '+a+m'→Ⓔ '+e+ø':

(라-02-5) Ⓛ doctrín+a+m→ᴺⒻ/ᴹⒺ/Ⓔ/ᴹⒻ/Ⓕ +e+ø; Ⓘ/Ⓟ/Ⓢ +a+ø:

◆: Ⓛ doctrínam; ᴺⒻ/ᴹⒺ/Ⓔ/ᴹⒻ/Ⓕ doctrine; Ⓘ dottrina; Ⓟ doutrina; Ⓢ doctrina;

■: dóceo, cŭi, ctum, ére, vt.(II), 가르치다; doctrína, æ, f.(I), 가르침;

●: Ⓟ 'doutrina'(←+c+): 語中子音母音化

(마-02) Ⓛ '+a+m'→Ⓔ '+ø_{bis}':

(라-02-6) 'form+ø+ø':

Ⓛ form+ a+m→ᴺⒻ/ᴹⒺ +e→Ⓔ +ø_{bis}; ᴹⒻ/Ⓕ +e; Ⓖ +ø_{bis}; Ⓘ/Ⓟ/Ⓢ +a+ø:

◆: Ⓛ formam; ᴺⒻ/ᴹⒺ forme; Ⓔ form; ᴹⒻ/Ⓕ forme; Ⓖ Form; Ⓘ/Ⓟ/Ⓢ forma;

■: forma, æ, f.(I), 외형·미모;

●: '+a+'(←末期곡용幹모음·同音節幹모음 '+ō+': I)

(마-02) Ⓛ '+a+m'→Ⓔ '+ø_{bis}':

(라-02-7) Ⓛ locúst+a+m→ᴺⒻ/ᴹⒺ/Ⓔ/ᴹⒻ/Ⓕ +ø_{bis}; Ⓘ/Ⓟ/Ⓢ +a+ø:

◆: Ⓛ locústam; ᴺⒻ/ᴹⒺ locuste; Ⓔ locust; ᴹⒻ/Ⓕ locuste; Ⓘ locusta; Ⓟ/Ⓢ langosta:

■: locústa, æ, f.(I), 메뚜기

(마-02) Ⓛ '+a+m'→Ⓔ '+ø_{bis}':

(라-02-8) Ⓛ oliv+a+m→ᴺⒻ/ᴹⒺ/Ⓔ/ᴹⒻ/Ⓕ o+ø_{bis}; Ⓘ/Ⓟ/Ⓢ +a+ø:

◆: Ⓛ olivam; ᴺⒻ/ᴹⒺ/Ⓔ/ᴹⒻ/Ⓕ olive; Ⓘ/Ⓟ/Ⓢ oliva;

■: olíva, æ, f.(I), 올리브

(마-02) Ⓛ '+a+m'→Ⓔ '+ø$_{bis}$':
(라-02-9) ^{M}Ⓛ Pap+a+m→^{S}Ⓐ +a+m→Ⓝ/Ⓕ/^{M}Ⓔ/Ⓔ/^{M}Ⓕ/Ⓕ/Ⓖ +ø$_{bis}$; Ⓘ/Ⓟ/Ⓢ +a+m:

◆: ^{M}Ⓛ Papam; ^{S}Ⓐ Päpa; ^{N}Ⓕ/^{M}Ⓔ Päpe; Ⓔ Pope; ^{M}Ⓕ/Ⓕ Pape; Ⓖ Papst; Ⓘ/Ⓟ/Ⓢ Papa:

■: Papa, æ, m., 교황;

◉: ^{M}Ⓛ 'Papa'∞$^{P/S}$Ⓚ '아빠'(←*BA; 一次동원어)

(마-02) Ⓛ '+a+m'→Ⓔ '+ø$_{bis}$':
(나-06-1) Ⓗ/Ⓛ/^{S}Ⓐ/^{N}Ⓕ/^{M}Ⓔ/Ⓔ/^{M}Ⓕ/Ⓕ/Ⓖ/Ⓘ/Ⓟ/Ⓢ:

◆: Ⓗ myrrha→Ⓛ myrrh+a+m→^{S}Ⓐ/^{N}Ⓕ/^{M}Ⓔ mirre/myrre→Ⓔ myrrh; ^{M}Ⓕ/Ⓕ myrrhe; Ⓖ Myrrhe; Ⓘ/Ⓟ/Ⓢ mirra;

■: Ⓗ myrrha, as, f.; myrrha, æ, f.(I), 沒藥

(마-02) Ⓛ '+a+m'→Ⓔ '+ø$_{bis}$':
(나-06-2) Ⓗ/Ⓛ/^{S}Ⓐ/^{N}Ⓕ/^{M}Ⓔ/Ⓔ/^{M}Ⓕ/Ⓕ/Ⓖ/Ⓘ/Ⓟ/Ⓢ:

◆: Ⓗ scholē→^{M}Ⓛ scol+a+m→^{S}Ⓐ scöl/^{N}Ⓕ escǫle→^{M}Ⓔ scöle→Ⓔ school; ^{M}Ⓕ/Ⓕ école; Ⓖ Schule; Ⓘ scuola; Ⓟ escola; Ⓢ escuela;

■: Ⓗ scholē, ēs, f.; schola, æ, f.(I), 학교;

◉: 'e/é+':語頭호조음

(마-02) Ⓛ '+a+m'→Ⓔ '+a+ø':
(라-02-10) Ⓛ ánim+a+m→^{N}Ⓕ +e+ø→Ⓔ +a+ø; ^{M}Ⓕ/Ⓕ +e+ø; Ⓘ/Ⓟ/Ⓢ +a+ø:

◆: Ⓛ ánimam; ᴺⒻ aneme; Ⓔ anima; ᴺⒻ/Ⓕ âme; Ⓘ anima; Ⓟ/Ⓢ alma;

■: ánima, æ, f.(Ⅰ), 공기·숨·생명·영혼;

◉: Ⓔ 'ánima': AV(欽定譯; 1611)에 不揭載

(마–02) Ⓛ '+a+m'→Ⓔ '+ø$_{bis}$':

(라–02-11) Ⓛ ros+a+m→ˢⒶ/ᴺⒻ/ᴹⒺ/Ⓔ/ᴹⒻ/Ⓕ/Ⓖ +ø$_{bis}$; Ⓘ/Ⓟ/Ⓢ +a+ø

◆: Ⓛ rosam; ˢⒶ/ᴺⒻ/ᴹⒺ/Ⓔ/ᴹⒻ/Ⓕ rose; Ⓖ Rose; Ⓘ/Ⓟ/Ⓢ rosa;

■: rosa, æ, f.(Ⅰ), 장미

(마–02) Ⓛ '+a+m'→Ⓔ '+ø$_{bis}$':

(라–02-12) Ⓛ tabul+a+m→ᴺⒻ/ᴹⒺ/Ⓔ/ᴹⒻ/Ⓕ/Ⓖ +ø$_{bis}$; Ⓘ/Ⓟ/Ⓢ +a+ø

◆: Ⓛ tábulam; ᴺⒻ/ᴹⒺ/Ⓔ/ᴹⒻ/Ⓕ table; Ⓖ Tabelle; Ⓘ tavola; Ⓟ tabela; Ⓢ tabla;

■: tábula, æ, f.(Ⅰ), 흑판·서판;

◉: 'tabul+': 語源未詳

(마–02) Ⓛ '+a+m'→Ⓔ '+ø$_{bis}$':

(다–04-1) Ⓗ erēmit+a+m→Ⓛ eremít+a+m→ᴺⒻ/ᴹⒺ/Ⓔ/ᴹⒻ/Ⓕ +ø$_{bis}$; Ⓘ/Ⓟ +a+ø; Ⓢ+o+ø:

◆: Ⓗ erēmitēs; Ⓛ eremít+a+m; ᴺⒻ eremite; ᴹⒺ ermit; Ⓔ hermit; ᴹⒻ/Ⓕ ermite; Ⓘ/Ⓟ eremita; Ⓢ ermitaño;

■: Ⓗ erēmitēs, u, m.; eremíta, æ, m.(Ⅰ), 隱修者·隱者

(마–02) Ⓛ '+a+m'→Ⓔ '+ø$_{bis}$':

(대-04-2) Ⓗ patriarchēs→ᴹⓁ patriárch+a+m→ᴺⒻ/ᴹⒺ/ᴹⒻ/Ⓕ/Ⓔ/Ⓖ +ø_{bis}; Ⓘ/Ⓟ/Ⓢ +a+ø:

◆: Ⓗ patriarchēs; ᴹⓁ patriárcham; ᴺⒻ/ᴹⒺ/ᴹⒻ/Ⓕ patriarche; Ⓔ patriarch; Ⓖ Patriarch; Ⓘ/Ⓟ/Ⓢ patriarca;

■: Ⓗ patriarchēs, u; patriárcha, æ, m.(I), 시조·족장·총대주교

(마-02) Ⓛ '+a+m'→Ⓔ '+ø_{bis}':
(대-04-3) Ⓗ prophetēs→ᴹⓁ prophét+a+m→ᴺⒻ/ᴹⒺ prophete→Ⓔ prophet→ᴹⒻ/Ⓕ prophète; Ⓖ Prophet; Ⓘ/Ⓟ/Ⓢ profeta:

◆: Ⓗ prophetēs; ᴹⓁ prophétam; ᴺⒻ/ᴹⒺ prophete; Ⓔ prophet; ᴹⒻ/Ⓕ prophète; Ⓖ Prophet; Ⓘ/Ⓟ/Ⓢ profeta;

■: Ⓗ prophetēs, u; prophéta, æ, m., 예언자

(마-03) Ⓛ '+i+a+m'→Ⓔ '+ø_{bis}':
(라-03-1) Ⓛ misericórd+i+a+m→ᴺⒻ/ᴹⒺ/Ⓔ/ᴹⒻ/Ⓕ/Ⓖ +ø_{bis}; Ⓘ/Ⓟ/Ⓢ +a+ø:

◆: Ⓛ misericórdiam; ᴺⒻ misericordie; ᴹⒺ misericorde; Ⓔ misericord; ᴹⒻ/Ⓕ miséricorde; Ⓖ Miserikordie; Ⓘ/Ⓟ/Ⓢ misericordia:

■: miser: 上同; cor, cordis, n.(III-C), 심장; miséricors, órdis, adj.(III-a), 자비로운; misericórdia, æ, f.(I), 자비심(합성어; 'misericórdia': 連結모음)

(마-03) Ⓛ '+i+a+m'→Ⓔ '+y+ø_{bis}':
(라-03-1) Ⓛ glór+i+a+m→ᴺⒻ/ᴹⒺ/ᴹⒻ/Ⓕ +ø_{bis}→Ⓔ +y+ø_{bis}; Ⓘ/Ⓢ/Ⓟ +a+ø:

◆: Ⓛ glóriam; ᴺⒻ glórie; ᴹⒺ glörie; Ⓔ glory; ᴹⒻ/Ⓕ gloire; Ⓘ/Ⓢ gloria; Ⓟ glória;

◼: glória, æ, f.(I), 영광;

⦿: Ⓔ '+y'(←'+a/u+m'; e.g., 'histór+i+a+m; stúd+i+u+m'; ᴺⒻ/ᴹⒺ '+ie'): 호조음의 語尾化(euphonic *caudalization*)

(띠-03) Ⓛ '+i+a+m' → Ⓔ '+ø_{*bis*}':

(라-03-2) Ⓛ ignoránt+i+a+m → ᴺⒻ/ᴹⒺ/Ⓔ/ᴹⒻ/Ⓕ +e+ø; Ⓖ +ø_{*bis*}; Ⓘ/Ⓟ/Ⓢ +a+ø:

◆: Ⓛ ignorántiam; ᴺⒻ/ᴹⒺ/Ⓔ/ᴹⒻ/Ⓕ ignorance; Ⓖ Ignoranz; Ⓘ ignoranza; Ⓟ ignorancia; Ⓢ ignorância:

◼: gnarus, a, um, adj.(II–I–II–a), 잘 알고 있는 ignarus(←in+gnárus), a, um, adj.(II–I–II–a), 모르는 ígnoro, ávi, átum, +áre, vi./vt.(I), 모르다; ignorántia, æ, f.(I), 無知;

⦿: Ⓔ 'ignor+an+c+e' ← Ⓛ 'ignor+án+t+i+a+m'/+án+ _ +i+V

(띠-03) Ⓛ '+i+a+m' → Ⓔ '+ø_{*bis*}':

(라-03-3) Ⓛ grát+i+a+m → ᴺⒻ/ᴹⒺ/Ⓔ/ᴹⒻ/Ⓕ +ø_{*bis*}; Ⓘ/Ⓟ/Ⓢ gracia:

◆: Ⓛ grátiam; ᴺⒻ/ᴹⒺ/Ⓔ/ᴹⒻ/Ⓕ grace; Ⓘ grazia; Ⓟ graça; Ⓢ gracia;

◼: grátia, æ, f.(I), 은혜;

⦿: Ⓔ 'grace' ← Ⓛ 'grátiam'/V_V

(띠-03) Ⓛ '+i+a+m' → Ⓔ '+ø_{*bis*}':

(라-03-4) iracúnd+i+a+m → ᴺⒻ/Ⓔ/ᴹⒻ/Ⓕ +ø_{*bis*}; Ⓘ/Ⓟ/Ⓢ +o+ø:

◆: Ⓛ iracúndiam; ᴺⒻ iracundie; Ⓔ/ᴹⒻ/Ⓕ iracund; Ⓘ iracondo; Ⓟ/Ⓢ iracundo:

◼: ira, æ, f.(I), 분노; iracúndus, a, um, adj.(II–I–II–a), 화 잘 내는; iracúndia, æ, f.(I), 울화

(마-03) Ⓛ '+i+a+m'→Ⓔ '+ø$_{bis}$':
(라-03-5) Ⓛ justít+i+a+m→^{N}Ⓕ/^{M}Ⓔ/Ⓔ/^{M}Ⓕ/Ⓕ +ø$_{bis}$; Ⓘ/Ⓟ/Ⓢ +a+ø:

◆: Ⓛ justítiam; ^{N}Ⓕ justice; ^{M}Ⓔ justise; Ⓔ/^{M}Ⓕ/Ⓕ justice; Ⓘ giustizia; Ⓟ justiça; Ⓢ justicia:

■: justus: 上同; justítia, æ, f.(I), 正義;

◉: 'justítia': 古典라전어 /유스띠띠아/; 現代라전어(로마音) /유스띠씨아/

(마-03) Ⓛ '+i+a+m'→Ⓔ '+ø$_{bis}$':
(라-03-6) Ⓛ matér+i+a+m→^{N}Ⓕ/^{M}Ⓔ/Ⓔ/^{M}Ⓕ/Ⓕ +ø$_{bis}$; Ⓘ/Ⓟ/Ⓢ +a+ø:

◆: Ⓛ matériam; ^{N}Ⓕ matire; ^{M}Ⓔ materie; Ⓔ matter; ^{M}Ⓕ/Ⓕ matière; Ⓘ/Ⓢ materia; Ⓟ matéria:

■: mater: 上同; matéria, æ, f.(I), 물질

(마-03) Ⓛ '+i+a+m'→Ⓔ '+y+ø$_{bis}$':
(라-03-7) Ⓛ memór+i+a+m→^{N}Ⓕ/^{M}Ⓔ +ø$_{bis}$→Ⓔ +y+ø$_{bis}$; ^{M}Ⓕ/Ⓕ +ø$_{bis}$; Ⓘ/Ⓟ/Ⓢ +a+ø:

◆: Ⓛ memóriam; ^{N}Ⓕ memórie; ^{M}Ⓔ memorie; Ⓔ memory; ^{M}Ⓕ/Ⓕ mémoire; Ⓘ/Ⓢ memoria; Ⓟ memória:

■: memor, óris, adj.(III-a), 기억하는 mémini, nísse, Rvd.(I), 기억하다; memória, æ, f.(I), 기억;

◉$_1$: 'Rvd.': 重複不備動詞(verbum reduplicatívum defectívum; 현재←全과거; 半과거←大과거; 미래←미래완료);

◉$_2$: Ⓔ '+y': 上同

(마-03) Ⓛ '+i+a+m'→Ⓔ '+y+ø$_{bis}$':

(라-03-8) Ⓛ misér+i+a+m→^{N}Ⓕ/^{M}Ⓔ/^{M}Ⓕ/Ⓕ +ø$_{bis}$→Ⓔ +y+ø$_{bis}$; Ⓘ/Ⓢ/Ⓟ +a+ø:

◆: Ⓛ misériam; ^{N}Ⓕ/^{M}Ⓔ miserie; Ⓔ misery; ^{M}Ⓕ/Ⓕ misére; Ⓘ/Ⓢ miseria; Ⓟ miséria;

■: miser, ĕra, ĕrum, adj.(Ⅱ–Ⅰ–Ⅱ–b), 불쌍한; miséria, æ, f.(Ⅰ), 불행;

◉: Ⓔ '+y': 上同

(마-03) Ⓛ '+i+a+m'→Ⓔ '+ø$_{bis}$':

(라-03-9) Ⓛ negligént+i+a+m→^{N}Ⓕ/^{M}Ⓔ/Ⓔ/^{M}Ⓕ/Ⓕ +ø$_{bis}$; Ⓘ/Ⓟ/Ⓢ +a+ø:

◆: Ⓛ negligéntiam; ^{N}Ⓕ/^{M}Ⓔ/Ⓔ negligence; ^{M}Ⓕ/Ⓕ négligence; Ⓘ negligenzia; Ⓟ negligência; Ⓢ negligencia;

■: néglego, léxi, léctum, ĕre, Σvt.(Ⅲ–A), 등한시하다; néglegens, éntis, pr.p./adj.(Ⅲ–a), 태만한; neglegéntia, æ, f.(Ⅰ), 태만;

◉$_1$: 'neglégere'(←nec+ ; <neither>);

◉$_2$: ^{N}Ⓕ/^{M}Ⓔ/Ⓔ/^{M}Ⓕ/Ⓕ/Ⓟ/Ⓢ '+nc+'; Ⓘ '+nz+'←Ⓛ '+gént+i+'(口蓋音化)

(마-03) Ⓛ '+i+a+m'→Ⓔ '+y+ø$_{bis}$':

(라-03-10) Ⓛ victór+i+a+m→^{N}Ⓕ/^{M}Ⓔ/^{M}Ⓕ/Ⓕ +ø$_{bis}$→Ⓔ +y+ø$_{bis}$; Ⓘ/Ⓟ/Ⓢ +a+ø:

◆: Ⓛ victóriam; ^{N}Ⓕ/^{M}Ⓔ victorie; Ⓔ victory; ^{M}Ⓕ/Ⓕ victoire; Ⓘ vittoria; Ⓟ vitória; Ⓢ victoria;

■: vinco, vici, victum, ĕre, vt.(Ⅲ–A), 이기다; victória, æ, f.(Ⅰ), 승리;

◉: Ⓔ '+y': 上同

(마-03) Ⓛ '+i+a+m'→Ⓔ '+y+ø$_{bis}$':

(라-03-11) ⓛ invídiam→ᴺⒻ/ᴹⒻ/Ⓕ +ø_{bis} →Ⓔ +y+ø_{bis}; ⓘ/Ⓟ/Ⓢ +a+ø;

◆: ⓛ invídiam; ᴺⒻ envidie; Ⓔ envy; ᴹⒻ/Ⓕ envie; ⓘ invidia; Ⓟ inveja; Ⓢ envidia;

■: vídeo, vidi, visum, ére, vt.(II), 보다; ínvidus, a, um, adj.(II-I-II-a), 샘하는; invídia, æ, f.(I), 질투;

◉: Ⓔ '+y': 上同

(마-03) ⓛ '+i+a+m'→Ⓔ '+ø_{bis}':

(라-03-12) ⓛ vigíl+i+a+m→ᴺⒻ/ᴹⒺ/Ⓔ/ᴹⒻ/Ⓕ +ø_{bis}; ⓘ/Ⓟ/Ⓢ +a+ø;

◆: ⓛ vigíliam; ᴺⒻ/ᴹⒺ vigile; Ⓔ vigil; ᴹⒻ/Ⓕ veillée; ⓘ veiglia; Ⓟ vigília; Ⓢ vigilia;

■: vígeo, gŭi, ére, vi.(II), 강건하다; vigil, ĭlis, adj.(III-a), 守直하는; vígilo, ávi, átum, +áre, vi.(I), 守直하다; vigília, æ, f.(I), 철야·불침번

(마-02) ⓛ '+i+a+m'→Ⓔ '+ø_{bis}':

(대-02-1) historia; histór+i+a+m→ᴺⒻ/ᴹⒺ/ᴹⒻ/Ⓕ +e+ø_{bis}→Ⓔ +y+ø_{bis}; ⓘ/Ⓟ/Ⓢ +a+ø;

◆: Ⓗ historia; ⓛ históriam; ᴺⒻ histoire/estoire; ᴹⒺ histoire; Ⓔ history; ᴹⒻ/Ⓕ histoire; ⓘ storia; Ⓟ história; Ⓢ historia;

■: Ⓗ historia, as; história, æ, f.(I), 歷史;

◉: Ⓔ '+y': 上同

(마-03) ⓛ '+ánt+i+a+m'→Ⓔ '+ø_{bis}':

(라-03-13) ⓛ abund+ánt+i+a+m→ᴺⒻ/ᴹⒺ/Ⓔ/ᴹⒻ/Ⓕ +ø_{bis}; ⓘ/Ⓟ/Ⓢ +a+ø;

◆: ⓛ abundántiam; ᴺⒻ abondance; ᴹⒺ/Ⓔ abundance; ᴹⒻ/Ⓕ abondce; Ⓘ abbondanza; Ⓟ abundância; Ⓢ abundancia;

■: unda, æ, f.(I), 파도·물결; abúndo, ávi, átum, +áre, vi.(I), 넘치다; abundántia, æ, f.(I), 풍요;

●₁: '+ánt+; +i+': 轉成接辭(명사←형용사←현재분사);

●₂: ⓛ '+ánt+i+'→ᴺⒻ/ᴹⒺ/Ⓔ/ᴹⒻ/Ⓕ/Ⓘ/Ⓟ/Ⓢ '+anc/z+V'

(마-03) ⓛ '+ént+i+a+m'→Ⓔ '+ø_{bis}':

(라-03-14) ⓛ in+noc+ént+i+a+m→ᴺⒻ/ᴹⒺ/Ⓔ/ᴹⒻ/Ⓕ +ø_{bis}; Ⓘ/Ⓟ/Ⓢ +a+ø:

◆: ⓛ innocéntiam; ᴺⒻ/ᴹⒺ/Ⓔ/ᴹⒻ/Ⓕ innocence; Ⓘ innocenzia; Ⓟ inocência; Ⓢ i-nocencia;

■: nóceo, cŭi, cĭtum, ére, vi.(II; + dat.), 해치다; innocéntia, æ, f.(I), 潔白;

●: ᴺⒻ/ᴹⒺ/Ⓔ/ᴹⒻ/Ⓕ/Ⓟ/Ⓢ '+nc+'; Ⓘ '+nz+': 上同

(마-03) ⓛ '+ént+i+a+m'→Ⓔ '+ø_{bis}':

(라-03-15) ⓛ pot+ént+i+a+m→ᴺⒻ/ᴺⒻ/Ⓕ/Ⓔ +ø_{bis}; Ⓘ/Ⓟ/Ⓢ +a+ø:

◆: ⓛ poténtiam; ᴺⒻ potence; ᴺⒻ/Ⓕ puissance; Ⓔ potence; Ⓘ potenza; Ⓟ/Ⓢ potencia:

■: 'posse': 上同; potens, éntis, pr.p.(III-a), 할수있는 poténtia, æ, f.(I), 힘·능력;

●: ᴺⒻ/ᴹⒺ/Ⓔ/ᴹⒻ/Ⓕ/Ⓟ/Ⓢ '+nc+'; Ⓘ '+nz+': 上同

(마-03) ⓛ '+iént+i+a+m'→Ⓔ '+ø_{bis}':

(라-03-16) ⓛ sc+iént+i+a+m→Ⓕ/ᴹⒺ/Ⓔ/ᴹⒻ/Ⓕ +ø_{bis}; Ⓘ/Ⓟ/Ⓢ +a+ø:

◆: ⓛ sciéntiam: ᴺⒻ (e)scïence; ᴹⒺ/Ⓔ/ᴹⒻ/Ⓕ science; Ⓘ scienzia; Ⓟ ciência; Ⓢ

ciencia:

■: scio, ivi, itum, íre, vt.(IV), 알다; sciéntia, æ, f.(I), 지식;

●_i: 'sc+; +iént+': 語根·轉成接辭(명사←동사)

(마-03) Ⓛ '+a+t+úr+a+m'→Ⓔ '+e+ø':

(라-03-17) Ⓛ cre+a+t+úr+a+m→^NⒻ/^MⒺ/Ⓔ/^MⒻ/Ⓕ +e+ø; Ⓘ/Ⓟ/Ⓢ +a+ø:

◆: Ⓛ creatúram; ^NⒻ crëature; ^MⒺ creatüre; Ⓔ creature; ^MⒻ/Ⓕ créature; Ⓘ creatura; Ⓟ/Ⓢ criatura;

■: creáre: 上同; creatúra, æ, f., 被造物

(마-03) Ⓛ '+úr+a+m'→Ⓔ '+ø_{bis}':

(라-03-18) Ⓛ fig+úr+a+m→^NⒻ/^MⒺ figüre→Ⓔ/^MⒻ/Ⓕ figure; Ⓖ Figur; Ⓘ/Ⓟ/Ⓢ figura:

◆: Ⓛ figúram; ^NⒻ/^MⒺ figüre; Ⓔ/^MⒻ/Ⓕ figure; Ⓖ Figur; Ⓘ/Ⓟ/Ⓢ figura;

■: fingo, finxi, fictum, ĕre, Σvt.(III-A), 빚다; figúra, æ, f.(I), 형상;

●: '+úr+': 轉成接辭(명사←동사)

(마-03) Ⓛ '+úr+a+m'→Ⓔ '+ø_{bis}':

(라-03-19) Ⓛ litterat+úr+a+m→^NⒻ/Ⓔ/^MⒻ/Ⓕ/Ⓖ +ø_{bis}; Ⓘ/Ⓟ/Ⓢ +a+ø:

◆: Ⓛ litteratúram; ^NⒻ litterature; Ⓔ literature; ^MⒻ/Ⓕ littérature; Ⓖ Literatur; Ⓘ/Ⓟ letteratura; Ⓢ literatura;

■: líttera, æ, f., 문자(I); litteratúra, æ, f.(I), 문학

(마-03) Ⓛ '+a+t+úr+a+m'→Ⓔ '+ø_{bis}':

(라-03-20) Ⓛ n+a+t+úr+a+m→ᴺⒻ/ᴹⒺ/Ⓔ/ᴹⒻ/Ⓕ/Ⓖ +ø_{bis}; Ⓘ/Ⓟ/Ⓢ +a+ø:

◆: Ⓛ natúram; ᴺⒻ nature; ᴹⒺ natüre; Ⓔ/ᴹⒻ/Ⓕ nature; Ⓖ Natur; Ⓘ natura; Ⓟ natureza; Ⓢ naturaleza;

■: nasci/natívus: 上同; natúra, æ, f.(I), 자연;

◉: Ⓛ '+a+t+; +úr+'(n+a+t+úr+a+m): 上同

(마-03) Ⓛ '+i+a/e+m'→Ⓔ '+y+ø':

(라-03-21) Ⓛ luxúr+i+a/e+m→ᴺⒻ +e+ø→ᴹⒺ +i+e+ø→Ⓔ +y+ø; ᴹⒻ/Ⓕ +e+ø Ⓖ +ø_{er}; Ⓘ lusso+ø; Ⓟ luxo+ø; Ⓢ lujo+ø:

◆: Ⓛ luxúriam; ᴺⒻ luxure; ᴹⒺ luxurie; Ⓔ luxury; ᴹⒻ/Ⓕ luxe; Ⓖ Luxus; Ⓘ lusso; Ⓟ luxo; Ⓢ lujo

■: luxus, us, m.(IV-A), 방탕; luxúria, æ, f.(I)/luxúries, éi, f.(V) 사치;

◉: Ⓔ '+y': 上同

(마-03) Ⓛ '+iént+i+a+m'→Ⓔ '+ø_{bis}':

(라-03-22) Ⓛ obœd+iént+i+a+m→ᴺⒻ/ᴹⒺ/Ⓔ +ienc+e+ø; Ⓕ +issanc+e+ø; Ⓘ +ienz+a+ø; Ⓟ +iênc+i+a+ø; Ⓢ +ienc+i+a+ø:

◆: Ⓛ obœdiéntiam; ᴺⒻ/ᴹⒺ/Ⓔ obedience; Ⓕ obéissance; Ⓘ obbedienza; Ⓟ obediência; Ⓢ obediencia;

■: áudio, ívi/íi, ítum., íre, vt.(IV), 듣다; obœdio, ívi/íi, ítum., íre, vi.(IV; +dat.), 순종하다; obœdiens, éntis, pr.p.(III-a), 순종하는; obœdiéntia, æ, f.(I), 순종;

◉_1: 'obœdíre'(←ob+←ob, prep., <against>); '+œdíre'(←audíre); Ⓘ 'obbedienza': 호조음;

◉_2: '+ienc+e+ø'←'+iént+i+a+m'

- 30 -

(마-03) Ⓛ '+iént+i+a+m' → Ⓔ '+ø$_{bis}$':

(라-03-23) Ⓛ pœnit+ént+i+a+m → ^{N}Ⓕ/^{M}Ⓔ/Ⓔ/^{M}Ⓕ/Ⓕ/Ⓟ +ø$_{bis}$; Ⓘ/Ⓢ +a+ø:

◆: Ⓛ pœniténtiam; ^{N}Ⓕ/^{M}Ⓔ/Ⓔ/Ⓟ penitence; ^{M}Ⓕ/Ⓕ pénitence; Ⓘ penitenza; Ⓢ penitencia;

■: pœníteo, ŭi, (+túrus), ére, vi./vt.(II), 뉘우치다; pœniténtia, æ, f.(I), 회개;

◉: Ⓛ '+ént+i+' → ^{N}Ⓕ/^{M}Ⓔ/Ⓔ/^{M}Ⓕ/Ⓕ/Ⓟ/Ⓘ/Ⓢ '+enc/z+': '+ént+'(齒音)의 高舌音(+i+: 호조음)에 대한 후행동화(齒察音化)

(마-03) Ⓛ '+il+iént+i+a+m' → Ⓔ '+ø$_{bis}$':

(라-03-24) Ⓛ pest+il+ént+i+a+m → ^{N}Ⓕ/^{M}Ⓔ/Ⓔ/^{M}Ⓕ/Ⓕ/Ⓟ/Ⓖ +ø$_{bis}$; Ⓘ/Ⓢ +a+ø:

◆: Ⓛ pestiléntiam; ^{N}Ⓕ/^{M}Ⓔ/Ⓔ pestilence; ^{M}Ⓕ/Ⓕ/Ⓟ peste; Ⓖ Pest; Ⓘ pestilenzia; Ⓢ pestilencia;

■: pestis, is, f.(III-B), 흑사병·전염병; péstilis, e, adj.(III-b), 전염병의·흑사병의; pestiléntia, æ, f. (I), 흑사병;

◉$_1$: Ⓛ '+il+ént+': 轉成접사(형용사←명사; 명사←형용사);

◉$_2$: Ⓛ '+ént+i+' → ^{N}Ⓕ/^{M}Ⓔ/Ⓔ/^{M}Ⓕ/Ⓕ/Ⓟ/Ⓘ/Ⓢ '+enc/z+': 上同

(마-03) Ⓛ '+í+t+i+a+m' → Ⓔ '+a+ø':

(라-03-25) Ⓛ avar+í+t+i+a+m → ^{N}Ⓕ/Ⓔ/Ⓕ +i+c+e+ø; Ⓘ +i+z+i+a+ø; Ⓟ +e+z+a+ø; Ⓢ +i+c+i+a+ø:

◆: Ⓛ avarítiam; ^{N}Ⓕ/Ⓔ avarice; Ⓕ avarice; Ⓘ avarizia; Ⓟ avareza; Ⓢ avaricia;

■: áveo, ére, vt.(II), 탐하다; avarítia, æ, f.(I), 탐욕

(마-03) Ⓛ '+í+t+i+a+m'→Ⓔ '+a+ø':

(라-03-26) Ⓛ læt+í+t+i+a+m→^{N}Ⓕ +ø$_{bis}$→Ⓔ/^{M}Ⓕ/Ⓕ/Ⓖ/Ⓘ/Ⓟ/Ⓢ +a+ø:

◆: Ⓛ lætítiam; ^{N}Ⓕ letice; Ⓔ Laetitia; ^{M}Ⓕ/Ⓕ Laëtitia; Ⓖ/Ⓟ Laetitia; Ⓘ Letizia; Ⓢ Leticia:

■: lætus, a, um, adj.(II-I-II), 기쁜; lætítia/Lætítia, æ, f.(I), 기쁨/레띠씨아;

◉: '+í+t+i+; +i+c+; +i+z+i+; +i+c+i+': 호조음

(마-03) Ⓛ '+í+t+i+a+m'→Ⓔ '+ø$_{bis}$':

(라-03-27) Ⓛ mal+í+t+i+a+m→^{N}Ⓕ/^{M}Ⓔ/Ⓔ/^{M}Ⓕ/Ⓕ/Ⓘ/Ⓟ/Ⓢ +ø$_{bis}$:

◆: Ⓛ malítiam; ^{N}Ⓕ/^{M}Ⓔ/Ⓔ/^{M}Ⓕ/Ⓕ/Ⓘ/Ⓟ/Ⓢ malice:

■: malus, a, um, adj.(II-I-II-a), 나쁜; malítia, æ, f.(I), 惡意;

◉: ^{N}Ⓕ/^{M}Ⓔ/Ⓔ/^{M}Ⓕ/Ⓕ/Ⓘ/Ⓟ/Ⓢ 'mal<u>ice</u>'←Ⓛ 'mal+<u>í+t+i+a+m</u>'

(마-03) Ⓛ '+iént+i+a+m'→Ⓔ 'ø':

(라-03-28) Ⓛ sap+iént+i+a+m→^{N}Ⓕ/^{M}Ⓔ/^{M}Ⓕ/Ⓕ +ø$_{bis}$→Ⓔ ø; Ⓘ/Ⓢ/Ⓟ +a+ø:

◆: Ⓛ sapiéntiam; ^{N}Ⓕ/^{M}Ⓔ/^{M}Ⓕ/Ⓕ sapience; Ⓔ ø; Ⓘ sapienza; Ⓢ sapiéncia; Ⓟ sapiencia:

■: sápio, ívi, ĕre, vt.(III-B), 맛보다; sápiens, éntis, pr.p.(III-a), 맛보는·슬기로운; sapiéntia, æ, f.(I), 맛·슬기;

◉: Ⓛ '+iént+i+V+'→^{N}Ⓕ/^{M}Ⓔ/^{M}Ⓕ/Ⓕ/Ⓘ/Ⓢ/Ⓟ '+iénc/z+V+': 上同

(마-03) Ⓛ '+i+a+m'→Ⓔ '+i+a+ø':

(가-01) Ⓐ Bâb-Illim→^{B}Ⓗ Bāvēl→Ⓗ Babylōn→Ⓛ Bábylon/Babylón+i+a+m→^{N}Ⓕ/^{M}Ⓔ Babylonie→Ⓔ Babylon/Babylonia; ^{M}Ⓕ/Ⓕ/Ⓖ Babylonie; Ⓘ/Ⓟ/Ⓢ Babilonia/Babilônia/Babilonia:

◆: Ⓐ Bâb-Illim, 〈Gate of God〉; ᴮⒽ Bāvēl, 〈confusion〉; Ⓗ Babylōn, 〈Babylon〉; Ⓛ Bábylon/Babylónia

■: Ⓗ Babylōn, ōnos, f.; Bábylon, ónis, f.(Ⅲ-A), 바빌론(바빌로니아의 수도); Babylónia, æ, f.(Ⅰ), 바빌로니아;

⊙₁: 'Bâb-Illim': 절대형(←babum, m., 大門)·연계형(屬格; illum, m., 神); 'bāvēl,' m., 混沌('Bāvēl,' m., 바빌론; 에즈라書 I:11);

⊙₂: 'bāvēl'(混沌)='Bāvēl'(바빌론): 'Bâb-Illim'의 誤분석;

(마-03) Ⓛ '+i+a+m'→Ⓔ '+y+ø_{bis}':

(가-09) ᴮⒽ/Ⓗ/Ⓛ/ᴹⓁ/ˢⒶ/ᴺⒻ/ᴹⒺ/Ⓔ/ᴹⒻ/Ⓕ/Ⓖ/Ⓘ/Ⓟ/Ⓢ/ᶜⓈ/ᵈⁱ/ᴷⓈ/ᵀ/ˢⓀ:

◆: ᴮⒽ miryām/ᴾⒶ maryām→ᶜⒽ Mariam→ᴹⓁ Mar+í+a+m→ᶠⒻ/ᴹⒺ Maria →Ⓔ Mary; ᴹⒻ/Ⓕ Marie; Ⓖ/Ⓘ/Ⓟ/Ⓢ Maria; ᶜⓈ Mariyām; ᵈⁱ/ᴷⓈ 瑪麗亞; ᵀ/ˢⓀ 마리아/미르얌;

■: Ⓗ Mariam; María, æ, f.(Ⅰ), 마리아;

⊙₁: ᴮⒽ 'miryām';〈their contumacy〉; '+yām': 所有접미사(複數3인칭);

⊙₂: ᶜⒽ 'Mariam'(루캄福音 I:46; 主格; '+iam'='+yām')→ᴹⓁ 'María'(主格);

⊙₃: Ⓔ '+y': 上同

(마-03) Ⓛ '+i+a+m'→Ⓔ '+y+ø_{bis}':

(대-03-1) Ⓗ allēgoria→Ⓛ allegóriam→ᴺⒻ allegorïe→Ⓔ allegory; Ⓕ allégorie; Ⓖ Allegorie; Ⓘ allegoria; Ⓟ alegoria; Ⓢ alegoría:

◆: Ⓗ allēgoria; Ⓛ allegóriam; ᴺⒻ allegorïe; Ⓔ allegory; Ⓕ allégorie; Ⓖ Allegorie; Ⓘ allegoria; Ⓟ alegoria; Ⓢ alegoría

◆: Ⓗ allēgorein, vt., 譬喩하다; Ⓗ allēgoria, as, f.; allegória, æ, f., 譬喩;

◉$_i$: Ⓔ '+y': 上同;

◉$_2$: Ⓟ/Ⓢ: 'l'(←'ll'; /j/)

(표-03) Ⓛ '+i+a+m'→Ⓔ '+y+ø$_{bis}$':

(표-03-2) Ⓗ harmonia→Ⓛ harmón+i+a+m→^{N}Ⓕ/^{M}Ⓕ/Ⓕ +ie+ø$_{bis}$→Ⓔ +y+ø$_{bis}$; Ⓘ/Ⓟ/Ⓢ +ø$_{bis}$:

◆: Ⓗ harmonia; Ⓛ harmóniam; ^{N}Ⓕ armorie; Ⓔ harmony; ^{M}Ⓕ/Ⓕ harmonie; Ⓖ Harmonie; Ⓘ armonia; Ⓟ harmonia; Ⓢ armonía:

■: Ⓗ harmonia, as; harmónia, æ, f., 和音;

◉: Ⓔ '+y': 上同

(표-03) Ⓛ '+i+a+m'→Ⓔ '+y+ø$_{bis}$':

(표-03-3) Ⓗ melōdia→Ⓛ melód+i+a+m→^{N}Ⓕ/^{M}Ⓔ +ø$_{bis}$→Ⓔ +y+ø$_{bis}$; ^{M}Ⓕ/Ⓕ/Ⓖ +ø$_{bis}$; Ⓘ/Ⓟ/Ⓢ +a+ø:

◆: Ⓗ melōdia; Ⓛ melódiam; ^{N}Ⓕ melodie; ^{M}Ⓔ melodie; Ⓔ melody; ^{M}Ⓕ/Ⓕ mélodie; Ⓖ Melodie; Ⓘ/Ⓟ melodia; Ⓢ melodía;

■: Ⓗ melōdia, as; melódia, æ, f.(I), 가락;

◉: Ⓔ '+y': 上同

(표-03) Ⓛ '+i+a+m'→Ⓔ '+y+ø$_{bis}$':

(표-03-4) Ⓗ propheteia→^{M}Ⓛ prophet+i+a+m→^{N}Ⓕ/^{M}Ⓔ +ie→Ⓔ +y+ø$_{bis}$→^{M}Ⓕ/Ⓕ +ie$_{bis}$; Ⓖ +eiung; Ⓘ/Ⓟ +ia; Ⓢ +ía:

◆: Ⓗ propheteia; ^{M}Ⓛ prophetíam; ^{N}Ⓕ/^{M}Ⓔ prophecie; Ⓔ prophecy; ^{M}Ⓕ/Ⓕ prophétie; Ⓖ Prophezeiung; Ⓘ profezia; Ⓟ profecia; Ⓢ profecía;

■: Ⓗ prophēmi, vt., 예언하다; Ⓗ propheteia, as; prophetía, æ, f.(I), 豫言;

◉₁: ᴹⓁ prophet+ →Ⓔ prophe+c+/__+í+V(+y);

◉₂: Ⓔ '+y': 上同

(마-03) Ⓛ '+ient+i+a+m' →Ⓔ '+e+ø_{bis}':

(라-03-29) Ⓛ pat+ient+i+a+m→ᴺⒻ/ᴹⒺ/ᴹⒻ/Ⓔ/Ⓕ/Ⓖ +ø_{bis}; Ⓘ/Ⓟ/Ⓢ +a+ø:

◆: Ⓛ patientiam; ᴺⒻ pacience; ᴹⒺ pacience; ᴹⒻ/Ⓔ/Ⓕ patience; Ⓖ Pacience; Ⓘ pazienzia; Ⓟ paciêcia; Ⓢ paciencia;

■: pati: 上同; pátiens, éntis, pr.p.(III-b), 참는; patiéntia, æ, f.(I), 인내;

◉ Ⓛ '+ient+' →ᴺⒻ/ᴹⒺ/ᴹⒻ/Ⓔ/Ⓕ/Ⓖ/Ⓘ/Ⓟ/Ⓢ '+ienc/z+': '+i+'(高舌音)에 의한 口蓋音化

(마-03) Ⓛ '+u+a+m' →Ⓔ '+e+ø_{bis}':

(라-03-30) Ⓛ stát+u+a+m→ᴺⒻ/ᴹⒺ/Ⓔ/ᴹⒻ/Ⓕ +ø_{bis}; Ⓘ/Ⓟ/Ⓢ +a+ø:

◆: Ⓛ státuam; ᴺⒻ/ᴹⒺ/Ⓔ/ᴹⒻ/Ⓕ statue; Ⓘ statua; Ⓟ estátua; Ⓢ estatua;

■: stāre: 上同; státua, æ, f.(I), 彫像;

◉: 'e+': 語頭호조음

(마-04) Ⓛ '+a+s' →Ⓔ '+es+ø':

(라-04-1) ᴹⓁ relíqui+a+s →ᴺⒻ/ᴹⒺ/ᴹⒻ/Ⓕ/Ⓔ/Ⓟ +es; Ⓖ +en; Ⓘ +e; Ⓢ +as:

◆: ᴹⓁ relíquias; ᴺⒻ reliques; ᴹⒺ relikes; ᴹⒻ/Ⓕ/Ⓔ reliques; Ⓖ Reliquien; Ⓘ reliquie; Ⓟ reliques; Ⓢ reliquas;

■: relínquo, líqui, líctum, ĕre, vt.(III-A), 남기다; réliquus, a, um, p.p., 남긴 (II-I-II); relíquiæ, árum, f.pl.tt.(I), 유해·유골;

◉: ᴹⓁ 'relíquias': 복수對格; 여타 複數

(마-05) Ⓛ '+e+m' →Ⓔ '+ø_{bis}':

(라-05-1) Ⓛ duc+e+m→ᴺⒻ/ᴹⒺ +ø→Ⓔ +e+ø; ᴹⒻ/Ⓕ +ø; Ⓘ +a+ø; Ⓟ/Ⓢ +e+ø:

◆: Ⓛ ducem; ᴺⒻ duc; ᴹⒺ düc; Ⓔ duke; ᴹⒻ/Ⓕ doc; Ⓘ duca; Ⓟ/Ⓢ duque;

■: duco, duxi, ductum, ěre, Σvt.(Ⅲ-A), 이끌다; dux, ducis, c.(Ⅲ-A), 통솔자;

●₁: dúcere∞Gth tiuhan∞OE tēon∞E tow;

●₂: Ⓛ '+e+'(←初期굴용幹母音-增音節幹母音 '+ĭ₁+': Ⅲ-A)

(마-05) '+e+m'→'+ø_{bis}':

(다-10-1) Ⓗ kylix→Ⓛ cálic+e+m→ᴺⒻ +e→Ⓔ +ø_{bis}; ᴹⒻ/Ⓕ/Ⓘ/Ⓟ +e+ø; Ⓢ +ø_{bis}:

◆: Ⓗ kylix; Ⓛ cálicem; ᴺⒻ calice; Ⓔ calix; ᴹⒻ/Ⓕ/Ⓘ calice; Ⓟ cálice; Ⓢ cáliz/calix;

■: Ⓗ kylix, kylikos, f.; calix, cálicis, m.(Ⅲ-A), 잔컵

(마-05) Ⓛ '+e+m'→Ⓔ '+ø_{bis}':

(다-11-1) Ⓗ kanōn→Ⓛ canón+e+m→ᴺⒻ +e+ø→ᴹⒺ/Ⓔ/ᴹⒻ/Ⓕ/Ⓖ +ø; Ⓘ/Ⓟ +e+ø, Ⓢ +o+ø:

◆: Ⓗ kanōn; Ⓛ canónem; ᴺⒻ cane; ᴹⒺ canön/canoun; Ⓔ/ᴹⒻ/Ⓕ canon; Ⓖ Kanon; Ⓘ canone; Ⓟ cânone; Ⓢ canónigo;

■: Ⓗ kanōn, onos, m.; canon, ŏnis, m.(Ⅲ-A), 규범

(마-05) Ⓛ '+e+m'→Ⓔ '+ø_{bis}':

(가-02-1) ᴮⒽ/Ⓗ/Ⓛ/ᴹⓁ/ˢⒶ/Ⓕ/ᴹⒺ/Ⓔ/ᴹⒻ/Ⓕ/Ⓖ/Ⓘ/Ⓟ/Ⓢ/ᴷⓈ/ᴾ/ˢⓀ:

◆: ᴮⒽ Dāwiđ→Ⓗ Dayid→Ⓛ Dávid+e+m→ Ⓕ/ᴹⒺ/Ⓔ/Ⓕ/Ⓟ/Ⓢ David:

Ⓘ Davide; ᵈⁱ/ᴷⓈ 大衛; ᴾ/ˢⓀ 다윗;

■: Dāvid, vĭdis, m.(III-A), 다윗;

◉: ᴮⒽ 'Dāwiđ': <Beloved>

(마-05) Ⓛ '+e+m'→Ⓔ '+ø_{bis}':

(라-05-2) Ⓛ canál+e+m→ᴺⒻ/ᴹⒺ/Ⓔ/ᴹⒻ/Ⓕ/Ⓟ/Ⓢ/Ⓖ +ø_{bis}; Ⓘ +e+ø:

◆: Ⓛ canálem; ᴺⒻ/ᴹⒺ canel; Ⓔ/ᴹⒻ/Ⓕ/Ⓟ/Ⓢ canal; Ⓖ Kanal; Ⓘ canale;

■: canális, is, m.(III-B), 운하;

◉: Ⓛ '+e+'(←中期곡용幹모음-同音節幹모음 '+ĭ₂+': III-B)

(마-05) Ⓛ '+e+m'→Ⓔ '+ø_{bis}':

(라-05-3) Ⓛ unicórn+e+m→ᴺⒻ/Ⓔ/ᴹⒻ/Ⓕ +ø_{bis}; Ⓘ/Ⓟ/Ⓢ +o+ø:

◆: Ⓛ unicórnem; ᴺⒻ unicorne; Ⓔ unicorn; ᴹⒻ/Ⓕ licorne; Ⓘ unicorno; Ⓟ unicórnio; Ⓢ unicornio;

■: unus, a, um, num., num.card.(屬格: 'uníus'), 하나; cornu, us, n.(IV-B), 뿔; unicórnis, e, adj.(III-b) 외뿔박이의; unicórnis, is, m.(III-B; 合成명사; 廢語), 一角獸(희랍신화);

◉₁: Ⓛ 'unus'∞Ⓗ 'hen'∞ᴾ/ˢⓀ '흔';

◉₂: ᴹⒻ/Ⓕ 'licorne': 音聲변화

(마-05) Ⓛ '+e+m'→Ⓔ '+e+ø':

(라-05-4) Ⓛ imágin+e+m→ᴺⒻ/ᴹⒺ/Ⓔ/ᴹⒻ/Ⓕ +e+ø; Ⓖ +o+ø; Ⓘ +e+ø; Ⓟ/Ⓢ +ø:

◆: Ⓛ imáginem; ᴺⒻ/ᴹⒺ imäge; Ⓔ/ᴹⒻ/Ⓕ image; Ⓖ Imago; Ⓘ immagine; Ⓟ imagem; Ⓢ imagen;

■: imágo, gĭnis, m.(Ⅲ-A), 表象

(마-05) Ⓛ '+e+m'→Ⓔ '+ø$_{bis}$':
(라-05-5) Ⓛ labór+e+m→^{N}Ⓕ/^{M}Ⓔ/Ⓔ/^{M}Ⓕ/Ⓕ/Ⓢ +ø$_{bis}$; Ⓘ +e+ø:
◆: labórem; ^{N}Ⓕ labour; ^{M}Ⓔ labor; Ⓔ labour/labor; ^{M}Ⓕ/Ⓕ labour; Ⓘ lavore; Ⓢ labor;
■: labor, óris, m.(Ⅲ-A), 노동

(마-05) Ⓛ '+e+m'→Ⓔ '+ø$_{bis}$':
(라-05-5) Ⓛ odór+e+m→^{N}Ⓕ/^{M}Ⓔ/Ⓔ/^{M}Ⓕ/Ⓕ/Ⓟ/Ⓢ +ø$_{bis}$; Ⓘ +e+ø:
◆: Ⓛ odórem; ^{N}Ⓕ odor; ^{M}Ⓔ odür; Ⓔ odo(u)r; ^{M}Ⓕ/Ⓕ odeur; Ⓘ odore; Ⓟ odor; Ⓢ olor:
■: odor, óris, m.(Ⅲ-A), 냄새;
◉: Ⓢ 'olor': 音聲변화

(마-05) Ⓛ '+e+m'→Ⓔ '+ø$_{bis}$':
(라-05-6) Ⓛ splend+ór+e+m→^{N}Ⓕ/^{M}Ⓔ/^{M}Ⓕ/Ⓕ/Ⓔ/Ⓟ/Ⓢ +ø$_{bis}$; Ⓘ +e+ø:
◆: Ⓛ splendórem; ^{N}Ⓕ/^{M}Ⓔ/^{M}Ⓕ/Ⓕ splendeur; Ⓔ splendour; Ⓘ splendore; Ⓟ/Ⓢ esplendor:
■: splendor, dóris, m.(Ⅲ-A), 광채

(마-05) Ⓛ '+e+m'→Ⓔ '+ø$_{bis}$':
(라-05-7) Ⓛ vírgin+e+m→^{N}Ⓕ/^{M}Ⓔ/^{M}Ⓕ/Ⓕ/Ⓘ +e+ø→Ⓔ/Ⓟ/Ⓢ +ø$_{bis}$:
◆: Ⓛ vírginem; ^{N}Ⓕ/^{M}Ⓔ virgine; Ⓔ virgin; ^{M}Ⓕ/Ⓕ vierge Ⓘ vergine; Ⓟ virgem; Ⓢ virgen;

■: virgo, gĭnis, f.(Ⅲ-A), 처녀

(매-05) Ⓛ '+e+m'→Ⓔ '+ø$_{bis}$':

(댜-15-1) Ⓗ drakōn→Ⓛ dracón+e+m→^{N}Ⓕ/^{M}Ⓔ/Ⓔ/^{M}Ⓕ/Ⓕ/Ⓖ/Ⓘ/Ⓟ/Ⓢ +ø$_{bis}$:

◆: Ⓗ drakōn; Ⓛ dracónem; ^{N}Ⓕ dragon; ^{M}Ⓔ dragoun; Ⓔ/^{M}Ⓕ/Ⓕ dragon; Ⓖ Drachen; Ⓘ drago; Ⓟ dragão; Ⓢ dragón;

■: Ⓗ drakōn, ontos, m.; draco, ónis, m.(Ⅲ-A), 龍;

◉: ^{N}Ⓕ/^{M}Ⓔ/Ⓔ/^{M}Ⓕ/Ⓕ/Ⓘ/Ⓟ/Ⓢ '+g+'←'+/k/+'/V__V(軟音化: 有聲音←無聲音)

(매-05) Ⓛ '+e+m'→Ⓔ '+ø$_{bis}$':

(갸-07-1) ^{B}Ⓗ/^{P}Ⓐ/Ⓗ/Ⓛ/^{M}Ⓛ/^{S}Ⓐ/^{N}Ⓕ/^{M}Ⓔ/Ⓔ/^{M}Ⓕ/Ⓕ/Ⓖ/Ⓟ/Ⓢ/^{C}Ⓢ/^{di}Ⓚ/^{S}Ⓢ/$^{T/S}$Ⓚ:

◆: ^{B}Ⓗ/^{P}Ⓐ Yôḥānān→Ⓗ Iōannēs→Ⓛ Joánn+e+m→^{N}Ⓕ/^{M}Ⓔ/Ⓔ/^{M}Ⓕ/Ⓕ John; Ⓖ Johann; Ⓘ Giovanni; Ⓟ João; Ⓢ Juan; ^{C}Ⓢ Yohan; ^{di}Ⓢ 約翰; $^{P/S}$Ⓚ 요한/요하난;

■: Joánnes, is, m.(Ⅲ-B), 요한;

◉: ^{B}Ⓗ/^{P}Ⓐ Yôḥānān: <Whom Yah bestowed>

(매-05) Ⓛ '+e+m'→Ⓔ '+ø$_{bis}$':

(댜-04-1) Ⓗ/Ⓛ/^{S}Ⓐ/^{N}Ⓕ/^{M}Ⓔ/Ⓔ/^{M}Ⓕ/Ⓕ/Ⓖ/Ⓘ/Ⓟ/Ⓢ:

Ⓗ leōn→Ⓛ león+e+m→^{S}Ⓐ/^{N}Ⓕ/^{M}Ⓔ/^{M}Ⓕ/Ⓔ/Ⓕ/Ⓖ/Ⓟ/Ⓢ +ø$_{bis}$; Ⓘ +e+ø;

◆: Ⓗ leōn; Ⓛ león+e+m; ^{S}Ⓐ/^{N}Ⓕ/^{M}Ⓔ lëon/lēo; ^{M}Ⓕ/Ⓔ/Ⓕ lion; Ⓖ Löwe; Ⓘ leone; Ⓟ leão; Ⓢ león

■: Ⓗ leōn, ontos, m.; leo, ónis, m.(Ⅲ-A), 사자

◉: ^{S}Ⓐ 'lëon/lēo': 까이사르의 브리딴냐征服(55~54 BC); ^{S}Ⓐ(Ⓝ/Ⓜ/Ⓚ/Ⓦ): 'lëon'

(마-05) Ⓛ '+e+m'→Ⓔ '+ø$_{bis}$':

(바-05-1) Ⓗ martyr→Ⓛ martyr+e+m→^{S}Ⓐ/^{N}Ⓕ/^{M}Ⓔ/Ⓔ/^{M}Ⓕ/Ⓕ/Ⓟ/Ⓢ +ø$_{bis}$; Ⓖ +er+ø;
Ⓘ +e+ø:

◆: Ⓗ martyr; Ⓛ martyr+e+m; ^{S}Ⓐ/^{N}Ⓕ martyr; ^{M}Ⓔ martir; ^{M}Ⓕ/Ⓔ/Ⓕ martyr;
Ⓖ Märtyrer; Ⓘ martire; Ⓟ/Ⓢ mártir;

■: Ⓗ martyrein, vt.; Ⓗ martyr, yros, m.; martyrízo, ávi, átum, +áre, vt.(I), 순교시키다·순교자로 죽게 하다; martyr, yris, m.(III-A), 증인·순교자

(마-05) Ⓛ '+e+m'→Ⓔ '+ø$_{bis}$':

(가-10-1) ^{mt}Ⓚ/^{B}Ⓗ/Ⓗ/Ⓛ/^{M}Ⓛ/^{S}Ⓐ/^{M}Ⓔ/Ⓔ/^{N}Ⓕ/^{M}Ⓕ/Ⓕ/Ⓖ/Ⓘ/Ⓟ/Ⓢ:

◆: ^{mt}Ⓚ PER-'E→^{B}Ⓗ par'ôh→Ⓗ pharaō→Ⓛ Pharaón+e+m→^{S}Ⓐ/^{M}Ⓔ pharao→Ⓔ pharaoh; ^{N}Ⓕ/^{M}Ⓕ/Ⓕ pharaon; Ⓖ Pharaoh; Ⓘ palao; Ⓟ pharaoh; Ⓢ faraón:

■: Phárao, ónis, m.(III-A), 파라오;

◉$_i$: ^{mt}Ⓚ/PER-'E/: <House-Great; 大殿>; 여타: 轉寫;

◉$_{ii}$: 케멧語의 모음음가: 上同

(마-05) Ⓛ '+e+m'→Ⓔ '+ø$_{bis}$':

(다-16-1) Ⓗ scorpiōn→^{M}Ⓛ scorpión+e+m→^{N}Ⓕ/^{M}Ⓔ/Ⓔ/^{M}Ⓕ/Ⓕ/Ⓖ/Ⓟ/Ⓢ +ø$_{bis}$;
Ⓘ +e+ø:

◆: Ⓗ scorpiōn; ^{M}Ⓛ scorpiónem; ^{N}Ⓕ scorpïon; ^{M}Ⓔ scorpioun; Ⓔ/^{M}Ⓕ/Ⓕ scorpion; Ⓖ Skorpion; Ⓘ scorpione; Ⓟ escorpião; Ⓢ escorpión;

■: Ⓗ scorpiōn, onos, m.; scórpio, ónis, m.(III-A), 전갈;

◉: 'e+': 語頭호조음

(마-06) Ⓛ '+ént+e+m' → Ⓔ '+ø$_{bis}$':

(라-06-1) Ⓛ óccidens/occid+ént+e+m → ^{N}Ⓕ/^{M}Ⓔ/Ⓔ/^{M}Ⓕ/Ⓕ occident; Ⓘ/Ⓢ/Ⓟ ocidente:

◆: Ⓛ occidéntem; ^{N}Ⓕ/^{M}Ⓔ/Ⓔ/^{M}Ⓕ/Ⓕ occident; Ⓘ/Ⓢ occidente; Ⓟ ocidente;

▣: cado, cécidi, casum, ĕre, Rvi.(III-A), 떨어지다; óc(←ob←ob, prep., <against>)+cido, cǐdi, cásum, ĕre, vi.(III-A), 죽다.저물다; óccidens, éntis, m(III-A), 서양

(마-07) Ⓛ '+iént+e+m' → Ⓔ '+ø$_{bis}$':

(라-07-1) Ⓛ or+iént+e+m → ^{N}Ⓕ/^{M}Ⓔ/^{M}Ⓕ/Ⓔ/Ⓕ/Ⓖ +ø$_{bis}$; Ⓘ/Ⓟ/Ⓢ +e+ø;

◆: Ⓛ oriéntem; ^{N}Ⓕ/^{M}Ⓔ/^{M}Ⓕ/Ⓔ/Ⓕ orient; Ⓖ Orient; Ⓘ/Ⓟ/Ⓢ oriente;

▣: órior, ortus sum, (oritúrus), íri, Dvi.(D-IV), 오르다; óriens, éntis, pr.p./m.(III-A), 동양

(마-08) Ⓛ '+tud+in+e+m' → Ⓔ '+tud+e+ø':

(라-08-1) Ⓛ multi+túd+in+e+m → ^{N}Ⓕ/^{M}Ⓔ/Ⓔ/^{M}Ⓕ/Ⓕ/Ⓘ +e+ø; Ⓟ/Ⓢ +ø:

◆: Ⓛ multitúdinem; ^{N}Ⓕ multitúdine; ^{M}Ⓔ multitüde; Ⓔ/^{M}Ⓕ/Ⓕ multitude; Ⓘ moltitudine; Ⓟ multidão; Ⓢ multitud;

▣: multus, a, um, adj.(II-I-II-a), 많은; multitúdo, dǐnis, f.(III-A), 多數;

◉: '+tud+in+' → '+tud+ø+': 語中音탈락

(마-09) Ⓛ '+ión+e+m' → Ⓔ '+ø$_{bis}$':

(라-09-1) Ⓛ process+ión+e+m → ^{N}Ⓕ/^{M}Ⓔ/^{M}Ⓕ/Ⓔ/Ⓕ/Ⓖ/Ⓟ/Ⓢ +ø$_{bis}$; Ⓘ +e+ø:

◆: Ⓛ processiónem; ^{N}Ⓕ processïon; ^{M}Ⓔ processiön; ^{M}Ⓕ/Ⓔ/Ⓕ procession; Ⓖ Prozession; Ⓘ processione; Ⓟ procição; Ⓢ procesión;

■: cedo, cessi, cessum, ĕre, Σvi.(III-A), 가다·오다; procédo, céssi, céssum, ĕre, Σvi.(III-A), 행진하다; procéssio, ónis, f.(III-A), 행진

(마-09) Ⓛ '+ión+e+m'→Ⓔ '+ø$_{bis}$':
(라-09-2) ^{M}Ⓛ confess+ión+e+m→^{N}Ⓕ/^{M}Ⓔ/Ⓔ/^{M}Ⓕ/Ⓕ/Ⓟ/Ⓢ +ø$_{bis}$; Ⓘ+e+ø:
◆: ^{M}Ⓛ confessiónem; ^{N}Ⓕ confessïon; ^{M}Ⓔ confessioun; Ⓔ/^{M}Ⓕ/Ⓕ confession; Ⓘ confessione; Ⓟ confissão; Ⓢ confesión;
■: for, fatus sum, ári, Dvt.(D-I), 말하다; conféssio, ónis, f.(III-A), 告白

(마-09) Ⓛ '+ión+e+m'→Ⓔ '+ø$_{bis}$':
(라-09-3) Ⓛ confus+ión+e+m→^{N}Ⓕ/^{M}Ⓔ/Ⓔ/^{M}Ⓕ/Ⓕ/Ⓟ/Ⓢ +ø$_{bis}$; Ⓘ+e+ø:
◆: Ⓛ confusiónem; ^{N}Ⓕ/^{M}Ⓔ/Ⓔ/^{M}Ⓕ/Ⓕ confusion; Ⓘ confusione; Ⓟ confusão; Ⓢ confusión;
■: confúndere: 上同; confúsio, ónis, f.(III-A), 混沌

(마-09) Ⓛ '+ión+e+m'→Ⓔ '+ø$_{bis}$':
(라-09-4) Ⓛ effus+ión+e+m→^{N}Ⓕ/^{M}Ⓔ/Ⓔ/^{M}Ⓕ/Ⓕ/Ⓖ/Ⓟ/Ⓢ +ø$_{bis}$; Ⓘ +e+ø:
◆: Ⓛ effusiónem; ^{N}Ⓕ/^{M}Ⓔ/Ⓔ/^{M}Ⓕ/Ⓕ effusion; Ⓖ Effusion; Ⓘ effusione; Ⓟ efusão; Ⓢ efusión;
■: fundo, di, fusum, ĕre, vt.(III-A), 쏟다·붓다; ef(←ex)+fundo, di, fusum, ĕre, vt.(III-A), 퍼붓다; effúsio, ónis, f.(III-A), 流出

(마-09) Ⓛ '+ión+e+m'→Ⓔ '+ø$_{bis}$':
(라-09-5) Ⓛ divis+ión+e+m→^{N}Ⓕ/^{M}Ⓔ/Ⓔ/^{M}Ⓕ/Ⓕ/Ⓟ/Ⓢ +ø$_{bis}$; Ⓘ divisione:
◆: Ⓛ divisiónem; ^{N}Ⓕ divisïon; ^{M}Ⓔ divisiön; Ⓔ/^{M}Ⓕ/Ⓕ division; Ⓘ divisione;

Ⓟ divisão; Ⓢ división

■: víduus, a, um, adj.(II-I-II-a), 여원·짝잃은; víduo, ávi, átum, +áre, vt.(I), 빼앗다; dí(←dis) + vido, vísi, vísum, ĕre, Σvt.(III-A), 가르다; divísio, ónis, f.(III-A), 구분

(마-09) Ⓛ '+ión+e+m'→Ⓔ '+ø$_{bis}$':

(라-09-6) ^{M}Ⓛ commun+ión+e+m→^{N}Ⓕ/^{M}Ⓔ/Ⓔ/^{M}Ⓕ/Ⓕ/Ⓟ/Ⓢ +ø$_{bis}$; Ⓘ +e+ø

◆: ^{M}Ⓛ communiónem; ^{N}Ⓕ communïon; ^{M}Ⓔ communiön; Ⓔ/^{M}Ⓕ/Ⓕ communion; Ⓘ comunione; Ⓟ comunhão; Ⓢ comunión;

■: commúnio, ónis, f.(III-A), 성찬식·공동

(마-09) Ⓛ '+ión+e+m'→Ⓔ '+ø$_{bis}$':

(라-09-7) Ⓛ possess+ión+e+m→^{N}Ⓕ/^{M}Ⓕ/Ⓕ/Ⓔ/Ⓘ/Ⓟ/Ⓢ +ø$_{bis}$:

◆: Ⓛpossessiónem; ^{N}Ⓕ possessïon; ^{M}Ⓕ/Ⓕ/Ⓔ possession; Ⓘ possesso; Ⓟ posse; Ⓢ posesión;

■: sido, sĭdi/sēdi, sessum, ĕre, vi.(III-A), 앉다; possído, sédi, séssum, ĕre(potis+sido), vt.(III-A), 차지하다; posséssio, ónis, f.(III-A), 점유; 'potis,' indecl.adj., 능력 있는;

◉: Ⓛ 'po+ss$_1$+e+ss$_2$+': 'potis+sido'; 호조음; 'sessum'

(마-09) Ⓛ '+ión+e+m'→Ⓔ '+ø$_{bis}$':

(라-09-8) Ⓛquæst+ión+e+m→^{N}Ⓕ/^{M}Ⓔ/^{N}Ⓕ/Ⓕ/Ⓔ/Ⓟ/Ⓢ +ø$_{bis}$; Ⓘ +e+ø

◆: Ⓛ quæstiónem; ^{N}Ⓕ questïon; ^{M}Ⓔ questioun; ^{N}Ⓕ/Ⓕ/Ⓔ question; Ⓘ questione; Ⓟ questão; Ⓢ cuestión;

■: quæro, quæsívi/sĭi, sítum, ĕre, vt.(Ⅲ-A), 찾다·묻다; quæstio, ónis, f.(Ⅲ-A), 찾음·물음

(마-09) Ⓛ '+ión+e+m'→Ⓔ '+ø_{bis}':
(라-09-9) Ⓛ intent+ión+e+m→^NⒻ/^MⒺ/Ⓔ/^MⒻ/Ⓕ/Ⓟ/Ⓢ +ø_{bis}; Ⓘ +e+ø.
◆: Ⓛ intentiónem; ^NⒻ entencïon; ^MⒺ intencĩon/entencioun; Ⓔ/^MⒻ/Ⓕ intention; Ⓘ intenzione; Ⓟ intenção; Ⓢ intención;
■: téntio, ónis, f.(Ⅲ-A), 긴장; inténdo, téndi, téntum/ténsum, ĕre, vt.(Ⅲ-A), 집중하다; inténtio, ónis, f.(Ⅲ-A), 긴장·지향

(마-09) Ⓛ '+ión+e+m'→Ⓔ '+ø_{bis}':
(라-09-10) Ⓛ vis+ión+e+m→^NⒻ/^MⒺ/Ⓔ/^MⒻ/Ⓕ/Ⓖ/Ⓟ/Ⓢ +ø_{bis}; Ⓘ +e+ø.
◆: Ⓛ visiónem; ^NⒻ visiun; ^MⒺ visioun; Ⓔ/^MⒻ/Ⓕ vision; Ⓖ Vision; Ⓘ visione; Ⓟ visão; Ⓢ visión;
■: vídeo, vidi, visum, ére, vt.(Ⅱ), 보다; vísio, ónis, f.(Ⅲ-A), 시각

(마-09) Ⓛ '+ión+e+m'→Ⓔ '+ø_{bis}':
(라-09-11) Ⓛ reg+ión+e+m→^NⒻ/^MⒺ/Ⓔ/^MⒻ/Ⓕ/Ⓖ/Ⓟ/Ⓢ+ø_{bis}; Ⓘ +e+ø.
◆: Ⓛ regiónem; ^NⒻ regïon; ^MⒺ regioun; Ⓔ region; ^MⒻ/Ⓕ région; Ⓖ Region; Ⓘ regione; Ⓟ região; Ⓢ región;
■: rex, regis, m.(Ⅲ-A), 임금; rego, rexi, rectum, ĕre, Σvt.(Ⅲ-A), 다스리다; régio, ónis, f.(Ⅲ-A), 地方; cf., regnum, i, n.(Ⅱ-D), 王國

(마-09) Ⓛ '+ión+e+m'→Ⓔ '+ø_{bis}':

(라-09-12) Ⓛ relig+ión+e+m→ᴺⒻ/ᴹⒺ/ᴹⒻ/Ⓔ/Ⓕ/Ⓖ/Ⓟ/Ⓢ +ø_{bis}; Ⓘ +e+ø:

◆: Ⓛ religiónem; ᴺⒻ religĭon; ᴹⒺ religioun; ᴹⒻ/Ⓔ/Ⓕ religion; Ⓖ Religion; Ⓘ religione; Ⓟ religião; Ⓢ religión:

■: ligo, ávi, átum, áre, vt.(I), 묶다; réligo, ávi, átum, áre, vt.(I), 매다; relígio, ónis, f.(Ⅲ-A), 종교

(마-09) Ⓛ '+ión+e+m/+i+u+m'→Ⓔ '+ión+ø_{bis}/+ø_{bis}':

(라-09-13) ᴹⒻ æquinoct+ión+e+m/æquinóct+i+u+m→ᴺⒻ +ø_{bis}→ᴹⒺ +i+u+m→ Ⓔ/Ⓕ +ø_{bis}; Ⓘ/Ⓟ/Ⓢ +i+o+ø:

◆: ᴹⒻ æquinoctiónem/æquinóctium; ᴺⒻ equinoctĭon; ᴹⒺ eqvinoctium; Ⓔ equinox; Ⓕ équinox; Ⓘ equinozio; Ⓟ equinócio; Ⓢ equinoccio;

■: æquus, a, um, adj.(Ⅱ-Ⅰ-Ⅱ-a), 평등한; nox, noctis, f.(Ⅲ-A), 밤; æquinóctio, ónis, f.(Ⅲ-A); æquinóctium, i, n.(Ⅱ-D); 春分·秋分;

◉: '+i+': 連結모음(Linksvokal); R: 語根; LV: 連結모음; R_1+LV+R_2

Ⓛ: '+a+; +e+; +i+; +o+; +u+'; Ⓗ: '+o+; +a+';

Ⓛ: ① 합성어: R_1+LV+R_2; ② 복합어: R_1+LV_1+R_2+LV_2+R_3;

Ⓗ: ① 합성어: R_1+LV+R_2; ② 복합어: R_1+LV_1+R_2+LV_2+R_3; ③ 중합어: R_1+LV_1+R_2+LV_2+R_3+LV_3+R_4;

Ⓛ/Ⓗ: 파생어: (1) 단일: PF+R; (2) 합성어: PF+$R_{1/2}$; (3) 복합어: PF+$R_{1~3}$; (4) 중합어: PF+$R_{1~4}$

(마-10) Ⓛ '+ø+s+ión+e+m'→Ⓔ '+ø_{bis}':

(라-10-1) Ⓛ illu+ø+s+ión+e+m→ᴺⒻ/ᴹⒺ/Ⓔ/ᴹⒻ/Ⓕ/Ⓖ/Ⓟ/Ⓢ +ø_{bis}; Ⓘ +e+ø:

◆: Ⓛ illusiónem; ᴺⒻ illusiun; ᴹⒺ illusioun; Ⓔ/ᴹⒻ/Ⓕ illusion; Ⓖ Illusion; Ⓘ

illusione; ⓟ ilusão; ⓢ ilusión;

◼: ludus, i, m.(Ⅱ-A), 놀이; ludo, lusi, lusum, ĕre, Σvi./vt.(Ⅲ-A), 놀다; il(←in)+lúdo, lúsi, lúsum, Σvi./vt.(Ⅲ-A), 조롱하다; illúsio, ónis, f.(Ⅲ-A), 幻覺

(마-11) Ⓛ '+a+t+ión+e+m'→Ⓔ '+ø$_{bis}$':

(라-11-1) Ⓛ declin+a+t+ión+e+m→^{N}ⒻⒺⒻⒼⓅⓈ +ø$_{bis}$; Ⓘ +e+ø:

◆: Ⓛ declinatiónem; ^{N}Ⓕ declinatïon; Ⓔ declination; Ⓕ déclinaison; Ⓖ Deklination; Ⓘ declinazione; Ⓟ declinação; Ⓢ declinación

◼: de(prefix; ←de, prep., <from>)+clíno, ávi, átum, áre, vt.(Ⅰ), 구부리다; declinátio, ónis, f.(Ⅲ-A), 曲用;

◉: 曲用과 膠着은 格의 할당을 위하여 고안된 언어유형론적인 最大문법범주이며 전자는 '語幹(어근+곡용幹모음)+曲用어미'로 구성되는 명사층위의 曲用체제를 따른 것이고 후자는 '名詞-膠着詞'로 구성되는 품사층위의 膠着체제를 따른 것이므로 그 格할당은 각각 曲用연쇄체의 어휘적인 下位범주적인 것이고 膠着연쇄체의 품사적인 等位범주적인 것이다. 따라서 曲用어미는 말기 通俗라전어(800년)의 경우에서 볼 수 있듯이 曲用체제의 붕괴에 의하지 않는 한 통사연쇄체에서 잠재·삭감될 수 없으며 교착시는 화용론적으로 허용되면 그럴 수 있다. 라전語·古代영어의 곡용어미는 佛語·伊語·葡語·西語·中世영어에서 消失·水平化되고 로망스語 現代영어는 還배어형으로 推移했으나 膠着型은 언어사적으로 그렇지 않다.

(마-12) Ⓛ '+ø+t+ión+e+m'→Ⓔ '+ø$_{bis}$':

(라-12-1) Ⓛ perdi+ø+t+ión+e+m→^{N}Ⓕ/^{M}Ⓕ/Ⓔ/Ⓕ/Ⓟ/Ⓢ +ø$_{bis}$; Ⓘ +e+ø:

◆: Ⓛ perditiónem; ^{N}Ⓕ perdicïon; ^{M}Ⓕ/Ⓔ/Ⓕ perdition; Ⓘ perdizione; Ⓟ perdição; Ⓢ perdición;

◼: dō, dĕdi, dătum, dăre, Rvt.(Av.; ^{quasi}Ⅰ), 주다; perdo, dĭdi, dĭtum, ĕre,

Rvt.(Av.; *quasi*I), 멸망시키다; per dítio, ónis, f.(Ⅲ-A), 멸망;

◉₁: 'perdi+ø+t+ión+e+m': '+d+i+'(←+d+ă+t+u+m): 접두사(per+)의 前接에 의한 高活化 '+ø+' ←'dăre'(非幹모음동사);

◉₂: 'd+ă+r+e': 非幹모음동사; '+ă+': 類似제일활용화(*quasi*I); 'da'(명령법現在單數2인칭)∞中世·現代한어 '다고, 다+오';

◉₃: 'dō, dědi, d+ă+t+u+m, d+ă+r+e; stō, stēti, st+ā+t+u+m, st+ā+r+e': 準第一活用化; 'fěro, tūli, l+ā+t+u+m, ferre'←'*fěri, *fěrtum; *tūlo, *tūltum, *tūlěre; *lō, *lāvi, *lăre'?(<to carry>).

(따-12) Ⓛ '+ø+t+ión+e+m'→Ⓔ '+ø*bis*':

(따-12-2): Ⓛ ac+ø+t+ión+e+mⁿ→ⁿⒻ/ᴹⒺ/ᴹⒻ/Ⓔ/Ⓕ/Ⓖ/Ⓟ/Ⓢ +ø*bis*; Ⓘ + e+ø:

◆: Ⓛ actiónem; ⁿⒻ accïon; ᴹⒺ accion; ᴹⒻ/Ⓔ/Ⓕ action; Ⓖ Aktion; Ⓘ azione; Ⓟ ação; Ⓢ acción;

■: ago, egi, actum, ěre, Rvt.(I), 몰고 가다; áctio, ónis, f.(Ⅲ-A), 행위;

◉₁: 借用徑路 'Ⓛ-ⁿⒻ-ᴹⒻ-Ⓕ'와 'Ⓛ-ⁿⒻ-ᴹⒺ-Ⓔ'에서 收束的인 최종진화는 '+c+t+ion+ø'(ᴹⒻ/Ⓔ/Ⓕ)이며 ᴹⒻ는 Ⓔ/Ⓕ/Ⓖ와 로망스語(Ⓘ/Ⓟ/Ⓢ) 및 게르만語(Ⓓ/Ⓗ/Ⓞ/Ⓢ)의 현대적인 차용어형을 위한 始發이다.

◉₂: 'ac+ø+t+ión+e+m'(←ago, egi, actum, ěre(과거분사語幹; ←ag+ø+t+: 語根+初期 활용幹모음(←'+ě₁+')+과거분사接辭); áctio, act+ión+i+s(增音절명사語幹+'+ĭ₁+'+단수 屬格곡용어미); '+e+' (←'+ĭ₁+': 初期곡용幹모음); +m: 단수對格곡용어미);

◉₃: '+ø+': 初期곡용幹모음(+ĭ₁+)의 탈락;

◉₄: 과거분사는 수동태에서 형성되는 準동사(형용사類)인데 코카시아祖語의 동사는 모두 능동태로 실현되었으며 이는 '주어의 位階'(hierarchy of subjects)에 의하여 상위의 주어(행동주)가 하위의 객어(수동자)를 지배하였기 때문이다. 예를 들면, 韓語에서 '토끼가 풀을 뜯어

먹고 늑대가 토끼를 잡아 먹는다'는 토박이話者의 언어직감에 의합한 통사구조이나 이를 英語의 수동태式으로 발화하면 마땅하지 않으며 이는 韓語가 先한어(코카시아祖語) 이래 주어의 位階를 준수해왔고 현대初期한어에서 英語·佛語·獨語의 수동태를 따라 等價의 역문·발화를 하는 경우 그것도 지배적으로 商語의 차용어·신조어에 한하여 허용되지만 아무래도 문법적인 이질감을 떨쳐버릴 수 없다. 그러나 우리의 被動詞구문('아기가 엄마 품에 안기었다')은 수동태구문이 아니며 이는 능동주부사(구)가 실현되지 않기 때문이다. 따라서 수동태의 新案 문법범주는 셈語('반야'; <build- ing; structure>; 복수: '빈야님')의 '나팔'(<to be done>)이며 이는 헷語('히타이트語; Hittite'의 개칭)에서 中間態(middle voice; '주어가 주어를 위하여 무엇을 하다')로 借用(1800 BC)된 것으로 확인되었으나 실제로는 훨씬 앞섰을 것으로 여겨진다. 라전語 수동태의 형태구조도 中間態(脫形동사)를 代用한 것이며 이는 로망스語·게르만語에서도 마찬가지이다.

(마-12) Ⓛ '+ø+t+ión+e+m'→Ⓔ '+ø$_{bis}$':

(라-12-3) ^{M}Ⓛ benedic+ø+t+ión+e+m→^{N}Ⓕ/Ⓔ/^{M}Ⓕ/Ⓕ/Ⓖ/Ⓟ/Ⓢ +ø$_{bis}$; Ⓘ +e+ø:

◆: ^{M}Ⓛ benedictiónem→^{N}Ⓕ benëicon→Ⓔ benediction; ^{M}Ⓕ/Ⓕ bénédiction; Ⓖ Benediktion; Ⓘ benedizione; Ⓟ bênção; Ⓢ benedición;

■: ^{M}Ⓔ adj.(p.p.): 복받은; bene, adv., 잘; benédico, díxi, díctum, ĕre, Σvi./vt.(Ⅲ-A), 축복하다; benedíctio, ónis, f.(Ⅲ-A), 축복;

⊙$_1$: ^{M}Ⓛ '+ø+': 初期곡용幹모음(+ĭ$_1$+)의 탈락;

⊙$_2$: 'ben+e+; contr+a+; mal+e+'의 末音은 각각 부사의 末音이자 連結모음(LV)이며 본항은 합성어로 구성되었다.

(마-12) Ⓛ '+ø+t+ión+e+m'→Ⓔ '+ø$_{bis}$':

(라-12-4) Ⓛ contradic+ø+t+ión+e+m→^{N}Ⓕ/Ⓔ/^{M}Ⓕ/Ⓕ/Ⓖ/Ⓟ/Ⓢ +ø$_{bis}$; Ⓘ +e+ø:

◆: Ⓛ contradictiónem; ^{N}Ⓕ contradiction; Ⓔ/^{M}Ⓕ/Ⓕ contradiction; Ⓖ Kontradiktion;

Ⓘ contraddizione; Ⓟ contradição; Ⓢ contradicción;

■: contra, adv., 반대로; dico, díxi, díctum, ĕre, Σvi.(Ⅲ-A), 말하다; contradíco, díxi, díctum, ĕre, Σvi.(Ⅲ-A), 反駁하다; contradíctio, ónis, f., 矛盾;

◉: ᴹⓁ/Ⓛ '+ø+; contr+a+': 上同

(마-12) Ⓛ '+ø+t+ión+e+m' →Ⓔ '+ø$_{bis}$':

(라-12-5) Ⓛredemp+ø+t+ión+e+m→ᴺⒻ/ᴹⒺ/Ⓔ/ᴹⒻ/Ⓕ/Ⓟ/Ⓢ +ø$_{bis}$; Ⓘ +e+ø:

◆: Ⓛ redemptiónem; ᴺⒻ redempcĭon; ᴹⒺ redempciön; Ⓔ redemption; ᴹⒻ/Ⓕ rédem- ption; Ⓘ redenzione; Ⓟ redenção; Ⓢ redención;

■: émĕre: 上同; redimo, émi, émptum, ĕre, vt., 贖良하다; redémptio, ónis, f., 贖良;

◉: '+ø+'←'+ĭ₁+'(初期활용幹모음) 're+d+': 접두사·호조음

(마-12) Ⓛ '+ø+t+ión+e+m' →Ⓔ '+ø$_{bis}$':

(라-12-6) Ⓛ indic+ø+t+ión+e+m→ᴺⒻ/Ⓔ/ᴹⒻ/Ⓕ/Ⓖ +ø$_{bis}$; Ⓘ +e+ø:

◆: Ⓛ indictiónem→ᴺⒻ indictïon→Ⓔ/ᴹⒻ/Ⓕ indiction; Ⓖ Indiktion; Ⓘ indizione;

■: dícere: 上同; índico, dixi, díctum, ĕre, Σvt.(Ⅲ-A), 지정하여 통고하다; indíctio, ónis, f.(Ⅲ-A), 공고·공표;

◉: '+ø+': 上同

(마-12) Ⓛ '+ø+t+ión+e+m' →Ⓔ '+ø$_{bis}$':

(라-12-7) ᴹⓁ maledic+ø+t+ión+e+m→ᴺⒻ/Ⓔ/ᴹⒻ/Ⓕ/Ⓖ/Ⓟ/Ⓢ +ø$_{bis}$; Ⓘ +e+ø:

◆: ᴹⓁ maledictiónem; ᴺⒻ malëiçon; Ⓔ malediction; ᴹⒻ/Ⓕ malédiction; Ⓖ

Malediktion; Ⓘ maledizione; Ⓟ maldição; Ⓢ maldición;

■: ᴹⒺ adj.(p.p.): 저주받은; male, adv., 나쁘게; malédico, díxi, díctum, ĕre, Σ vi./vt.(Ⅲ-A), 악담하다; maledíctio, ónis, f., 저주(Ⅲ-A);

◉: '+ø+: 上同; Ⓟ/Ⓢ'+ø+': 語中音脫落

(마-12) Ⓛ '+ø+t+ión+e+m'→Ⓔ '+ø$_{bis}$':

(라-12-8) Ⓛ imperfec+ø+t+ión+e+m→ᴺⒻ/ᴹⒺ/Ⓔ/ᴹⒻ/Ⓕ/Ⓟ/Ⓢ +ø$_{bis}$; Ⓘ +e+ø

◆: Ⓛ imperfectiónem; ᴺⒻ imperfectïon; ᴹⒺ imperfeccioun; Ⓔ/ᴹⒻ/Ⓕ imperfection; Ⓘ imperfezione; Ⓟ imperfeição; Ⓢ imperfección;

■: fácio, feci, factum, ĕre, Rvt.(Ⅲ-B), 하다; imperféctus, a, um, p.p.(Ⅱ-Ⅰ-Ⅱ-a), 未 완성의; imperféctio, ónis, f.(Ⅲ-A), 결점;

◉$_1$: '+ø+'←'+ĭ$_1$+': 上同;

◉$_2$: 'fácere∞MK ㅎ+'

(마-12) Ⓛ '+ø+t+ión+e+m'→Ⓔ '+ø$_{bis}$':

(라-12-9) Ⓛ refec+ø+t+ión+e+m→ᴺⒻ/Ⓔ/ᴹⒻ/Ⓕ +ø$_{bis}$; Ⓘ/Ⓟ/Ⓢ ø:

◆: Ⓛ refectiónem; ᴺⒻ refectïon; Ⓔ refection; ᴹⒻ/Ⓕ réfection; Ⓘ/Ⓟ/Ⓢ ø:

■: fácĕre: 上同; reféctio, ónis, f.(Ⅲ-A), 수리·보수;

◉$_1$: '+ø+'←'+ĭ$_1$+': 上同;

◉$_2$: 'fácere∞MK ㅎ+'

(마-12) Ⓛ '+ø+t+ión+e+m'→Ⓔ '+ø$_{bis}$':

(라-12-10) Ⓛ afflic+ø+t+ión+e+m→ᴺⒻ/Ⓔ/ᴹⒻ/Ⓕ/Ⓟ/Ⓢ +ø$_{bis}$; Ⓘ +e+ø:

◆: Ⓛ afflictiónem; ᴺⒻ afflictïon; Ⓔ/ᴹⒻ/Ⓕ affliction; Ⓘ afflizione; Ⓟ

aflição; ⓢ aflicción;

◾: af(←ad)+flio, flíxi, flíctum, ĕre, Σvt.(Ⅲ-A), 괴롭히다; afflíctio, ónis, f.(Ⅲ-A), 고생·학대

(마-12) Ⓛ '+ø+t+ión+e+m'→Ⓔ '+ø$_{bis}$':

(라-12-11) Ⓛ dilec+ø+t+ión+e+m→^{N}Ⓕ/Ⓔ/Ⓟ/Ⓢ +ø$_{bis}$; Ⓘ +e+ø:

◆: Ⓛ dilectiónem; ^{N}Ⓕ dilectïon; Ⓔ dilection; Ⓘ dilataione; Ⓟ dilecção; Ⓢ dilección;

◾: lego, legi, lectum, ĕre, vt.(Ⅲ-A), 읽다·가려내다; dí(←dis)+igo, lexi, léctum, ĕre, Σvt.(Ⅲ-A), 사랑하다; diléctio, ónis, f.(Ⅲ-A), 사랑

(마-12) Ⓛ '+ø+t+ión+e+m'→Ⓔ '+ø$_{bis}$':

(라-12-12) Ⓛ elec+ø+t+ión+e+m→^{N}Ⓕ/^{M}Ⓔ/Ⓔ/^{M}Ⓕ/Ⓕ/Ⓟ/Ⓢ +ø$_{bis}$; Ⓘ +e+ø:

◆: Ⓛ electiónem; ^{N}Ⓕ election; ^{M}Ⓔ esleccioun; Ⓔ election; ^{M}Ⓕ/Ⓕ élection; Ⓘ elezione; Ⓟ eleição; Ⓢ elección;

◾: lego: 上同; e(←ex)+ligo, lexi, léctum, ĕre, Σvt.(Ⅲ-A), 뽑다; eléctio, ónis, f.(Ⅲ-A), 선택

(마-13) Ⓛ '+i+an+i+tát+e+m'→Ⓔ '+ø$_{bis}$':

(다-12-1) ^{M}Ⓛ christ+i+an+i+tát+e+m→^{N}Ⓕ +ø$_{bis}$→^{M}Ⓔ/Ⓔ +ë/y+ø; ^{M}Ⓕ/Ⓕ christianisme; Ⓖ Christenheit/Christentum; Ⓘ cristianesimo; Ⓢ +e+ø; Ⓟ+ø$_{bis}$:

◆: ^{M}Ⓛ christianitátem; ^{N}Ⓕ crestïentet; ^{M}Ⓔ crestianitë; Ⓔ Christianity; ^{M}Ⓕ/Ⓕ christianisme; Ⓖ Christenheit/Christentum; Ⓘ cristianesimo; Ⓢ cristianidade; Ⓟ crisiandad;

■: Ⓗ chriein, vt., 문지르다·기름칠하다; Ⓗ Christos, u, m.; Christus, i, m.(Ⅱ-A), 그리스도; chri- stánus, a, um, adj.(Ⅱ-Ⅰ-Ⅱ-a), 祝聖된·크리스천의; christiánitas, átis, f.(Ⅲ-A), 기독교;

◉ ᵢ: Ⓗ 'Christos'←ᴮⒽ 'Māšîaḥ'(〈Anointed One〉);

◉ ₂: +i+; +ï+; +im+; +m+: 호조음; '+es+'(←+is+←+iz+; cristianesimo): 음성변화

(마-14) Ⓛ '+s+s+ión+e+m' → Ⓔ '+ø_{bis}':

(라-14-1) Ⓛ remis+s+ión+e+m → ᴺⒻ/ᴹⒺ/Ⓔ/ᴹⒻ/Ⓕ/Ⓖ/Ⓟ/Ⓢ +ø_{bis}; Ⓘ +e+ø:

◆: ᴹⓁ remissiónem; ᴺⒻ remissïon; ᴹⒺ remissioun; Ⓔ remission; ᴹⒻ/Ⓕ rémission; Ⓖ Remission; Ⓘ remissione; Ⓟ remissão; Ⓢ remisión;

■: mitto, misi, missum, ěre, Σvt.(Ⅲ-A), 보내다; remítto, mísi, míssum, ěre, Σ vt.(Ⅲ-A), 돌려보내다·용서하다; remíssio, ónis, f.(Ⅲ-A), 용서

◉: Ⓛ '+s+': ς-아오리스트

(마-14) Ⓛ '+s+s+ión+e+m' → Ⓔ '+ø_{bis}':

(라-14-2) ᴹⓁ pa+s+s+ión+e+m → ᴺⒻ/ᴹⒻ/Ⓕ/ᴹⒺ/Ⓔ/Ⓖ/Ⓟ/Ⓢ +ø_{bis}; Ⓘ +e+ø:

◆: ᴹⓁ passiónem[4]; ᴺⒻ passïon; ᴹⒻ passiün; Ⓕ/ᴹⒺ/Ⓔ passion; Ⓖ Passion; Ⓘ passione:

■: pátior, passus sum, i, Σ/Dvt.(Ⅲ-B), 참다; pássio, ónis, f.(Ⅲ-A), 수난·병고;

◉: Ⓛ '+s+': 上同; '+s+'(←'+t+'←'+ø+t+'←'+ěₜ+t+; '+ø+'='+ěₜ+'): 順行同化

(마-14) Ⓛ '+s+s+ión+e+m' → Ⓔ '+ø_{bis}':

---

4) ᴹⓁ 'passiónem' → ᴹⓁ 'com+pas+s+ión+e+m' → Ⓕ/ᴹⒺ/Ⓔ 'compassion,' sb., 同情 → Ⓔ 'compassionate_{ᵥ₃}; compassionately,' vt./adj./adv., 同情하다; 同情的; 同情으로; ☞: (라-14-2; 本項); (매; 형용사차용어); (재; 파생사): '+a+t+e': /èit; it; itli/(v./adj./adv.); '+e': 호조음, 이에 의하여 동사·형용사·부사의 음가는 변별적으로 실현된다. 즉, '+e'(호조음)은 동일한 철자('+a +t+e')로 구성된 동사·형용사·부사의 변별적인 음가(/èit; it; itli/)를 초래한다.

(라-14-3) Ⓛ sess+ión+e+m→ᴺⒻ/Ⓔ/ᴹⒻ/Ⓕ/Ⓟ/Ⓢ +ø_{bis}; Ⓘ +e+ø̸

◆: Ⓛ sessiónem; ᴺⒻ sessïon; Ⓔ/ᴹⒻ/Ⓕ session; Ⓘ sessione; Ⓟ sessão; Ⓢ sesión;

■: sédeo, sedi, sessum, ére, vi.(II), 앉다; séssio, ónis, f.(III-A), 앉기·회기;

◉: Ⓛ '+s+': 上同

(마-15) Ⓛ '+t+ión+e+m'→Ⓔ '+ø_{bis}':

(라-15-1) Ⓛ inven+t+ión+e+m→ᴺⒻ/Ⓔ/ᴹⒻ/Ⓕ/Ⓟ/Ⓢ +ø_{bis}; Ⓘ +e+ø̸

◆: Ⓛ inventiónem; ᴺⒻ invencïon; Ⓔ/ᴹⒻ/Ⓕ invention; Ⓘ invenzione; Ⓟ invenção; Ⓢ invención;

■: veníre/inveníre: 上同; invéntio, ónis, f.(III-A), 발견;

◉: '+t+ión+': 轉成接辭(顚位詞←동사; 명사←顚位詞)

(마-16) Ⓛ '+ø+s+ión+e+m'→Ⓔ '+ø_{bis}':

(라-16-1) ᴹⒷ Ascen+ø+s+ión+e+m→ᴺⒻ/ᴹⒺ/Ⓔ/ᴹⒻ/Ⓕ/Ⓟ/Ⓢ +ø_{bis}; Ⓘ +e+ø̸:

◆: ᴹⒷ Ascensiónem; ᴺⒻ Ascencïon; ᴹⒺ Ascensioun; Ⓔ/ᴹⒻ/Ⓕ Ascension; Ⓘ Ascens- ione; Ⓟ Ascensão; Ⓢ Ascenión;

■: scándĕre: 上同; a(←ad)+scéndo, di, sum, ĕre, vi./vt.(III-A), 오르다; ascénsio, ónis, f. (III-A), 昇天;

◉_1: '+ø+': 初期活用幹母音(+ĕ_f+)의 탈락;

◉_2: '+scéndo': 접두사의 前接에 의한 高舌化(←+a+)

(마-17) Ⓛ '+ø+t+ión+e+m'→Ⓔ '+ø_{bis}':

(라-17-1) Ⓛ commo+ø+t+ión+e+m→ᴺⒻ/Ⓔ/Ⓟ/Ⓢ +ø_{bis}:

◆: Ⓛ commotiónem; ᴺⒻ commocïon; Ⓔ commotion; Ⓟ comoção; Ⓢ conmoción;

■: móveo, movi, motum, ére, vt.(II), 움직이게 하다; commótio, ónis, f.(III-A), 動搖;

◉: '+ø+t+': 활용幹모음(←+ē+)·轉成접사(顚位詞←동사)

(마-17) Ⓛ '+ø+t+ión+e+m' → Ⓔ '+ø$_{bis}$':
(라-17-2) ^{M}Ⓛ compunc+ø+t+ión+e+m → ^{N}Ⓕ/^{M}Ⓔ/Ⓔ/Ⓟ/Ⓢ +ø$_{bis}$; Ⓘ +e+ø:
◆: ^{M}Ⓛ compunctiónem; ^{N}Ⓕ compontïon; ^{M}Ⓔ communiön; Ⓔ compunction; Ⓘ compunzione; Ⓟ compunção; Ⓢ compunción:

■: pungo, púpugi, punctum, ĕre, Rvt.(III-A), 찌르다; compúnctio, ónis, f.(III-A), 痛悔

(마-17) Ⓛ '+ø+t+ión+e+m' → Ⓔ '+ø$_{bis}$':
(라-17-3) Ⓛ corrup+ø+t+ión+e+m → ^{N}Ⓕ/^{M}Ⓔ/Ⓔ/^{M}Ⓕ/Ⓕ/Ⓟ/Ⓢ +ø$_{bis}$; Ⓘ +e+ø:
◆: Ⓛ corruptiónem; ^{N}Ⓕ corruptïon; ^{M}Ⓔ corrupciön; Ⓔ/^{M}Ⓕ/Ⓕ corruption; Ⓘ corruzione; Ⓟ corrupção; Ⓢ corrupción:

■: rumpo, rupi, ruptum, ĕre, vt.(III-A), 꺾다; cor(←con)+rumpo, rupi, ruptum, ĕre, vt.(III-A), 부패시키다; corrúptio, ónis, f.(III-A), 腐敗;

◉: '+ø+': 초기幹모음('+ĕ$_1$+')의 삭감

(마-18) Ⓛ '+a+t+ión+e+m' → Ⓔ '+ø$_{bis}$':
(라-18-1) Ⓛ abomin+a+t+ión+e+m → ^{N}Ⓕ/^{M}Ⓔ/Ⓔ/^{M}Ⓕ/Ⓕ/Ⓟ/Ⓢ +ø$_{bis}$; Ⓘ abominio:
◆: abominatiónem; ^{N}Ⓕ abominacïon; ^{M}Ⓔ abominacioun; Ⓔ/^{M}Ⓕ/Ⓕ abomin-ation; Ⓘ abominio; Ⓟ abominação; Ⓢ abominación:

■: abominátio, ónis, f.(III-A), 혐오

(마-18) Ⓛ '+a+t+ión+e+m' →Ⓔ '+ø$_{bis}$':

(라-18-2) ^{M}Ⓛ cam+a+t+ion+e+m →^{N}Ⓕ/Ⓔ/Ⓔ/^{M}Ⓕ/Ⓕ +ø$_{bis}$; Ⓘ +e+ø; Ⓟ/Ⓢ +ø$_{bis}$:

◆: ^{M}Ⓛ carnationem; ^{N}Ⓕ carnatïon; ^{M}Ⓔ carnaciön/encarnatïon; Ⓔ incarnation; ^{M}Ⓕ/Ⓕ incarnation; Ⓘ incarnazione; Ⓟ encarnação; Ⓢ encarnación

◨ in+, prefix(←in, prep., ⟨in⟩); caro, carnis, f., 살, 육신; carnátio, ónis, f., 化肉

(마-18) Ⓛ '+a+t+ión+e+m' →Ⓔ '+ø$_{bis}$':

(라-18-3) Ⓛ excus+a+t+ión+e+m →^{N}Ⓕ/^{M}Ⓔ/^{M}Ⓕ/Ⓔ/Ⓕ +ø$_{bis}$; Ⓘ +a+ø:

◆: Ⓛ excusatiónem; ^{N}Ⓕ excusacïon; ^{M}Ⓔ excusaciön; ^{M}Ⓕ/Ⓔ/Ⓕ excusation; Ⓘ scusa;

◨: causa, æ, f.(I), 원인; excúso, ávi, átum, +áre, vt.(I), 변명하다; excusátio, ónis, f.(III-A), 변명;

◉: 'scusa'(←escusa←excusa←causa)

(마-18) Ⓛ '+a+t+ión+e+m' →Ⓔ '+ø$_{bis}$':

(라-18-3) Ⓛ indign+a+t+ión+e+m →^{N}Ⓕ/^{M}Ⓔ/Ⓔ/^{M}Ⓕ/Ⓕ/Ⓟ/Ⓢ +ø$_{bis}$; Ⓘ +e+ø:

◆: Ⓛ indignatiónem; ^{N}Ⓕ indignacïon; ^{M}Ⓔ indignacioun; Ⓔ indignation; ^{M}Ⓕ/Ⓕ dignition /indignition; Ⓘ dignizione/indignizione; Ⓟ dignação/indignação; Ⓢ dignación/indignación;

◨: decet, décuit, ére, imp.v.(+acc.c.inf.; II), 타당하다; dignus/indígnus, a, um, adj.(II-I-II-a), 합당한/부당한; dignátio/indignátio, ónis, f.(III-A), 존중/분개;

◉: 'imp.v.(+acc.c.inf.)': 非人稱동사(對格不定詞句지배)

(마-18) Ⓛ '+a+t+ión+e+m' →Ⓔ '+ø$_{bis}$':

(라-18-4) ⓛ domin+a+t+ión+e+m→ᴺⒻ/ᴹⒺ/Ⓔ/ᴹⒻ/Ⓕ/Ⓟ/Ⓢ +ø_{bis}:

◆: ⓛ dominatiónem; ᴺⒻ dominacïon; ᴹⒺ domincioun; Ⓔ/ᴹⒻ/Ⓕ domination; Ⓟ dominação; Ⓢ dominación;

■: domus, us, f., 집(IV-A); dóminor, átus sum, +ári, Dvi.(D-I), 주인노릇하다; dominátio, ónis, f.(III-A), 통치;

◉: 'Dv.': 脫形動詞(deponent verb); 'Dvi,/vt': 脫形自動詞·他動詞

(마-18) ⓛ '+a+t+ión+e+m'→Ⓔ '+ø_{bis}':
(라-18-5) ⓛ peregrínum→Ⓕ/ᴹⒺ peregrin→Ⓕ/Ⓕ pérégrination; Ⓔ peregrination; Ⓘ peregrinazione; Ⓟ peregrinação; Ⓢ peregrinación;

◆: péreger(←per+ager; ager, agri, m.(II-C), 밭), gris, adj.(III-a), 멀리 여행 떠난; peregrínus, a, um, adj.(II-I-II-a), 외국인의·순례자의; peregrínor, átus sum, +ári, Dvi.(D-I), 순례하다·여행하다; peregrinátio, ónis, f.(III-A), 외국여행·성지순례

(마-18) ⓛ '+a+t+ión+e+m'→Ⓔ '+ø_{bis}':
(라-18-6) ⓛ fornic+a+t+ión+e+m→ᴺⒻ/ᴹⒺ/Ⓔ/ᴹⒻ/Ⓕ/Ⓟ/Ⓢ +ø_{bis}; Ⓘ +e+ø:

◆: ⓛ fornicatiónem; ᴺⒻ fornicacïon; ᴹⒺ fornicatioun→Ⓔ/ᴹⒻ/Ⓕ fornication; Ⓘ fornicazione; Ⓟ fornicação; Ⓢ fornicación;

■: fornix, nĭcis, m.(III-A), 弓形蒼穹·遊郭·매음굴; fórnicor, átus sum, +ári, Dvi.(D-I), 간음하다; fornicátio, ónis, f.(III-A), 간음

(마-18) ⓛ '+a+t+ión+e+m'→Ⓔ '+ø_{bis}':
(라-18-7) ᴹⓛ gener+a+t+ión+e+m→ᴺⒻ/ᴹⒺ/Ⓔ/ᴹⒻ/Ⓕ/Ⓖ/Ⓟ/Ⓢ +ø_{bis}; Ⓘ +e+ø:

◆: ᴹⓛ generatiónem; ᴺⒻ generacïon; ᴹⒺ generacioun; Ⓔ generation; ᴹⒻ/

Ⓕ génération; Ⓖ Generation; Ⓘ generazione; Ⓟ geração; Ⓢ generación;
◼: genus, nĕris, n.(III-C), 혈통; género, ávi, átum, +áre, vt.(I), 낳다

(마-18) Ⓛ '+a+t+ión+e+m' →Ⓔ '+ø$_{bis}$':
(라-18-8) Ⓛ congreg+a+t+ión+e+m→^{N}Ⓕ/Ⓔ/^{M}Ⓕ/Ⓕ/Ⓟ/Ⓢ +ø$_{bis}$; Ⓘ +e+ø:
◆: Ⓛ congregatiónem; ^{N}Ⓕ congregacïon; Ⓔ congregation; ^{M}Ⓕ/Ⓕ congrégation; Ⓘ congregazione; Ⓟ congregação; Ⓢ congregación;
◼: grádior, gressus sum, i, ⲊⲊ/Dvi.(D-III-B), 걷다; congrédior, gréssus sum, i, ⲊⲊ/Dvi. (D-III-B), 만나다; congregátio, ónis, f.ⲊⲊ/Dvi.(III-A), 會同

(마-18) Ⓛ '+a+t+ión+e+m' →Ⓔ '+ø$_{bis}$':
(라-18-9) Ⓛ hab+i+t+a+t+ión+e+m→^{N}Ⓕ/^{M}Ⓔ/Ⓔ/^{M}Ⓕ/Ⓕ/Ⓟ/Ⓢ +ø$_{bis}$; Ⓘ +e+ø:
◆: Ⓛ habitatiónem; ^{N}Ⓕ habitacïon; ^{M}Ⓔ habitacioun; Ⓔ/^{M}Ⓕ/Ⓕ habitation; Ⓘ abitazione; Ⓟ habitação; Ⓢ habitación:
◼: habére/habitáre: 上同; habitátio, ónis, f.(III-A), 거처

(마-18) Ⓛ '+a+t+ión+e+m' →Ⓔ '+ø$_{bis}$':
(라-18-10) Ⓛ jubil+a+t+ión+e+m→^{N}Ⓕ/^{M}Ⓔ/Ⓔ/^{N}Ⓕ/Ⓕ/Ⓖ/Ⓢ +ø$_{bis}$; Ⓘ/Ⓟ +o+ø:
◆: Ⓛ jubilatiónem; ^{N}Ⓕ jubilacïon; ^{M}Ⓔ jubulacioun; Ⓔ/^{N}Ⓕ/Ⓕ jubilation; Ⓖ Jubilation; Ⓘ giubilo; Ⓟ júbilo; Ⓢ jubilación:
◼: júbilum, i, n.(II-D), 환호성; júbilo, ávi, átum, +áre, vi./vt.(I), 환호하다; jubilátio, ónis, f.(III-A), 경축

(마-18) Ⓛ '+a+t+ión+e+m' →Ⓔ '+ø$_{bis}$':

(라-18-11) Ⓛ justific+a+t+ión+e+m→ᴺⒻ/Ⓔ/ᴹⒻ/Ⓕ/Ⓟ/Ⓢ +ø*bis*; Ⓘ +e+ø:

◆: Ⓛ justificatiónem; ᴺⒻ justificacïon; Ⓔ/ᴹⒻ/Ⓕ justification; Ⓘ giustificazione; Ⓟ justificação; Ⓢ justificación;

■: justus/fácere: 上同; justíficus, a, um, adj.(II-I-II), 올바르게 행동하는 justificátio, ónis, f.(III-A), 義化(합성어)

(마-18) Ⓛ '+a+t+ión+e+m'→Ⓔ '+ø*bis*':

(라-18-12) ᴹⒷobl+a+t+ión+e+m→ᴺⒻ/Ⓔ/ᴺⒻ/Ⓕ/Ⓟ/Ⓢ +ø*bis*; Ⓘ +e+ø:

◆: ᴹⒷ oblatiónem; ᴺⒻ oblatïon; Ⓔ/ᴺⒻ/Ⓕ oblation; Ⓘ oblazione; Ⓟ oblação; Ⓢ oblación;

■: óf(←ob+←ob, prep., ⟨in one's presence; against⟩)+ fero, tuli, latum, fĕrre, Avt., 바치다; oblátio, ónis, f.(III-A), 헌납·봉헌;

◉: 'Av.': 非幹母音동사(verbum athemáticum); 'Avi./Avt.': 同자동사·타동사; 'fero, tuli, latum, fĕrre': '① fero; ②*tul+; ③*lat+' 등의 合流; ①: 현재語幹시제·현재不定詞(fĕrre); ②: 과거語幹시제·과거不定詞(tulísse); ③: 顚位詞(latum; latu; 대격·탈격)

(마-18) Ⓛ '+a+t+ión+e+m'→Ⓔ '+ø*bis*':

(라-18-13) Ⓛ trans+l+a+t+ion+e+m→ⁿⒻ/ᴹⒺ/Ⓔ/ᴹⒻ/Ⓕ/Ⓖ +ø*bis*:

◆: Ⓛ translationem; ᴺⒻ/Ⓔ/ᴹⒻ/Ⓕ translation; ᴹⒺ translacioun; Ⓖ Translation; Ⓘ/Ⓟ/Ⓢ ø;

■: fĕro, tūli, lātum, ferre, Avt.(*quasi*III-A), 옮기다; translátio, ónis, f.(III-A), 번역;

◉₁: 'ferre'←'fero; tuli; l+a+t+u+ m': 現在어간·過去어간·對格전위사의 합류;

◉₂: 'l+a+t+u+m'의 '+a+t+'은 顚位詞의 형태소연쇄체이므로 그 어근은 'l+' 하나인 것으로 드러난다.

(마-18) Ⓛ '+a+t+ión+e+m' → Ⓔ '+ø$_{bis}$':

(라-18-14) Ⓛ delect+a+t+ión+e+m → ^{N}Ⓕ/^{M}Ⓔ/Ⓔ/^{M}Ⓕ/Ⓕ/Ⓢ +ø$_{bis}$; Ⓘ diletto; Ⓟ deleite:

◆: Ⓛ delectatiónem; ^{N}Ⓕ delectatïon; ^{M}Ⓔ delectaciün; Ⓔ delectation; ^{M}Ⓕ/Ⓕ délectation; Ⓘ diletto; Ⓟ deleite; Ⓢ delectación;

■: lácio, ĕre, vt.(III-B), 속이다; delício, ĕre, vt.(III-B), 유혹하다; de(<utterly>) +lécto, ávi, átum, +áre, vtj.(I), 즐겁게 하다; delectátio, ónis, f.(III-A), 기쁨;

◉: 'vtj': 强調타동사(verbum transitívum intensívum)

(마-18) Ⓛ '+a+t+ión+e+m' → Ⓔ '+ø$_{bis}$':

(라-18-15) Ⓛ n+a+t+ión+e+m → ^{N}Ⓕ/^{M}Ⓔ/Ⓔ/^{M}Ⓕ/Ⓕ/Ⓖ/Ⓟ/Ⓢ +ø$_{bis}$; Ⓘ +e+ø:

◆: ^{M}Ⓛ natiónem; ^{N}Ⓕ/^{M}Ⓔ nacïon; Ⓔ/^{M}Ⓕ/Ⓕ nation; Ⓖ Nation; Ⓘ nazione; Ⓟ nação; Ⓢ nación:

■: nascor, natus sum, i, Dviʃ.(D-III-A), 나다; nátio, ónis, f.(III-A), 출생·민족 국가;

◉: Ⓛ '+a+'(n+a+t+ión+e+m): 語根모음+초기醉모음(+ĕ$_I$+)의 縮合

(마-18) Ⓛ '+a+t+ión+e+m' → Ⓔ '+ø$_{bis}$':

(라-18-16) Ⓛ annot+a+t+ión+e+m → ^{N}Ⓕ/Ⓔ/^{M}Ⓕ/Ⓕ/Ⓟ/Ⓢ +ø$_{bis}$; Ⓘ +e+ø:

◆: Ⓛ annotatiónem; ^{N}Ⓕ annotatïon; Ⓔ/^{M}Ⓕ/Ⓕ annotation; Ⓘ annotazione; Ⓟ anotação; Ⓢ anotación;

■: nosco, novi, nótum, ĕre, vtʃ.(III-A), 알다; nota, æ, f.(I), 표시; án(←ad←ad, prep., <to>) +noto, ávi, átum, +áre, vt.(I), 밑줄치다; annotátio, ónis, f.(III-A), 註釋

(마-18) Ⓛ '+a+t+ión+e+m' → Ⓔ '+ø$_{bis}$':

(라-18-17) Ⓛ deprec+a+t+ión+e+m→ᴺⒻ/ᴹⒺ/Ⓔ/Ⓟ/Ⓢ +ø*bis*; Ⓘ +e+ø

◆: Ⓛ deprecatiónem; ᴺⒻ deprecacïon; ᴹⒺ deprecaciun; Ⓔ deprecation; Ⓘ deprecazione; Ⓟ deprecação; Ⓢ deprecación;

■: prex, precis, f.(Ⅲ-A), 간청; precor, átus sum, +ári, Dvt.(D-I), 간청하다; dé(<utterly>)+pre- cor, átus sum, +ári, Dvi./vt.(D-I), 탄원하다; deprecátio, ónis, f.(Ⅲ-A), 염원

(마-18) Ⓛ '+a+t+ión+e+m'→Ⓔ '+ø*bis*':

(라-18-18) ᴹⓁ sanctific+a+t+ión+e+m→ᴺⒻ/ᴹⒻ/Ⓕ/Ⓔ/Ⓟ/Ⓢ +ø*bis*; Ⓘ +e+ø

◆: ᴹⓁ sanctificatiónem; ᴺⒻ saintificatïon; ᴹⒻ/Ⓕ/Ⓔ sanctification; Ⓘ santificazione; Ⓟ santificação; Ⓢ santificación;

■: sáncěre/fácere/sanctific+áre: 上同; sanctificátio, ónis, f.(Ⅲ-A), 聖化(合成명사; +i+: 連結모음)

(마-18) Ⓛ '+a+t+ión+e+m'→Ⓔ '+ø*bis*':

(라-18-19) ᴹⓁ signific+a+t+ión+e+m→ᴺⒻ/Ⓔ/ᴹⒻ/Ⓕ/Ⓟ/Ⓢ +ø*bis*; Ⓘ (significato);

◆: signum/fácěre/significáre: 上同; significátio, ónis, f.(Ⅲ-A), 前兆(合成명사; +i+: 連結모음)

(마-18) Ⓛ '+a+t+ión+e+m'→Ⓔ '+ø*bis*':

(라-18-20) Ⓛ inspir+a+t+ión+e+m→ᴺⒻ/ᴹⒺ/Ⓔ/ᴹⒻ/Ⓕ/Ⓖ/Ⓟ/Ⓢ +ø*bis*; Ⓘ +e+ø:

◆: Ⓛ inspiratiónem; ᴺⒻ inspiratïon; ᴹⒺ inspiracioun; ᴹⒺ/ᴹⒻ/Ⓕ inspiration; Ⓖ Inspiration; Ⓘ ispirazione; Ⓟ inspiração; Ⓢ inspiración;

■: spiráre: 上同; inspíro, ávi, átum, +áre, vi.(Ⅰ), 불어넣다; inspirátio, ónis, f.(Ⅲ-A), 靈感

(마-18) Ⓛ '+a+t+ión+e+m'→Ⓔ '+ø$_{bis}$':

(라-18-21) Ⓛ consol+a+t+ión+e+m→^{N}Ⓕ/Ⓔ/^{M}Ⓕ/Ⓕ/Ⓟ/Ⓢ +ø$_{bis}$; Ⓘ +e+ø

◆: Ⓛ consolatiónem; ^{N}Ⓕ consolatïon; Ⓔ/^{M}Ⓕ/Ⓕ consolation; Ⓘ consolazione; Ⓟ consolação; Ⓢ consolación;

■: (con)+solor/solor, átus sum, +ári, Dvt.(D-I), 위로하다; consolátio, ónis, f.(Ⅲ-A), 慰勞

(마-18) Ⓛ '+a+t+ión+e+m'→Ⓔ '+ø$_{bis}$':

(라-18-22) Ⓛ consumm+a+t+ión+e+m→^{N}Ⓕ/Ⓔ/^{M}Ⓕ/Ⓕ/Ⓟ/Ⓢ +ø$_{bis}$; Ⓘ +e+ø:

◆: super, adv., 위에, súperus, a, um, adj.(Ⅱ-Ⅰ-Ⅱ-a), 위에 있는 summus, a, um, adj. (Ⅱ- Ⅰ-Ⅱ-a), 최상의; summa, æ, f.(Ⅰ), 총합; consummátio, ónis, f.(Ⅲ-A), 완성·세상종말·결혼初夜

(마-18) Ⓛ '+a+t+ión+e+m'→Ⓔ '+ø$_{bis}$':

(라-18-23) Ⓛ tribul+a+t+ión+e+m→^{N}Ⓕ/^{M}Ⓔ/^{M}Ⓕ/Ⓕ/Ⓔ/Ⓖ/Ⓟ/Ⓢ +ø$_{bis}$; Ⓘ +e+ø.

◆: Ⓛ tribulatiónem; ^{N}Ⓕ tribulacïon; ^{M}Ⓔ tribulaciön; ^{M}Ⓕ/Ⓕ/Ⓔ tribulation; Ⓖ Tribulation; Ⓘ tribulazione; Ⓟ tribulação; Ⓢ tribulación.

■: tero, trivi, tritum, ĕre, vt.(Ⅲ-A), 문지르다; tríbulum, i, n.(Ⅱ-D), 알곡을 찧는 연자매; tríbulo, átum, +áre, vt.(Ⅰ), 괴롭히다; tribulátio, ónis, f.(Ⅲ-A), 환난·고초

(마-18) Ⓛ '+a+t+ión+e+m'→Ⓔ '+ø$_{bis}$':

(라-18-24) Ⓛ vituper+a+t+ión+e+m→^{N}Ⓕ/Ⓔ/^{M}Ⓕ/Ⓕ/Ⓟ +ø$_{bis}$; Ⓘ +e+ø. Ⓢ (vituperio):

◆: Ⓛ vituperatiónem; ^{N}Ⓕ vituperacïon; Ⓔ vituperation; ^{M}Ⓕ/Ⓕ vitupération; Ⓘ vituperazione; Ⓟ vituperação; Ⓢ vituperio;

■: vítium, i, n.(II-D), 결점; paro, ávi, átum, áre, vt.(I), 준비하다; vitúpero, ávi, átum, +áre, vt.(I), 책망하다; vituperátio, ónis, f.(III-A), 책망

(마-19) Ⓛ '+it+i+a+t+ión+e+m'→Ⓔ '+ø$_{bis}$':

(라-19-1) Ⓛ prop+it+i+a+t+ión+e+m→^{N}Ⓕ/^{M}Ⓕ/Ⓕ/Ⓔ/Ⓟ/Ⓢ +ø$_{bis}$; Ⓘ +e+ø

◆: Ⓛ propitiatiónem; ^{N}Ⓕ propiciatїon; ^{M}Ⓕ/Ⓕ/Ⓔ propitiation;
Ⓘ propiziazione; Ⓟ propiciação; Ⓢ propiciación;

■: prope, adv., 가까이; propítius, a, um, adj.(II-I-II-a), 호의적; propítio, ávi, átum, +áre, vt.(I), 有和하게 하다; propitiátio, ónis, f.(III-A), 贖罪;

◉: '+it+': 轉成接詞(형용사←부사)

(마-20) Ⓛ '+ic+a+t+ión+e+m'→Ⓔ '+ø$_{bis}$':

(라-20-1) Ⓛ prævar+ic+a+t+ión+e+m→^{N}Ⓕ/Ⓔ/^{M}Ⓕ/Ⓕ/Ⓟ/Ⓢ +ø$_{bis}$; Ⓘ +e+ø

◆: Ⓛ prævaricatiónem; ^{N}Ⓕ prevaricacїon; Ⓔ prevarication; ^{M}Ⓕ/Ⓕ prévarication;
Ⓘ prevaricazione; Ⓟ prevaricação; Ⓢ prevaricación;

■: varus, a, um, adj.(II-I-II-a), 안짱다리의; váricus, a, um, adj.(II-I-II-a), 다리를 벌린; várico, ávi, átum, + áre, vi.(I), 양다리를 벌려 걸치다; prævarіcor, átus sum, + ári, Dvi.(D-I), 通謀하다; prævaricátio, ónis, f.(III-A), 通謀

(마-21) Ⓛ '+c+ø+t+ión+e+m'→Ⓔ '+ø$_{bis}$':

(라-21-1) Ⓛ destru+c+t+ión+e+m→^{N}Ⓕ/^{M}Ⓔ/Ⓔ/^{M}Ⓕ/Ⓕ/Ⓟ/Ⓢ +ø$_{bis}$; Ⓘ +e+ø:

◆: Ⓛ destructiónem; ^{N}Ⓕ destrucїon; ^{M}Ⓔ destructїon; Ⓔ/^{M}Ⓕ/Ⓕ destruction; Ⓘ distruzione; Ⓟ destruição; Ⓢ destrucción;

■: struo, struxi, structum, ěre, Σvt.(III-A), 짓다; déstruo, strúxi, strúctum, ěre,

Σvt.(III-A), 허물다; destrúctio, ónis, f.(III-A), 파괴;
◉: '+c+': 호조음(←'+ø+'←'+ĕ₁+': 초기幹모음)

(마-21) Ⓛ '+c+ø+t+ión+e+m'→Ⓔ '+ø$_{bis}$':

(라-21-2) ^{M}Ⓛ resurre+c+ø+t+ión+e+m→^{N}Ⓕ/^{M}Ⓔ/Ⓔ/^{M}Ⓕ/Ⓕ/Ⓟ/Ⓢ +ø$_{bis}$; Ⓘ +e+ø:

◆: ^{M}Ⓛ resurrectiónem; ^{N}Ⓕ resurrectïon; ^{M}Ⓔ resurreccioun; Ⓔ resurrection; ^{M}Ⓕ /Ⓕ résurrection; Ⓘ risurrezione; Ⓟ ressurreição; Ⓢ resurrección;

■: rego, rexi, rectum, ĕre, Σvt.(III-A), 다스리다; surgo(←'sub+reg+o'), surréxi, surréctum, ĕre, Σvi.(III-A), 일어나다; resurgo(←'re+sub+reg+o'), surréxi, surréctum, ĕre, Σvi.(III-A), 부활하다; resurréctio, ónis, f.(III-A), 재기·부활;

◉: '+c+; +ø+t+': 無聲音(+c+)←有聲音(+g+); 초기幹모음의 탈락(ø←+ĕ₁+)

(마-22) Ⓛ '+e+t+ión+e+m'→Ⓔ '+ø$_{bis}$':

(라-22-1) Ⓛ discr+e+t+ión+e+m→^{N}Ⓕ/^{M}Ⓔ/Ⓔ/Ⓕ +ø$_{bis}$; Ⓘ +e+ø; Ⓟ/Ⓢ +ø$_{bis}$;

◆: Ⓛ discretiónem; ^{N}Ⓕ discretïon; ^{M}Ⓔ discreciön; Ⓔ discretion; Ⓕ discrétion; Ⓘ discrezione; Ⓟ discrição; Ⓢ discreción

■: cerno, crevi, cretum/certum, ĕre, vt.(III-A), 체질하다; discrétio, ónis, f., 분별

(마-23) Ⓛ '+i+t+ión+e+m'→Ⓔ '+ø$_{bis}$':

(라-23-1) Ⓛ pet+i+t+ión+e+m→^{N}Ⓕ/^{M}Ⓕ/Ⓕ/Ⓔ/Ⓖ/Ⓟ/Ⓢ +ø$_{bis}$; Ⓘ +e+ø:

◆: Ⓛ petitiónem; ^{N}Ⓕ peticïon; ^{M}Ⓕ/Ⓕ pétition; Ⓔ petition; Ⓖ Petition; Ⓘ petizione; Ⓟ petição; Ⓢ petición;

■: peto, tívi/ii, títum, vt.(III-A), 항하다; petítio, ónis, f.(III-A), 요청

(마-23) Ⓛ '+i+t+ión+e+m'→Ⓔ '+ø$_{bis}$':

(라-23-2) ⓛ propos+i+t+ión+e+m→ᴺⒻ/ᴹⒻ/Ⓔ/Ⓟ/Ⓢ +ø$_{bis}$; Ⓘ +e+ø:

◆: ⓛ propositiónem; ᴺⒻ propositiön; ᴹⒻ/Ⓕ/Ⓔ proposition; Ⓘ proposizione; Ⓟ proposição; Ⓢ proposición;

■: propóno, pósui, pósitum, ĕre, vt.(Ⅲ-A), 제출하다; proposítio, ónis, f.(Ⅲ-A), 命題·文

(마-24) ⓛ '+i+t+a+t+ión+e+m'→Ⓔ '+ø$_{bis}$':

(라-24-1) ⓛco+g+i+t+a+t+ión+e+m→ᴺⒻ/Ⓔ/Ⓟ +ø$_{bis}$; Ⓘ+e+ø:

◆: cogitatión+e+m; ᴺⒻ cogitaciun; Ⓔ cogitation; Ⓘ cogitazione; Ⓟ cogitação;

■: cógito, ávi, átum, +áre, vtf.(I), 생각하다; cogitátio, ónis, f.(Ⅲ-A), 생각;

◉$_i$: 'co+g+i+t+a+t+ión+e+m'←con+; ←ag+; '+i+t+': 初期活用幹모음(+ĭ$_1$+)·反復동사轉成접사; '+a+t+': 第一活用화幹모음·과거분사轉成접사; '+ion+e+m': 上同;

◉$_2$: (라-01·02) 'ac+ø+t$_1$+ión+e+m; co+g+i+t$_2$+a+t$_3$+ión+e+m'의 'ac+; +g+'(←ag+: 과거·현재語根)는 각각 명사화를 위하여 初期活用幹모음(+ĕ$_1$+)의 삭감(+ø+)·보유(+i+)로 실현된 것이며 이는 '+t$_{1-3}$+'(과거분사轉成접사·反復동사轉成접사·과거분사轉成)와 '+a+'(第一活用화末期活用幹모음)까지 準동사연쇄체로 구성되고 이에 '+ión+e+m$_{1/2}$' (準명사연쇄체)가 後接되어 명사연쇄체(단수對格)로 실현된다. 그런데 'ágĕre'는 'co+g+i+t$_2$+a+t$_3$+i+ón+e+m'의 경우 語頭자음(C$_1$; 'ø+ágĕre')이 형의 공백이므로 'co+g+'(← 'con+ag+)로 삭감되었다.

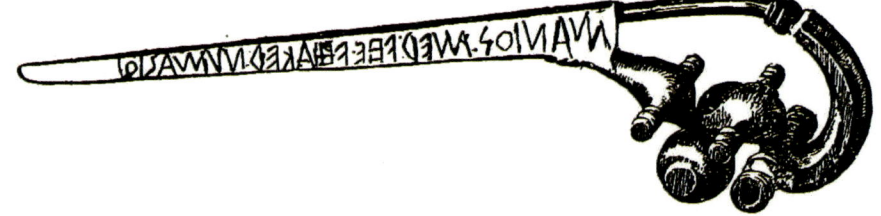

쁘라이네스떼銘文(650 BC)은 初期라전어(12,000~350 BC)의 重複음절他動詞(Rvt.) 그

형성과정을 위와 같이 엿보이며 이들 네 字 가운데 우측에서 셋째 重複音節타동사의 全과 거활용어형은 'fhefhaked'(古典라전어 'fecit'; ⟨Manios made me for Numasios⟩; ← FHE·FHAK·ED←DE·KAHF·EHF)로 구성되었다. 이는 최대한 세밀하게 'fh+e+fhak +e+d'(→f+e+fac+i+t; 重複자음·增모음·어근·호조음·3인칭單數활용어미)로 분석 되며, 'fácĕre'는 中世한어 'ㅎ-'의 二次동원어이다.

(마-24) Ⓛ '+i+t+a+t+ión+e+m'→Ⓔ '+ø$_{bis}$':

(라-24-2) Ⓛ med+i+t+a+t+ión+e+m→^{N}Ⓕ/^{M}Ⓔ/Ⓔ/^{M}Ⓕ/Ⓕ/Ⓖ/Ⓟ/Ⓢ +ø$_{bis}$; Ⓘ +e+ø:

◆: Ⓛ meditatiónem; ^{N}Ⓕ meditatïon; ^{M}Ⓔ meditaciön; Ⓔ meditation; ^{M}Ⓕ/Ⓕ méditation; Ⓖ Meditation; Ⓘ meditazione; Ⓟ meditação; Ⓢ meditación;

■: méditor, átus sum, +ári, Dvif./vtf.(D-I), 명상하다; meditátio, ónis, f., 명상;

●: cf., modus, i, m.(Ⅱ-A), 樣式; Osc. meddíss, Hel. medomai, OIr. midiur 'to think,' Goth. mitan 'to measure'

(마-24) Ⓛ '+i+t+a+t+ión+e+m'→Ⓔ '+y+ø$_{bis}$':

(라-24-3) Ⓛ dorm+i+t+a+t+ión+e+m→^{N}Ⓕ/Ⓟ +ø$_{bis}$→Ⓔ +y+ø$_{bis}$; ^{M}Ⓕ/Ⓕ/Ⓘ +e+ø; Ⓢ dormitorio:

◆: Ⓛ dormitatiónem; ^{N}Ⓕ dormitacïon; Ⓔ dormancy; ^{M}Ⓕ/Ⓕ dormance; Ⓘ dormitazione; Ⓟ dormitação; Ⓢ dormitorio;

■: dórmio, ívi/íi, íre, vi.(Ⅳ), 잠자다; dormíto, ávi, átum. vif.(I), 졸다; dormitátio, ónis, f.(Ⅲ-A), 졸음;

●: Ⓔ/^{M}Ⓕ/Ⓕ '+nc+y/e'←'+nt+y/e'

(마-24) Ⓛ '+i+t+a+t+ión+e+m'→Ⓔ '+ø$_{bis}$':

(라-24-4) ^{M}Ⓛ exercit+a+t+ión+e+m→^{N}Ⓕ +a+c+ïon+ø$_{bis}$→^{M}Ⓔ +a+c+ioun+ø$_{bis}$→

Ⓔ/Ⓕ +a+t+ion+ø$_{bis}$; Ⓘ exercizio; Ⓟ exercício; Ⓢ ejercicio;

◆: ^{M}Ⓛ exercitatiónem; ^{N}Ⓕ exercitacïon; ^{M}Ⓔ exercitacioun; Ⓔ/Ⓕ exercitation; Ⓘ exercizio; Ⓟ exercício; Ⓢ ejercicio

■: árceo, cŭi, ére, vt.(Ⅱ), 단속하다; exército, ávi, átum, +áre, vtj., 猛訓練시키다; exercitátio, ónis, f., 연습·훈련;

◉$_1$: 'exérceo'←'árceo': 高舌化;

◉$_2$: '+áre'는 여타 동사활용(Ⅲ/Ⅳ/Ⅱ)이나 명사·형용사에서 反復·强調동사(vtf./vtj.)로 轉成될 경우 第一活用의 主部(現在不定詞)이며 이는 본서에서 '第一活用化(*Prima Conjugationizátio*)로 일컫고 '+áre/+ári'로 표기된다.

(마-25) Ⓛ '+u+a+t+ión+e+m' → Ⓔ '+ø$_{bis}$':

(라-25-1) Ⓛ fluct+u+a+t+ión+e+m → ^{N}Ⓕ/Ⓔ/^{M}Ⓕ/Ⓕ/Ⓖ/Ⓟ/Ⓢ +ø$_{bis}$; Ⓘ +e+ø:

◆: Ⓛ fluctuatiónem; ^{N}Ⓕ fluctuatïon; Ⓔ/^{M}Ⓕ/Ⓕ fluctuation; Ⓖ Fluktuation; Ⓘ fluttuazione; Ⓟ flutuação; Ⓢ fluctuación;

■: fluo, fluxi, fluxum, ĕre, Σvi.(Ⅲ-A), 흐르다; fluctus, us, m.(Ⅳ-A), 파도; flúctuo, ávi, átum, +áre, vi.(Ⅰ), 파도가 일다; fluctuátio, ónis, f.(Ⅲ-A), 動搖;

◉: '+u+': 호조음

(마-26) Ⓛ '+i+t+ión+e+m' → Ⓔ '+ø$_{bis}$':

(라-26-1) Ⓛ expos+i+t+ión+e+m → ^{N}Ⓕ/^{M}Ⓔ/Ⓔ/^{M}Ⓕ/Ⓕ/Ⓟ/Ⓢ +ø$_{bis}$; Ⓘ +e+ø:

◆: Ⓛ expositiónem; ^{N}Ⓕ esposicïon; ^{M}Ⓔ exposicioun; Ⓔ/^{M}Ⓕ/Ⓕ exposition; Ⓘ esposizione; Ⓟ esposição; Ⓢ esposición;

■: pono, pósui, pósitum, ĕre, Σvt.(Ⅲ-A), 놓다; expóno, pósui, pósitum, ĕre, Σvt.(Ⅲ-A), 내놓다; expositio, ónis, f.(Ⅲ-A), 展示

(마-27) Ⓛ '+v+a+t+ión+e+m' →Ⓔ '+ø$_{bis}$':

(라-27-1) Ⓛ sal+v+a+t+ión+e+m→^{N}Ⓕ/^{M}Ⓔ/^{M}Ⓕ/Ⓕ/Ⓔ/Ⓢ/Ⓟ +ø$_{bis}$; Ⓘ ø:

◆: Ⓛ salvatiónem; ^{N}Ⓕ salvacïon; ^{M}Ⓔ salvacioun; ^{M}Ⓕ/Ⓕ/Ⓔ salvation; Ⓘ ø; Ⓢ salvação; Ⓟ salvación;

■: salvus, a, um, adj.(II-I-II-a), 탈없는; salvo, ávi, átum, +áre, vt.(I), 구출하다; salvátio, ónis, f.(III-A), 구출;

◉$_1$: '+v+': 호조음;

◉$_2$: Ⓛ 'salváre'(<to rescue>)←'salvus'(<safe>)←'salus'(salútis, f.(III-A), <safety>)←'sol'(solis, m.(III-A), <the sun>)∞OK(百濟) '*살; *살-'(<a human; to live>)

(마-28) Ⓛ '+p+t+ión+e+m' →Ⓔ '+ø$_{bis}$':

(라-28-1) ^{M}Ⓛ Assum+p+t+ión+e+m→^{N}Ⓕ/^{M}Ⓔ/Ⓔ/^{N}Ⓕ/Ⓕ/Ⓢ +ø$_{bis}$; Ⓘ +e+ø̸

◆: ^{M}Ⓛ Assumptiónem; ^{N}Ⓕ Assompcïon; ^{M}Ⓔ Assumpcioun; Ⓔ Assumption; ^{N}Ⓕ/Ⓕ Assomption; Ⓘ Assunzione; Ⓢ asunción;

■: sumo, sumpsi, sumptum, ěre, Σvt.(III-A), 取하다; as(←ad)+sumo, sumpsi, sumptum, ěre, Σvt.(III-A), 섭취하다; Assúmptio, ónis, f.(III-A), 취득/夢召昇天;

◉: '+p+': 호조음(←초기幹모음; +ĕ$_1$+)

(마-28) Ⓛ '+p+t+a+t+ión+e+m' →Ⓔ '+ø$_{bis}$':

(라-28-2) Ⓛ tem+p+tat+ión+e+m→^{N}Ⓕ/^{M}Ⓔ/Ⓔ/^{M}Ⓕ/Ⓕ/Ⓟ/Ⓢ +ø$_{bis}$; Ⓘ +e+ø̸

◆: Ⓛ temptatiónem; ^{N}Ⓕ temptacïon; ^{M}Ⓔ tentaciün; Ⓔ temptation; ^{M}Ⓕ/Ⓕ tentation; Ⓘ tentazione; Ⓟ tentação; Ⓢ tentación;

■: tendo, teténdi, tentum/tensum, ěre, Rvt.(III-A), 펼치다; temto/tento, ávi, átum, áre, vtf.(I), 유혹하다; temptátio, ónis, f.(III-A), 유혹;

◉: '+p+t': 호조음-轉成接詞(反復動詞←一般動詞)

(따-29) Ⓛ '+u+t+ión+e+m'→Ⓔ '+ø_{bis}':

(라-29-1) Ⓛ retrib+u+t+ión+e+m→^NⒻ/Ⓔ/Ⓟ/Ⓢ +ø_{bis}; ^MⒻ/Ⓕ ø; Ⓘ +e+ø

◆: Ⓛ retributiónem; ^NⒻ retributïon; Ⓔ retribution; ^MⒻ/Ⓕ ø; Ⓘ retribuzione; Ⓟ retribuição; Ⓢ retribución;

■: tribus, us, f.(IV-A), 部族; tríbuo, bŭi, útum, ĕre, vt.(III-A), 분배하다; retríbuo, bŭi, útum, ĕre, vt.(III-A), 보상하다; retribútio, ónis, f.(III-A), 보상

(따-30) Ⓛ '+or+e+m'→Ⓔ '+ø_{bis}':

(라-30-1) Ⓛ vig+ór+e+m→^NⒻ/^MⒺ/Ⓔ/^MⒻ/Ⓕ/Ⓟ/Ⓢ +ø_{bis}; Ⓘ +e+ø

◆: Ⓛ vigórem; ^NⒻ/^MⒺ/Ⓔ vigour; ^MⒻ/Ⓕ vigueur; Ⓘ vigore; Ⓟ/Ⓢ vigor;

■: vigére: 上同; vigor, óris, m.(III-A), 氣力;

◉: '+ór+': 轉成接詞(名詞←動詞)

(따-31) Ⓛ '+tát+e+m'→Ⓔ '+y+ø_{bis}':

(라-31-1) ^MⓁ iniqui+tát+e+m→^NⒻ/^MⒺ +é/ë+ø→Ⓔ +y+ø_{bis}; Ⓕ +é+ø; Ⓘ/Ⓢ +ø_{bis}; Ⓟ +e+ø;

◆: ^MⓁ iniquitátem; ^NⒻ iniqvité; ^MⒺ iniqvtë; Ⓔ iniquity; Ⓕ inquité; Ⓘ iniquità; Ⓟ iniquidade; Ⓢ iniquidad;

■: æquus: 上同; iníquus(←in+ æquus), a, um, adj.(II-I-II-a), 불공평한; iníquitas, átis, f.(III-A), 不義;

◉_i: 'iníquitas'←in+ǽquitas): 高舌化(+í+←+ǽ+);

◉₂: Ⓔ '+y': 上同

(마-31) Ⓛ '+tát+e+m'→Ⓔ '+y+ø_{bis}':
(라-31-2) Ⓛ majes+tát+e+m→ᴺⒻ/ᴹⒺ +ø_{bis}→Ⓔ +y+ø_{bis}; ᴹⒻ/Ⓕ/Ⓖ/Ⓘ/Ⓢ +ø_{bis};
Ⓟ +e+ø:
◆: Ⓛ majestátem; ᴺⒻ majestet; ᴹⒺ majestë; Ⓔ majesty; ᴹⒻ/Ⓕ majesté;
Ⓖ Majestät; Ⓘ maestà; Ⓟ majestade; Ⓢ majestad:
■: major, majus, óris, adj.comp.(Ⅲ-a), 더 큰; majéstas, átis, f.(Ⅲ-A), 위엄;
◉: Ⓔ '+y': 上同

(마-32) Ⓛ '+e+tát+e+m'→Ⓔ '+y+ø_{bis}':
(라-32-1) Ⓛ pi+e+tát+e+m→ᴺⒻ/ᴹⒻ/Ⓕ/Ⓘ/Ⓢ +ø_{bis}→Ⓔ +y+ø_{bis}; Ⓟ +e+ø:
◆: Ⓛ pietátem; ᴺⒻ pietet; ᴹⒻ/Ⓕ piété; Ⓔ piety; Ⓘ pietà; Ⓟ piedade;
Ⓢ piedad:
■: pius, a, um, adj.(Ⅱ-Ⅰ-Ⅱ-a), 효성스러운; píetas, átis, f.(Ⅲ-A), 효도;
◉₁: '+e+': 호조음;
◉₂: Ⓔ '+y': 上同

(마-32) Ⓛ '+e+tát+e+m'→Ⓔ '+y+ø_{bis}':
(라-32-2) Ⓛ impi+e+tát+e+m→Ⓕ +ø_{bis}→Ⓔ +y+ø_{bis}; ᴹⒻ/Ⓕ/Ⓘ/Ⓢ +ø_{bis}; Ⓟ +e+ø:
◆: impietátem; ᴺⒻ impïetet; Ⓔ impiety; ᴹⒻ/Ⓕ impiété; Ⓘ impietà;
Ⓟ impiedade; Ⓢ impiedad:
■: pius, a, um, adj., 효성스러운; ímpius, a, um, adj., 불효의; impíetas, átis, f., 불효;
◉₁: '+e+': 上同;

●₂ Ⓔ '+y': 上同

(마-33) Ⓛ '+i+e+tát+e+m'→Ⓔ '+y+ø_{bis}':

(라-33-1) Ⓛ var+i+e+tát+e+m→ᴺⒻ/ᴹⒻ/Ⓕ/Ⓘ/Ⓢ/Ⓘ/Ⓢ +ø_{bis}→Ⓔ +y+ø_{bis}; Ⓟ +e+ø:

◆: Ⓛ varietátem; ᴺⒻ varietet; Ⓔ variety; ᴹⒻ/Ⓕ variété; Ⓘ varietà; Ⓟ variedade; Ⓢ variedad;

■: várius, a, um, adj.(II-I-II-a), 잡다한; varíetas, átis, f.(III-A), 잡다함;

●_i: '+i+e+': 一次·二次호조음;

●₂ Ⓔ '+y': 上同

(마-34) Ⓛ '+i+tát+e+m'→Ⓔ '+y+ø_{bis}':

(라-34-1) Ⓛ auc+t+or+i+tát+e+m; ᴺⒻ +ø_{bis}→ᴹⒺ +e+ø→Ⓔ +y+ø_{bis}; ᴹⒻ/Ⓕ +é+ø; Ⓖ +ø_{bis}; Ⓘ/Ⓢ +ø_{bis}; Ⓟ +e+ø:

◆: Ⓛ auctoritátem; ᴺⒻ auctoritet; ᴹⒺ auctorite; Ⓔ authority; ᴹⒻ/Ⓕ autorité; Ⓖ Autorität; Ⓘ autorità; Ⓟ autoridade; Ⓢ autoritad;

■: áugeo, auxi, auctum, ére, Σvt.(II), 증가시키다; auctor, óris, m.(III-A), 권위자; auctóritas, átis, f.(III-A), 권위;

●_i: 'auxi'(/auksi/): ς-相; 旣完相(직설법)·未完相(명령법); 'Σv.': 시그마動詞(verbum sigmáticum); 'Σvi./vt.': ς-아오리스트自動詞·他動詞;

●₂ 'auc+'←'aug+'; '+t+': 과거분사接辭; '+or+': 轉成접사(명사←과거분사);

●₃ Ⓔ '+y': 上同

(마-34) Ⓛ '+i+tát+e+m'→Ⓔ '+y+ø_{bis}':

(라-34-2) Ⓛ antiqu+i+tát+e+m→ᴺⒻ +ø_{bis}→Ⓔ +y+ø_{bis}; ᴹⒻ/Ⓕ +é+ø; Ⓖ +e+ø;

ⓘ/Ⓢ +ø$_{bis}$; Ⓟ +e+ø:

◆: Ⓛ antiquitátem; ^{N}Ⓕ antiquitet; Ⓔ antiquity; Ⓕ antiquité; Ⓖ Antike; Ⓘ antichità; Ⓟ antiguidade; Ⓢ antigüedad;

■: ante, adv., 앞에; antíquus, a, um, adj.(II-I-II-a), 오래된; antíquitas, átis, f.(III-A), 고대·고대문물;

◉: Ⓔ '+y': 上同

(마-34) Ⓛ '+i+tát+e+m' → Ⓔ '+y+ø$_{bis}$':

(라-34-3) Ⓛ ariditát+e+m → ^{N}Ⓕ +ø$_{bis}$ → Ⓔ +y+ø$_{bis}$; ^{M}Ⓕ/Ⓕ +é+ø; ⓘ/Ⓟ/Ⓢ +ø$_{bis}$:

◆: Ⓛ ariditátem; ^{N}Ⓕ ariditet; Ⓔ aridity; ^{M}Ⓕ/Ⓕ ardité; Ⓘ aridità; Ⓟ/Ⓢ ardez:

■: áridus, a, um, adj.(II-I-II-a), 건조한; aríditas, átis, f.(III-A), 건조함;

◉: Ⓔ '+y': 上同

(마-34) Ⓛ '+i+tát+e+m' → Ⓔ '+y+ø$_{bis}$':

(라-34-4) Ⓛ auster+i+tát+e+m → ^{N}Ⓕ/^{M}Ⓔ +e+ø → Ⓔ +y+ø$_{bis}$; Ⓕ +é+ø; ⓘ/Ⓢ +ø$_{bis}$; Ⓟ +e+ø:

◆: Ⓛ austeritátem; ^{N}Ⓕ/^{M}Ⓔ austerite; Ⓔ austerity; Ⓕ austérité; Ⓘ austerità; Ⓟ austeridade; Ⓢ austeridad;

■: austérus, a, um, adj.(II-I-II-a), 시큼한; austéritas, átis, f.(III-A), 시큼한 맛;

◉: Ⓔ '+y': 上同

(마-34) Ⓛ '+i+tát+e+m' → Ⓔ '+y+ø$_{bis}$':

(라-34-4) Ⓛ benign+i+tát+e+m → ^{N}Ⓕ +i+tet+ø$_{bis}$ → ^{M}Ⓔ +ë+ø → Ⓔ +y+ø$_{bis}$; Ⓕ +é+ø; ⓘ/Ⓢ +ø$_{bis}$; Ⓟ +e+ø:

◆: ⓛ benignitátem; ᴺⒻ benignitet; ᴹⒺ benignitë; Ⓔ benignity; Ⓕ bénignité; Ⓘ benignità; Ⓟ benignidade; Ⓢ benignidad;

■: benígnus, a, um, adj.(Ⅱ-Ⅰ-Ⅱ-a), 친절한; benígnitas, átis, f.(Ⅲ-A), 호의, 친절;

◉: Ⓔ '+y': 上同

(마-34) ⓛ '+i+tát+e+m' → Ⓔ '+y+ø$_{bis}$':

(라-34-5) ⓛ car+i+tát+e+m → ᴺⒻ/ᴹⒺ +ø$_{bis}$ → Ⓔ +y+ø$_{bis}$; ᴹⒻ/Ⓕ/Ⓘ/Ⓟ +e+ø; Ⓢ +ø$_{bis}$:

◆: ⓛ caritátem → ᴺⒻ charitet → ᴹⒺ charitëd/caritëd → Ⓔ charity; ᴹⒻ/Ⓕ charité; Ⓘ caritate; Ⓟ caridade; Ⓢ caridad;

■: carus, a, um, adj.(Ⅱ-Ⅰ-Ⅱ-a), 사랑스러운; cáritas, átis, f.(Ⅲ-A), 사랑;

◉: Ⓔ '+y': 上同

(마-34) ⓛ '+i+tát+e+m' → Ⓔ '+y+ø$_{bis}$':

(라-34-6) ⓛ clar+i+tát+e+m → ᴺⒻ +ø$_{bis}$ → ᴹⒺ +e+ø → Ⓔ +y+ø$_{bis}$; Ⓕ +é+ø; Ⓘ/Ⓟ/Ⓢ +ø$_{bis}$:

◆: ⓛ claritátem; ᴺⒻ claritet; ᴹⒺ clarte; Ⓔ clarity; Ⓕ clarté; Ⓘ chiarezza; Ⓟ clareza; Ⓢ claridad;

■: clarus, a, um, adj.(Ⅱ-Ⅰ-Ⅱ-a), 밝은; cláritas, átis, f.(Ⅲ-A), 밝음;

◉$_i$: '+i+; +e+': 호조음;

◉$_e$: Ⓔ '+y': 上同

(마-34) ⓛ '+i+tát+e+m' → Ⓔ '+y+ø$_{bis}$':

(라-34-7) ⓛ de+i+tát+e+m → ᴺⒻ +ø$_{bis}$ → ᴹⒺ +ë+ø → Ⓔ +y+ø$_{bis}$; ᴹⒻ/Ⓕ +é+ø; Ⓘ/

Ⓢ +ø*bis*; Ⓟ +e+ø:

◆: Ⓛ deitátem; ᴺⒻ dëitet; ᴹⒺ deitë; Ⓔ deity; ᴹⒻ/Ⓕ déité; Ⓘ divinità; Ⓟ divinidade; Ⓢ deidad;

◼: deus, i, m.(II-A), 神; déitas, átis, f.(III-A), 神性;

⬤*₁*: 'deus, i, m..': pl.nom./voc.: 'dei/dĭi/di'; gen.: 'deórum/deum'; dat./abl.: 'deis/diis/dis'; acc.: 'deos'; 'Deus, i, m., (유대-기독교의) <하느님>';

⬤*₂*: Ⓔ '+y': 上同

(마-34) Ⓛ '+i+tát+e+m' → Ⓔ '+y+ø*bis*':

(라-34-8) Ⓛ in dign+i+tát+e+m → Ⓕ +ø*bis* → Ⓔ +y+ø*bis*; ᴹⒻ/Ⓕ +é+ø; Ⓘ/Ⓢ +ø*bis*; Ⓟ +e+ø:

◆: Ⓛ in dignitátem; ᴺⒻ in dignitet; Ⓔ in dignity; ᴹⒻ/Ⓕ dignité/in dignité; Ⓘ dignità/in dignità; Ⓟ dignitade/in dignidade; Ⓢ dignidad/in dignidad;

◼: decére/dignus/in dígnus: 上同; dígnitas/in dígnitas, átis, f.(III-A), 품위/부당함;

⬤: Ⓔ '+y': 上同

(마-34) Ⓛ '+i+tát+e+m' → Ⓔ '+y+ø*bis*':

(라-34-9) Ⓛ fecund+i+tát+e+m → ᴺⒻ +ø*bis* → Ⓔ +y+ø; ᴹⒻ/Ⓕ +é+ø; Ⓘ/Ⓢ +ø*bis*; Ⓟ +e+ø:

◆: Ⓛ fecunditátem; ᴺⒻ feconditet; Ⓔ fecundity; ᴹⒻ/Ⓕ fécondité; Ⓘ fecondità; Ⓟ fecundidade; Ⓢ fecundidad;

◼: fecúndus, a, um, adj.(II-I-II-a), 비옥한; fecúnditas, átis, f.(III-A), 肥沃;

⬤: Ⓔ '+y': 上同

(마-34) ⓛ '+i+tát+e+m'→Ⓔ '+y+ø$_{bis}$':

(라-34-10) ⓛ malign+i+tát+e+m→^{N}Ⓕ +é+ø→^{M}Ⓔ +ee+ø→Ⓔ +y+ø$_{bis}$; ^{M}Ⓕ/Ⓕ +é+ø; Ⓘ/Ⓢ +ø$_{bis}$; Ⓟ +e+ø:

◆: ⓛ malignitátem; ^{N}Ⓕ malignité; ^{M}Ⓔ malignitee; Ⓔ malignity; ^{M}Ⓕ/Ⓕ malignité; Ⓘ malignità; Ⓟ malignidade; Ⓢ malignidad;

■: malus/génere/gígnere/malígnus: 上同; malígnitas, átis, f.(Ⅲ-A), 심술

◉$_1$: 'malígnitas': 合成명사(+i+: 連結모음);

◉$_2$: Ⓔ '+y': 上同

(마-34) ⓛ '+i+tát+e+m'→Ⓔ '+y+ø$_{bis}$':

(라-34-11) ⓛ human+i+tát+e+m→^{N}Ⓕ +ø$_{bis}$→^{M}Ⓔ +ë+ø→Ⓔ +y+ø$_{bis}$; ^{M}Ⓕ/Ⓕ +é+ø; Ⓖ +ø$_{bis}$; Ⓘ/Ⓢ +ø$_{bis}$; Ⓟ +e+ø:

◆: ⓛ humanitátem; ^{N}Ⓕ humanitet; ^{M}Ⓔ humanitë; Ⓔ humanity; ^{M}Ⓕ/Ⓕ humanité; Ⓖ Humanität; Ⓘ umanità; Ⓟ humanidade; Ⓢ humanidad;

■: homo, mĭnis, m., 사람; humánus, a, um, adj., 사람다운; humánitas, átis, f., 인간성;

◉: Ⓔ '+y': 上同

(마-34) ⓛ '+i+tát+e+m'→Ⓔ '+y+ø$_{bis}$':

(라-34-12) ⓛ humil+i+tát+e+m→^{N}Ⓕ/^{M}Ⓕ/Ⓕ +é+ø→^{M}Ⓔ +ë+ø→Ⓔ +y+ø$_{bis}$; Ⓘ/Ⓢ +ø$_{bis}$; Ⓟ +e+ø:

◆: ⓛ humilitátem; ^{N}Ⓕ/^{M}Ⓕ/Ⓕ humilité; ^{M}Ⓔ humilitë; Ⓔ humility; Ⓘ umiltà; Ⓟ humildade; Ⓢ humildad;

■: humus/húmilis: 上同; humílitas, átis, f.(Ⅲ-A), 겸손;

◉: Ⓔ '+y': 上同

(마-34) Ⓛ '+i+tát+e+m'→Ⓔ '+y+ø$_{bis}$':

(라-34-13) Ⓛ necess+i+tát+e+m→^{N}Ⓕ/^{M}Ⓔ/^{M}Ⓕ/Ⓕ/Ⓘ/Ⓢ +ø$_{bis}$→Ⓔ +y+ø$_{bis}$; Ⓟ +e+ø:

◆: Ⓛ necessitátem; ^{N}Ⓕ necessité; ^{M}Ⓔ necessitë; Ⓔ necessity; ^{M}Ⓕ/Ⓕ nécessité; Ⓘ necessità; Ⓟ necessidade; Ⓢ necesidad:

■: necésse: 上同; necéssitas, átis, f.(Ⅲ-A), 필연성;

◉: Ⓔ '+y': 上同

(마-34) Ⓛ '+i+tát+e+m'→Ⓔ '+y+ø$_{bis}$':

(라-34-14) Ⓛ qual+i+tát+e+m→^{N}Ⓕ/^{M}Ⓔ/^{N}Ⓕ/Ⓕ/Ⓖ/Ⓘ/Ⓢ +ø$_{bis}$→Ⓔ +y+ø$_{bis}$; Ⓟ +e+ø:

◆: Ⓛ qualitátem; ^{N}Ⓕ qualitet; ^{M}Ⓔ qualitë; Ⓔ quality; ^{N}Ⓕ/Ⓕ qualité; Ⓖ Qualität; Ⓘ qualità; Ⓟ qualidade; Ⓢ calidad:

■: qualis, e, adj.interr.(Ⅲ-A), 어떠한; quálitas, átis, f.(Ⅲ-A), 性品;

◉: Ⓔ '+y': 上同

(마-34) Ⓛ '+i+tát+e+m'→Ⓔ '+y+ø$_{bis}$':

(라-34-15) Ⓛ obscur+i+tát+e+m→^{N}Ⓕ +ø$_{bis}$→Ⓔ +y+ø$_{bis}$; ^{M}Ⓕ/Ⓕ/Ⓘ/Ⓢ +ø$_{bis}$; Ⓟ +e+ø:

◆: Ⓛ obscuritátem; ^{N}Ⓕ obscurtet; Ⓔ obscuririty; ^{M}Ⓕ/Ⓕ obscuririté; Ⓘ oscurità; Ⓟ obscuridade; Ⓢ oscuridad:

■: obscúrus, a, um, adj.(Ⅱ-Ⅰ-Ⅱ-a), 어두운; obscúritas, átis, f.(Ⅲ-A), 불확실; obscúro, ávi, átum, +áre, vt.(Ⅰ), 어둡게 하다

◉$_1$: '+*scurus'; cf., 梵語 'skunati,' <to jump>; 英語 'sky,' <cloud>; cf., 고

대那威語(ON) 'skȳ'∞古代영어 'scuwa,' <shade; shadow>;

◉₂: Ⓔ '+y': 上同

(마-34) Ⓛ '+i+tát+e+m'→Ⓔ '+y+ø_{bis}':

(라-34-16) Ⓛ solemn+i+tát+e+m→ᴺⒻ/ᴹⒺ +ø_{bis}→Ⓔ +y+ø_{bis}; ᴹⒻ/Ⓕ/Ⓘ/Ⓢ +ø_{bis};
Ⓟ +e+ø

◆: Ⓛ solemnitátem; ᴺⒻ solennität; ᴹⒺ solempinetë; Ⓔ solmnity; ᴹⒻ/Ⓕ solennité; Ⓘ solennità; Ⓟ solennidade; Ⓢ solemnidad:

■: sollus, a, um, adj.(II-I+II-a), 온·전체의; sollémnis, e, adj.(III-b), 연례적·성대한; sollémnitas/solémnitas, átis, f.(III-A), 장엄·大祝日;

◉₁: 'sollémnis'(←sollus+annus); annus, i, m.(II-A), 해·年;
◉₂: Ⓔ '+y': 上同

(마-34) Ⓛ '+i+tát+e+m'→Ⓔ '+y+ø_{bis}':

(라-34-16) Ⓛ prosper+i+tát+e+m→ᴺⒻ/ᴹⒺ/ᴹⒻ/Ⓕ/Ⓘ/Ⓢ +ø_{bis}→Ⓔ +y+ø_{bis};
Ⓟ +e+ø:

◆: Ⓛ prosperitátem; ᴺⒻ prosperitet; ᴹⒺ prosperité; Ⓔ prosperity; ᴹⒻ/Ⓕ prospérité; Ⓘ prosperità; Ⓟ prosperidade; Ⓢ prosperidad:

■: spécio, spexi, spéctum, ĕre, Σvi.(III-B), 보다; pro(←pro, prep., <for; forwards>)+spício, spexi, spéctum, ĕre, Σvi.(III-B), 멀리 바라보다; prosper, ĕra, ĕrum, adj.(II-I-II-b), 번창하는; prospéritas, átis, f.(III-A), 번영;

◉: Ⓔ '+y': 上同

(마-34) Ⓛ '+i+tát+e+m'→Ⓔ '+y+ø_{bis}':

(라-34-17) Ⓛ subtil+i+tát+e+m→ⁿⒻ/ᴹⒺ/ᴹⒻ/Ⓕ/Ⓖ +ø_bis→Ⓔ +y+ø; Ⓘ/Ⓟ/Ⓢ +a+ø:

◆: Ⓛ subtilitátem; ᴺⒻ sotilleté; ᴹⒺ suteltë; ᴹⒻ/Ⓕ subtilité; Ⓔ subtlety;
Ⓖ Subtilität; Ⓘ sottigliezza; Ⓟ/Ⓢ sutileza:

■: tela/subtílis: 上同; subtílitas, átis, f.(Ⅲ-A), 정교함;

◉: Ⓔ '+y': 上同

(마-34) Ⓛ '+i+tát+e+m'→Ⓔ '+y+ø_bis':

(라-34-18) Ⓛ trin+i+tát+e+m→ⁿⒻ/ᴹⒻ/Ⓕ/ᴹⒺ/Ⓖ/Ⓘ/Ⓢ +ø_bis; Ⓔ +y+ø_bis; Ⓟ +e+ø:

◆: Ⓛ trinitátem; ᴺⒻ/ᴹⒻ/Ⓕ trinité; ᴹⒺ trinitë; Ⓔ trinity; Ⓖ Trinität; Ⓘ trinità;
Ⓟ trinidade; Ⓢ trinidad:

■: trini, æ, a, num.distrib.(倍數), 셋씩; trínitas, átis, f.(Ⅲ-A), 3의 수, 삼위일체;

◉: Ⓔ '+y': 上同

(마-34) Ⓛ '+i+tát+e+m'→Ⓔ '+y+ø_bis':

(라-34-19) Ⓛ un+i+tát+e+m→ⁿⒻ/ᴹⒻ/Ⓕ/Ⓘ/Ⓢ +ø_bis→Ⓔ +y+ø_bis; Ⓟ +e+ø:

◆: Ⓛ unitátem; ᴺⒻ unitet; Ⓔ unity; ᴹⒻ/Ⓕ unité; Ⓘ unità; Ⓟ unidade; Ⓢ unidad:

■: unus: 上同; únitas, átis, f.(Ⅲ-A), 단일성;

◉_1: Ⓛ 'unus'∞Ⓗ 'hen'∞^{P/S}Ⓚ '훈';

◉_2: Ⓔ '+y': 上同

(마-34) Ⓛ '+i+tát+e+m'→Ⓔ '+y+ø_bis':

(라-34-20) Ⓛ van+i+tát+e+m→ⁿⒻ/ᴹⒺ/ᴹⒻ/Ⓕ/Ⓘ/Ⓢ +ø_bis→Ⓔ +y+ø_bis; Ⓟ +e+ø:

◆: Ⓛ vanitátem; ᴺⒻ vanitet; ᴹⒺ vanitë; Ⓔ vanity; ᴹⒻ/Ⓕ vanité; Ⓘ vanità;

Ⓟ vaidade; Ⓢ vanidad;

■: vanus, a, um, adj.(Ⅱ-Ⅰ-Ⅱ-a), 공허한; vánitas, átis, f.(Ⅲ-A), 空虛함;

◉: Ⓔ '+y': 上同

(마-34) Ⓛ '+i+tát+e+m'→Ⓔ '+y+ø$_{bis}$':

(라-34-21) Ⓛ ver+i+tát+e+m→ᴺⒻ/ᴹⒻ/Ⓕ/Ⓘ/Ⓢ +ø$_{bis}$→Ⓔ +y+ø$_{bis}$; Ⓟ +e+ø:

◆: Ⓛ veritátem; ᴺⒻ veritet; Ⓔ verity; ᴹⒻ/Ⓕ vérité; Ⓘ verità; Ⓟ verdade; Ⓢ verdad;

■: verus, a, um, adj.(Ⅱ-Ⅰ-Ⅱ-a), 참된; véritas, átis, f.(Ⅲ-A), 진리;

◉: Ⓔ '+y': 上同

(마-34) Ⓛ '+i+tát+e+m'→Ⓔ '+y+ø$_{bis}$':

(라-34-22) Ⓛ virgin+i+tát+e+m→ᴺⒻ/ᴹⒺ/ᴹⒻ/Ⓕ/Ⓘ/Ⓢ +ø$_{bis}$→Ⓔ +y+ø$_{bis}$; Ⓟ +e+ø:

◆: Ⓛ virginitatem; ᴺⒻ virginité; ᴹⒺ virginitë; Ⓔ virginity; ᴹⒻ/Ⓕ virginité; Ⓘ verginità; Ⓟ virgindade; Ⓢ virginidad;

■: virgo: 上同;

◉: Ⓔ '+y': 上同

(마-34) Ⓛ '+i+tát+e+m'→Ⓔ '+y+ø$_{bis}$':

(다-07-1) Ⓗ hairesis→Ⓛ hered+i+tát+e+m→ᴺⒻ +ø$_{bis}$→Ⓔ +y+ø; ᴹⒻ/Ⓕ +é+ø; Ⓘ +à+ø; Ⓟ +e+ø; Ⓢ +a+ø:

◆: Ⓗ hairesis; Ⓛ hereditátem; ᴺⒻ hereditet; Ⓔ heredity; ᴹⒻ/Ⓕ hérédité; Ⓘ eredità; Ⓟ hereditariedade; Ⓢ herencia;

■: Ⓗ hairein, vt., 차지하다; Ⓗ hairesis, eōs, f., 차지하기; heres, édis, c.(Ⅲ

-A), 상속자; heréditas, átis, f.(Ⅲ-A), 相續;

◉: Ⓔ '+y': 上同

(마-35) Ⓛ '+abil+i+tát+e+m'→Ⓔ '+y+ø$_{bis}$':

(라-35-1) Ⓛ st+abil+i+tát+e+m→^{N}Ⓕ +ø$_{bis}$→Ⓔ +y+ø$_{bis}$; ^{M}Ⓕ/Ⓕ/Ⓖ/Ⓘ stabilità; Ⓟ +e+ø:

◆: Ⓛ stabilitátem; ^{N}Ⓕ estabilitet; Ⓔ stability; ^{M}Ⓕ/Ⓕ stabilité; Ⓖ Stabilität; Ⓘ stabilità; Ⓟ estabilidade; Ⓢ estabilidad:

■: stō, stēti, státum, āre, Rvi.(I), 서 있다; stábilis, e, adj.(Ⅲ-b), 견고한; stabílitas, átis, f.(Ⅲ-A), 견고함;

◉$_1$: 'e+': 語頭호조음;

◉$_2$: Ⓔ '+y': 上同

(마-36) Ⓛ '+bil+i+tát+e+m'→Ⓔ '+y+ø$_{bis}$':

(라-36-1) Ⓛ no+bil+i+tát+e+m→^{N}Ⓕ/^{M}Ⓔ/^{M}Ⓕ/Ⓕ/Ⓘ/Ⓟ/Ⓢ +ø$_{bis}$→Ⓔ +y+ø$_{bis}$:

◆: Ⓛ nobilitátem; ^{N}Ⓕ nobilitet/nobleté; ^{M}Ⓔ nobletë; Ⓔ nobility; ^{M}Ⓕ/Ⓕ nobilité; Ⓘ nobilità; Ⓟ/Ⓢ nobreza;

■: nóscere/nóbilis: 上同; nobílitas, átis, f.(Ⅲ-A), 유명함·귀족;

◉$_1$: Ⓛ '+bil+': 上同

◉$_2$: Ⓔ '+y': 上同

(마-37) Ⓛ '+ic+i+tát+e+m'→Ⓔ '+y+ø$_{bis}$':

(라-37-1) Ⓛ simpl+ic+i+tát+e+m→^{N}Ⓕ/^{M}Ⓔ/^{M}Ⓕ/Ⓕ/Ⓘ/Ⓢ +ø$_{bis}$→Ⓔ +y+ø$_{bis}$; Ⓟ +e+ø:

◆: Ⓛ simplicitátem→ᴺⒻ/ᴹⒺ simplete→Ⓔ simplicity; ᴹⒻ/Ⓕ simpleté; Ⓘ semplicità; Ⓟ simplicidade; Ⓢ simplicidad;

■: simplex: 上同; simplícitas, átis, f.(Ⅲ-A), 단순함;

◉$_1$: Ⓛ '+ic+i+tát+': 轉成接辭(形容詞←動詞)·호조음·轉成接辭(名詞←形容詞);

◉$_2$: Ⓔ '+y': 上同

(마-38) Ⓛ '+il+i+tát+e+m'→Ⓔ '+y+ø$_{bis}$':

(라-38-1) Ⓛ util+il+i+tát+e+m→ᴺⒻ/ᴹⒻ/Ⓕ/Ⓘ/Ⓢ +ø$_{bis}$→Ⓔ +y+ø$_{bis}$; Ⓟ +e+ø:

◆: Ⓛ utililitátem; ᴺⒻ utilitet; Ⓔ utility; ᴹⒻ/Ⓕ utilitaire; Ⓘ utilità; Ⓟ utilidade; Ⓢ utilidad;

■: uti/útilis: 上同; utílitas, átis, f.(Ⅲ-A), 유익성;

◉$_1$: '+il+i+tát+': 轉成接辭(形容詞←動詞)·호조음·轉成接辭(名詞←形容詞);

◉$_2$: Ⓔ '+y': 上同

(마-38) Ⓛ '+a+t+iv+i+tát+e+m'→Ⓔ '+y+ø$_{bis}$':

(라-38-1) Ⓛ n+a+t+iv+i+tát+e+m→ᴺⒻ/ᴹⒺ +ø$_{bis}$→Ⓔ +y+ø$_{bis}$; ᴹⒻ/Ⓕ/Ⓘ/Ⓢ +ø$_{bis}$; Ⓟ +e+ø:

◆: Ⓛ nativitátem; ᴺⒻ nativitet; ᴹⒺ nativitë; Ⓔ nativity; ᴹⒻⒻ nativité; Ⓘ nativita; Ⓟ natividade; Ⓢ natividad:

■: nasci/natívus: 上同; natívitas, átis, f.(Ⅲ-A), 출생;

◉$_1$: Ⓛ '+a+t+; +iv+; +i+; +tát+': 上同$_{1~4}$;

◉$_2$: Ⓔ '+y': 上同

(마-39) Ⓛ '+ul+i+tát+e+m'→Ⓔ '+y+ø$_{bis}$':

(라-39-1) Ⓛ incred+ul+i+tát+e+m→ᴺⒻ +ø_{bis}→Ⓔ +y+ø_{bis}; ᴹⒻ/Ⓕ +é+ø;
Ⓘ +à+ø; Ⓟ +e+ø; Ⓢ +ø_{bis}:

◆: Ⓛ incredulitátem; ᴺⒻ encredulitet; Ⓔ incredulity; ᴹⒻ/Ⓕ incrédulité;
Ⓘ incredulità; Ⓟ incredulidade; Ⓢ incredulidad

■: credo, dĭdi, dĭtum, Rvt., 믿다; crédulus, a, um, adj., 쉽게 믿는; incrédulus, a,
um, adj., 믿지 못할; incredúlitas, átis, f., 不信;

◉_{1}: '+ul+': 형용사 縮小첨사; '+i+': 호조음;

◉_{2}: Ⓔ '+y': 上同

(마-40) '+a+t+ór+e+m'→'+ø_{bis}':

(라-40-1) Ⓛ cre+a+t+ór+e+m→ᴺⒻ/ᴹⒺ +ø_{bis}→Ⓔ +ø_{bis}; ᴹⒻ/Ⓕ +ø_{bis}; Ⓘ +e+ø; Ⓟ/Ⓢ +ø_{bis}:

◆: Ⓛ creatórem; ᴺⒻ/ᴹⒺ creatour; Ⓔ creator; ᴹⒻ/Ⓕ créateur; Ⓘ creatore;
Ⓟ criador; Ⓢ creador;

■: creo, ávi, átum, áre, vt.(I), 창조하다; creátor, óris, m.(III-A), 창조주;

◉: '+a+t+': 第一活用幹모음·과거분사接辭; '+ór+': 轉成접사(명사←과거분사)

(마-41) '+i+t+a+t+ór+e+m'→'+ø_{bis}':

(라-41-1) Ⓛ hab+i+t+a+t+ór+e+m→ᴺⒻ/Ⓔ +ø_{bis}; ᴹⒻ/Ⓕ/Ⓖ/Ⓘ/Ⓟ/Ⓢ ø:

◆: Ⓛ habitatórem; ᴺⒻ habitëor; Ⓔ habitator; ᴹⒻ/Ⓕ/Ⓖ/Ⓘ/Ⓟ/Ⓢ ø:

■: habére/habitáre: 上同; habitátor, óris, m.(III-A), 거주자

(마-42) Ⓛ '+u+m'→Ⓔ '+ø_{bis}':

(나-03) Ⓛ/ˢⒶ/ᴺⒻ/ᴹⒺ/Ⓔ/ᴹⒻ/Ⓕ/Ⓖ/Ⓘ/Ⓟ/Ⓢ:

◆: Ⓛ duplum; ˢⒶ/ᴺⒻ doble; ᴹⒺ duble; Ⓔ/Ⓕ double; Ⓘ doppio; Ⓟ duplo; Ⓢ doble;

▣: duo, æ, o, num.card., 둘; duplum, i, n.(II-D), 갑절·두 배;

◉₁ 'ambo, æ, o, adj., <both>': 유일한 雙數형용사;

◉₂ '+u+'←'+ō+'(末期곡용幹모음·同音箭幹모음)

(마-42) Ⓛ '+u+m'→Ⓔ '+ø_{bis}':
(라-42-1) Ⓛ austr+u+m→ᴺⒻ/ᴹⒺ +e→Ⓔ +ø; ᴹⒻ/Ⓕ +e; Ⓘ/Ⓟ +o:

◆: Ⓛ austrum; ᴺⒻ/ᴹⒺ austere; Ⓔ auster; ᴹⒻ/Ⓕ austère; Ⓘ/Ⓟ austero;

▣: áuster, tri, m.(II-C), 남풍·남쪽·남방

(마-42) Ⓛ '+u+m'→Ⓔ '+ø_{bis}':
(라-42-2) Ⓛ incéns+u+m→ᴺⒻ/ᴹⒺ/ᴹⒻ/Ⓕ/Ⓔ +ø_{bis}; Ⓘ/Ⓟ/Ⓢ +o+ø:

◆: Ⓛ incénsum; ᴺⒻ/ᴹⒺ encens; Ⓔ incense; ᴹⒻ/Ⓕ encens; Ⓘ/Ⓟ incenso; Ⓢ incienso;

▣: incéndo(←incándeo), céndi, cénsum, ĕre, vt., 불붙이다; incénso, ávi, átum, áre, vt., 분향하다; incénsum, i, n., 향·번제·희생

(마-42) Ⓛ '+u+m'→Ⓔ '+ø_{bis}':
(라-42-3) Ⓛ magístr+u+m→ᴺⒻ/Ⓔ/ᴹⒻ/Ⓕ/Ⓖ/Ⓘ/Ⓢ/Ⓟ +ø_{bis}:

◆: Ⓛ magístrum; ᴺⒻ magistre; Ⓔ master; ᴹⒻ/Ⓕ maître; Ⓖ Meister; Ⓘ/Ⓢ maestro; Ⓟ mestre:

▣: magnus, a, um, adj., 큰 magis, adv.comp., 더; magíster, tri, m., 스승

(마-42) Ⓛ '+u+m'→Ⓔ '+ø_{bis}':

(라-42-4) Ⓛ monstr+u+m→^NⒻ/^MⒺ/Ⓔ/^MⒻ/Ⓕ/Ⓖ +ø_{bis}; Ⓘ/Ⓟ/Ⓢ +o+ø:

◆: Ⓛ monstrum; ^NⒻ/^MⒺ monstre; Ⓔ monster; ^MⒻ/Ⓕ monstre; Ⓖ Monster; Ⓘ/Ⓟ monstro; Ⓢ monstruo;

■: monstrum, i, n.(II-D), 괴물;

◉_1: Ⓢ 'monstruo': 호조음;

◉_2: 'monstr+áre'(<to show>): 第一活用化

(마-42) Ⓛ '+u+m'→Ⓔ 'ø':

(라-42-5) Ⓛ mund+u+m→^NⒻ/^MⒺ/Ⓕ/Ⓕ +ø_{bis}→Ⓔ ø; Ⓘ/Ⓟ/Ⓢ +o+ø:

◆: Ⓛ mundum; ^NⒻ/^MⒺ monde; Ⓔ ø; ^MⒻ/Ⓕ monde; Ⓘ mondo; Ⓟ/Ⓢ mundo;

■: mundus, i, m.(II-A), 세상; Ⓔ 'mundane'←Ⓛ mundánus, a, um, adj.(II-I-II-a), 세속적

(마-42) Ⓛ '+u+m'→Ⓔ '+ø_{bis}':

(라-42-6) ^MⓁcant+íc+ul+u+m/+ic+u+m→^NⒻ +ik+e→Ⓔ/^MⒺ +ic+l+e; ^MⒻ/Ⓕ +iqu+e; Ⓘ/Ⓟ/Ⓢ +ic+o:

◆: ^MⓁ cantículum/cánticum; ^NⒻ cantike; Ⓔ/^MⒺ canticle; ^MⒻ/Ⓕ cantique; Ⓘ cantico; Ⓟ cântico; Ⓢ cántico:

■: cano, cécini, cantum, ĕre, Rvi.(III-A), 노래하다; cantículum/cánticum, i, n.(II-D), 독창곡;

◉_1: '+ic+ul+': 호조음·縮小접사

◉_2: 'cantículum/cánticum'(←cano, cécini, cantum, ĕre);

◉_3: '+ic+': 호조음; '+ul+/+l+': 縮小接辭(partículum diminutívum)

(마-42) Ⓛ '+u+m'→Ⓔ '+ø$_{bis}$':

(라-42-7) Ⓛ deféns+u+m→^{N}Ⓕ/^{M}Ⓔ/Ⓔ/^{M}Ⓕ/Ⓕ +ø$_{bis}$; Ⓘ/Ⓟ/Ⓢ +a+ø:

◆: Ⓛ defénsum; ^{N}Ⓕ/^{M}Ⓔ defense; Ⓔ defense; ^{M}Ⓕ/Ⓕ défense; Ⓘ difensa; Ⓟ defesa; Ⓢ defensa;

■: deféndo, féndi, fénsum, ĕre, vt.(Ⅲ-A), 방어하다; defénso, ávi, átum, +áre, vt.(Ⅰ), 방어하다;

◉$_1$: 'defénsum': 대격顚位詞('목적분사'의 개장; particípium supínum; cf., 'defénsu': 탈격顚位詞);

◉$_2$: 'deféndo(←√féndere)': 단일어의 경우 廢語;

◉$_3$: Ⓟ 'defesa(←defensa)': 語中子音탈락;

◉$_4$: √fend∞Skt hán-∞H phon-∞OIr gon-←PIH *gʰhend(h)-

(마-42) Ⓛ '+u+m'→Ⓔ '+ø$_{bis}$':

(라-42-8) ^{M}Ⓛ crucifíx+u+m→^{N}Ⓕ/^{M}Ⓔ/Ⓔ/^{M}Ⓕ/Ⓕ/Ⓖ +ø$_{bis}$; Ⓘ/Ⓟ/Ⓢ +o+ø:

◆: ^{M}Ⓛ crucifíxum; ^{N}Ⓕ/^{M}Ⓔ/Ⓔ/^{M}Ⓕ/Ⓕ crucifix; Ⓖ Kruzifix; Ⓘ crucifisso; Ⓟ crucifixo; Ⓢ crucifijo

■: crux, crucis, f.(Ⅲ-A), 십자가; figo, fixi, fixum, ĕre, Σvt.(Ⅲ-A), 박다; crucifígo, fixi, fixum, ĕre, Σvt.(Ⅲ-A), 십자가에 못 박다; crucifíxus, i, m., 십자가受難像;

◉: '+i+':합성어 連結모음; '+x+': ς-아오리스트

(마-42) Ⓛ '+u+m'→Ⓔ '+ø$_{bis}$':

(라-42-9) Ⓛ occúlt+u+m→^{N}Ⓕ/^{M}Ⓕ/Ⓕ +e+ø→Ⓔ +ø$_{bis}$; Ⓘ +e+ø; Ⓟ/Ⓢ +o+ø:

◆: Ⓛ occúltum; ^{N}Ⓕ/^{M}Ⓕ/Ⓕ occulte; Ⓔ occult; Ⓘ occulte; Ⓟ/Ⓢ oculto;

■: colo, lŭi, cúltum, vt.(Ⅲ-A), 밭갈다; óc(←ob)+culo, cúlui, cúltum, ĕre, vt.(Ⅲ-A), 감추다; occúltus, a, um, p.p.(Ⅱ-Ⅰ-Ⅱ-a), 감추어진; occúltum, i, n.(Ⅱ-D), 비밀

(마-42) Ⓛ '+u+m'→Ⓔ '+ø$_{bis}$':

(라-42-10) Ⓛ patrón+u+m→^{N}Ⓕ/^{M}Ⓔ/Ⓔ/^{M}Ⓕ/Ⓕ/Ⓖ/Ⓟ/Ⓢ +ø$_{bis}$; Ⓘ +o+ø:

◆: Ⓛ patrónum; ^{N}Ⓕ/^{M}Ⓔ/Ⓔ/^{M}Ⓕ/Ⓕ patron; Ⓖ Patron; Ⓘ patrono; Ⓟ/Ⓢ patron:

■: pater: 上同; patrónus, i, m.(Ⅱ-A), 수호자

(마-42) Ⓛ '+u+m'→Ⓔ '+ø$_{bis}$':

(라-42-11) Ⓛ pópul+u+m→^{N}Ⓕ/^{M}Ⓔ/Ⓔ/^{M}Ⓕ/Ⓕ +ø$_{bis}$; Ⓘ/Ⓟ/Ⓢ +o+ø:

◆: Ⓛ pópulum; ^{N}Ⓕ pueple; ^{M}Ⓔ/Ⓔ people; ^{M}Ⓕ/Ⓕ peuple; Ⓘ popolo; Ⓟ povo; Ⓢ pueblo:

■: pópulus, i, m.(Ⅱ-A), 백성·국민:

◉: Ⓔ 'peo**p**le'; Ⓕ 'peu**p**le'; Ⓟ 'po**v**o'; Ⓢ 'pue**b**lo': 語中音縮約$_{1~4}$

(마-42) Ⓛ '+u+m'→Ⓔ '+ø$_{bis}$':

(라-42-12) Ⓛ sepúlcr+u+m→^{N}Ⓕ/^{M}Ⓔ/Ⓔ/^{M}Ⓕ/Ⓕ +ø$_{bis}$; Ⓘ/Ⓟ/Ⓢ +o+ø:

◆: Ⓛ sepúlcrum; ^{N}Ⓕ/^{M}Ⓔ sepulcre; Ⓔ sepulchre; ^{M}Ⓕ/Ⓕ sépulcre; Ⓘ sepolcro; Ⓟ/Ⓢ sepulcro;

■: sepélio, lívi/íi, púltum, íre, vt.(Ⅳ), 파묻다; sepúlchrum, i, n.(Ⅱ-D), 무덤

(마-42) Ⓛ '+u+m'→Ⓔ '+ø$_{bis}$':

(라-42-13) Ⓛ sign+u+m→^{N}Ⓕ/Ⓔ/^{M}Ⓕ/Ⓕ +ø$_{bis}$; Ⓘ/Ⓟ/Ⓢ +o+ø:

◆: Ⓛ signum; ᴺⒻ signe; Ⓔ sign; ᴹⒻ/Ⓕ signe; Ⓘ segno; Ⓟ/Ⓢ signo;
■: signum, i, n.(II-D), 신호·징조

(마-42) Ⓛ '+u+m'→Ⓔ '+ø$_{bis}$':
(라-42-14) Ⓛ tumúltum→Ⓕ/ᴹⒻ/Ⓕ/Ⓔ/Ⓖ +ø$_{bis}$; Ⓘ/Ⓟ/Ⓢ +o+ø;
◆: Ⓛ tumúltum; ᴺⒻ tumulte; ᴹⒻ/Ⓕ tumulte; Ⓔ tumult; Ⓖ Tumult; Ⓘ/Ⓟ/Ⓢ tumulto;
■: túmeo, ére, vi.(II), 골내다; tumúltuo, átum, + áre, vif.(I), 소란스럽다; tumúltus, us, m. (IV-A), 소동

(마-42) Ⓛ '+u+m'→Ⓔ '+ø$_{bis}$':
(거-08) ᴮⒽ/ᴾⒶ/Ⓗ/Ⓛ/ᴹⓁ/ˢⒶ/ᴺⒻ/ᴹⒺ/Ⓔ/ᴹⒻ/Ⓕ/Ⓖ/Ⓟ/Ⓢ/ᴷⓈ/ᴾ/ˢⓀ:
◆: ᴮⒽ Yôsēf→Ⓗ Iōsēph→Ⓛ Joséphum→ᴺⒻ/ᴹⒺ/Ⓔ/Ⓕ/Ⓖ/Ⓟ Joseph; Ⓘ Giuseppe; Ⓢ José; ᴷⓈ 約瑟夫; ᴾ/ˢⓀ 요셉;
■: Joséphus, i, m.(II-A), 요셉;
◉: ᴮⒽ Yôsēf: ⟨He shall add⟩

(마-42) Ⓛ '+u+m'→Ⓔ '+ø$_{bis}$':
(디-01) Ⓛ/ˢⒶ(Ⓝ/Ⓜ/Ⓚ/Ⓦ)/ᴺⒻ/ᴹⒺ/Ⓔ/ᴹⒻ/Ⓕ/Ⓖ(Ⓕ/Ⓖ/Ⓓ/Ⓗ/Ⓞ/Ⓢ)/Ⓘ/Ⓟ/Ⓢ:
◆: Ⓛ diábolum; ˢⒶ dëofol; ᴺⒻ dïable; ᴹⒺ dëofel; Ⓔ devil; ᴹⒻ/Ⓕ diable; Ⓖ Teufel; Ⓕ düüwel; Ⓓ djævel; Ⓗ duivel; Ⓞ djevel; Ⓢ djävul; Ⓘ diavolo; Ⓟ diabo; Ⓢ diablo;
■: diábolus, i, m.(II-A), 악마;
◉$_i$: 'diábolum': 'di+'(←de+; cf., ᴱⓁ): 'di'; ⟨gods⟩); '+ab+': 호조음 '+ol+'(←+ul+):

縮小·輕蔑첨사;

◉₂: ˢⒶ(=Ⓝ/Ⓜ/Ⓚ/Ⓦ): 'dëofol'

(따-42) Ⓛ '+u+m'→Ⓔ '+ø_{bis}':

(대-02) Ⓗ/Ⓛ/ˢⒶ/ᴺⒻ/ᴹⒺ/Ⓔ/ᴹⒻ/Ⓕ/Ⓖ/Ⓘ/Ⓟ/Ⓢ:

◆: Ⓗ diakonos; Ⓛ diácon+u+m; Ⓕ diakon/ˢⒶ diacon; ᴺⒻ/ᴹⒺ diacne; ᴹⒻ diaconesse; Ⓔ/Ⓕ diacon; Ⓖ Diakon; Ⓘ diacono; Ⓟ/Ⓢ diácono;

■: Ⓗ diakonos, u, m.; diáconus, i, m.(II-A), 執事·副祭

(따-42) Ⓛ '+u+m'→Ⓔ '+ø_{bis}':

(대-08) Ⓗ basiliskos→Ⓛ basilísc+u+m→ᴺⒻ/ᴹⒺ/Ⓔ/Ⓖ/ᴺⒻ/Ⓕ +ø; Ⓘ/Ⓟ/Ⓢ +o:

◆: Ⓗ basiliskos→Ⓛ basilíscum→ᴺⒻ basilisc→ᴹⒺ/Ⓔ/Ⓖ basilisk; ᴺⒻ/Ⓕ basilisic; Ⓘ/Ⓟ/Ⓢ basilisco;

■: Ⓗ basiliskos, u, m.; basilíscus, i, m.(II-A), 등지느러미 도마뱀·小王

(따-42) Ⓛ '+u+m'→Ⓔ '+ø_{bis}':

(대-09) Ⓗ embolismos→ᴹⓁ embol+i+s+m+u+m→ᴺⒻ/Ⓔ/ᴹⒻ/Ⓕ/Ⓖ +ø_{bis}; Ⓘ/Ⓟ/Ⓢ +a+ø:

◆: Ⓗ embolismos; ᴹⓁ embolísmum; ᴺⒻ embolisme; Ⓔ embolism; ᴹⒻ/Ⓕ embolie; Ⓖ Embolie; Ⓘ/Ⓟ/Ⓢ embolia;

■: Ⓗ embolismos, u, m.; embolísmus, i, m.(II-A), 附加·塞栓症;

◉₁: 'em+bol+i+s_{1}+m_{1}+o+s'(←emballein←en+ball+ein, vt., 삽입하다);

◉₂: 'bapt+i+s_{2}+m_{2}+o+s'(←bapt+i+z+ein, vt., 침례시키다); '+i+s_{1/2}+': 轉成접사(명사←동사); '+m_{1/2}+': 호조음;

◉₃: Ⓗ 'bapt+i+z+ein'→ᴹⓁ bapt+i+z+á+r+e→ᴺⒻ bapt+i+s+e+r+ø→ᴹⒺ bapt+i+s+e+n+ø→Ⓔ bapt+i+z+e; ᴹⒻ/Ⓕ bapt+i+s+e+r+ø; Ⓘ batt+e+z+a+r+e; Ⓟ bat+i+z+a+r+ø; Ⓢ baut+ i+z+a+r+ø; '+i/e+': 호조음; '+z/s+': 他動詞접사; ᴹ Ⓛ 'baptizáre': 第一活用化;

◉₄: ᶜⓈ as+u+m∞(三次동원어)Ⓗ ei+n+ai∞ᴱⓁ *es+u+m→Ⓛ es+s+e(sum, fui; Avn.; 'es+'; fu+'의 합류; '+s+': 호조음; '+e'(←+m): 잔존형不定詞어미; 'sum; es+' (←*som←*es+mi): 現在時制어근; 'fui; fu+': 過去時制어근; Avn.: 非幹母音中性동사(완전자동사: 존재사; 불완전자동사: 계사); ∞ˢⒶ/ᴹⒺ bë+on→Ⓔ be; ᴹⒻ/Ⓕ être; Ⓖ sein; Ⓘ essere; Ⓟ/Ⓢ ser;

◉₅: Ⓛ 'esse'∞(二次동원어)古代한어 吏頭 '有; 如'(存在辭·述格교착사)→中世한어 '잇+; +아'→現代한어 '있+; +아; +이#'(存在辭·補格교착사·補格교착사)

(마-42) Ⓛ '+u+m'→Ⓔ '+ø_{bis}':
(대-05-1) Ⓗ aggelos→Ⓛ ángel+u+m→ᴺⒻ +e→ᴹⒺ/Ⓔ/ᴹⒻ/Ⓕ/Ⓖ/Ⓢ +ø_{bis}; Ⓘ/Ⓟ +o+ø:

◆: ᴺⒻ angele; ᴹⒺ engel; Ⓔ angel; ᴹⒻ/Ⓕ ange; Ⓖ Engel; Ⓢ ángel; Ⓘ angelo; Ⓟ ango;

■: Ⓗ aggelos, u, m.; ángelus, i, m.(II-A), 천사 전령;

◉: '/ng/'(←'gg'): 희랍알파벳 正書法

(마-42) Ⓛ '+u+m'→Ⓔ '+ø_{bis}':
(대-05-2) Ⓗ archangelos→ᴹⓁ archángel+u+m→ᴺⒻ/ᴹⒺ/Ⓔ/ᴹⒻ/Ⓕ/Ⓖ/Ⓢ +ø_{bis}; Ⓘ/Ⓟ +o+ø:

◆: Ⓗ archangelos→ᴹⓁ archángelum→ᴺⒻ/ᴹⒺ/Ⓔ archangel; Ⓕ archange;

Ⓖ Erzengel; Ⓘ archangelo; Ⓟ arcanjo; Ⓢ arcángel;

■: Ⓗ arch(i)-, prefix, ⟨high⟩; +aggelos: archángelus, i, m., 大天使;

◉₁: 'Ⓖ erz+∞Ⓗ archi+';

◉₂: '/ng/'(←'gg'): 上同

(마-42) Ⓛ '+u+m'→Ⓔ '+ø*bis*':

(다-05-3) ᵐᵗⓀ āb→Ⓗ elephas→Ⓛ elephánt+u+m→ᴺⒻ/ᴹⒺ/Ⓔ/ᴹⒻ/Ⓕ/Ⓖ/Ⓘ/Ⓟ/Ⓢ +ø*bis*:

◆: Ⓛ elephántum; ᴺⒻ/ᴹⒺ olifant; Ⓔ elephant; ᴹⒻ/Ⓕ éléphant; Ⓖ Elefant; Ⓘ/Ⓟ/Ⓢ elefante;

■: ᵐᵗⓀ āb; Ⓗ elephas, antos, m.; elephántus, i, m.(II-A), 코끼리;

◉: ᵐᵗⓀ āb→Ⓗ elephas→Ⓛ elephántus

(마-42) Ⓛ '+u+m'→Ⓔ '+ø*bis*':

(다-05-4) Ⓗ krystallos; Ⓛ crystáll+u+m; ᴺⒻ/ᴹⒺ/Ⓔ/Ⓕ/Ⓖ /Ⓟ/Ⓢ +ø*bis*; Ⓘ +o+ø;

◆: Ⓗ krystallos; Ⓛ crystállum; ᴺⒻ/ᴹⒺ cristal; Ⓔ crystal; Ⓕ cristal; Ⓖ Kristall; Ⓘ cristallo; Ⓟ/Ⓢ cristal;

■: Ⓗ krystallos, u, m.; crystállus, i, m.(II-A), 水晶

(마-42) Ⓛ '+u+m'→Ⓔ '+ø*bis*':

(다-05-5) Ⓗ aggelos→Ⓛ ángel+u+m→ᴺⒻ +e→ᴹⒺ/Ⓔ/ᴹⒻ/Ⓕ/Ⓖ/Ⓢ +ø*bis*; Ⓘ/Ⓟ +o+ø;

◆: ᴺⒻ angele; ᴹⒺ engel; Ⓔ angel; ᴹⒻ/Ⓕ ange; Ⓖ Engel; Ⓢ ángel; Ⓘ angelo; Ⓟ ango;

■: Ⓗ aggelos, u, m.; ángelus, i, m.(II-A), 천사·전령;

⊙: '/ng/'(←'gg'): 희랍알파벳 正書法

(마-42) Ⓛ '+u+m'→Ⓔ '+ø$_{bis}$':
(대-05-6) Ⓗ archangelos→^{M}Ⓛ archángel+u+m→^{N}Ⓕ/^{M}Ⓔ/Ⓔ/Ⓕ/Ⓖ/Ⓢ +ø$_{bis}$; Ⓘ/Ⓟ+o+ø:

◆: Ⓗ archangelos→^{M}Ⓛ archángelum→^{N}Ⓕ/^{M}Ⓔ/Ⓔ archangel; Ⓕ archange; ⒼErzengel; Ⓘarchangelo; Ⓟ arcanjo; Ⓢ arcángel;

■: Ⓗ arch(i)-, prefix, ⟨high⟩; +aggelos: archángelus, i, m, 大천사;

⊙$_1$: 'Ⓖ erz+∞Ⓗ archi+';

⊙$_2$: '/ng/'(←'gg'): 上同

(마-42) Ⓛ '+u+m'→Ⓔ '+ø$_{bis}$':
(대-05-7) Ⓗ kamēlos→Ⓛ camél+u+m→^{N}Ⓕ/^{M}Ⓔ/Ⓔ/^{M}Ⓕ/^{M}Ⓕ/Ⓕ/Ⓖ +ø$_{bis}$; Ⓘ/Ⓟ/Ⓢ +o+ø:

◆: Ⓗ kamēlos; Ⓛ camélum; ^{N}Ⓕ/^{M}Ⓔ/Ⓔ camel; ^{M}Ⓕ/^{M}Ⓕ/Ⓕ chameau; Ⓖ Kamel; Ⓘcammello; Ⓟcamelo; Ⓢ camello

■: Ⓗ kamēlos, u; camélus, i, m., 낙타

(마-42) Ⓛ '+u+m'→Ⓔ '+ø$_{bis}$':
(대-05-8) ^{C}Ⓗ christos→^{M}Ⓛ Christ+i+án+u+m→^{N}Ⓕ/^{M}Ⓔ/Ⓔ/^{M}Ⓕ/Ⓕ/Ⓖ/Ⓟ +ø$_{bis}$; Ⓘ/Ⓢ +o+ø:

◆: ^{C}Ⓗ christos; ^{M}Ⓛ Christiánum; ^{N}Ⓕ crestïen; ^{M}Ⓔ cristen; Ⓔ Christian; ^{M}Ⓕ/Ⓕ Christien; Ⓖ Christian; Ⓘ/Ⓢ Christiano; Ⓟ cristão;

■: Ⓗ chriein/christos/Christus: 上同; Christiánus, i, m.(II-A), 크리스천

(따-42) Ⓛ '+u+m' → Ⓔ '+ø_bis':

(댜-05-9) Ⓖ hymnos → ᴹⓁ hymn+u+m → ᴺⒻ/ᴹⒻ/Ⓕ/Ⓔ/Ⓖ +ø_bis; Ⓘ/Ⓟ/Ⓢ +o+ø:

◆: Ⓖ hymnos; ᴹⓁ hymnum; ᴺⒻ ymne; ᴹⒻ/Ⓕ hymne; Ⓔ hymn; Ⓖ Hymne; Ⓘ inno; Ⓟ hino; Ⓢ himno:

■: Ⓗ hymnos, u; hymnus, i, m.(Ⅱ-A), 찬송가

(따-42) Ⓛ '+u+m' → Ⓔ '+ø_bis':

(댜-05-10) Ⓗ leopardos → Ⓛ leopárd+u+m → ᴺⒻ/ᴹⒺ/Ⓔ/ᴹⒻ/Ⓕ/Ⓖ +ø_bis; Ⓘ/Ⓟ/Ⓢ +o+ø:

◆: Ⓗ leopardos; Ⓛ leopárdum; ᴺⒻ lepard; ᴹⒺ/Ⓔ leopard; ᴹⒻ/Ⓕ léopard; Ⓖ Leopard; Ⓘ/Ⓟ/Ⓢ leopardo:

■: Ⓗ leopardos, u; leopárdus, i, m.(Ⅱ-A), 표범

(따-42) Ⓛ '+u+m' → Ⓔ '+ø_bis':

(댜-05-11) Ⓗ paradeisos → ᴹⓁ paradís+u+m → ᴺⒻ/ᴹⒻ/Ⓕ/ᴹⒺ/Ⓔ/Ⓖ +ø_bis; Ⓘ/Ⓟ/Ⓢ +o+ø:

◆: Ⓗ paradeisos; ᴹⓁ paradísum; ᴺⒻ/ᴹⒻ/Ⓕ/ᴹⒺ paradis;; Ⓔ paradise; Ⓖ Paradies; Ⓘ paradiso; Ⓟ/Ⓢ paraíso:

■: Ⓗ paradeisos, u; paradísus, i, m.(Ⅱ-A), 낙원

(따-43) Ⓛ '+i+u+m' → Ⓔ '+a+t+e':

(댜-43-1) Ⓛ magistér+i+u+m → ᴺⒻ +ø_bis → Ⓔ +a+t+e; ᴹⒻ/Ⓕ +ø_bis; Ⓘ/Ⓟ/Ⓢ +o+ø:

◆: Ⓛ magistérium; ᴺⒻ magesteyr; Ⓔ magisterate; ᴹⒻ/Ⓕ magistrat; Ⓘ magistrato; Ⓟ/Ⓢ magistrado:

■: magnus/magis/magíster: 上同; magistérius, a, um, adj.(II-I-II-a), 권위있는; magistérium, i, n., 선생의 직분

(마-44) Ⓛ '+u+m'→Ⓔ '+ø$_{bis}$':

(다-19-1) Ⓗ metallon→Ⓛ metáll+u+m→^{N}Ⓕ/^{M}Ⓔ/Ⓔ/^{M}Ⓕ/Ⓕ/Ⓖ/Ⓟ/Ⓢ+ø$_{bis}$; Ⓘ +o+ø:

◆: Ⓗ metallon; Ⓛ metállum; ^{N}Ⓕ/^{M}Ⓔ/Ⓔ metal; ^{M}Ⓕ/Ⓕ métal; Ⓖ Metall; Ⓘ metallo; Ⓟ/Ⓢ metal;

■: Ⓗ metallon, u; metállum, n.(II-D), 쇠붙이

(마-44) Ⓛ '+u+m'→Ⓔ '+ø$_{bis}$':

(다-19-2) Ⓗ organon→Ⓛ organ+u+m→^{N}Ⓕ/^{M}Ⓔ/^{M}Ⓕ/Ⓕ/Ⓔ/Ⓖ/Ⓟ +ø$_{bis}$; Ⓘ/Ⓢ +o+ø:

◆: Ⓗ organon; Ⓛ organum; ^{N}Ⓕ/^{M}Ⓔ/^{M}Ⓕ/Ⓕ organe; Ⓔ organ; Ⓖ Organ; Ⓘ/Ⓢ organo; Ⓟ orgão;

■: Ⓗ organon, u; organum, i, n.(II-D), 오르간

(마-44) Ⓛ '+u+m'→Ⓔ '+ø$_{bis}$':

(다-19-3) Ⓗ skēptron→Ⓛ sceptr+u+m→^{N}Ⓕ/^{M}Ⓔ/Ⓔ/^{M}Ⓕ/Ⓕ/Ⓘ/Ⓟ/Ⓖ +ø$_{bis}$; Ⓢ +o+ø:

◆: Ⓗ skēptron; Ⓛ sceptrum; ^{N}Ⓕ/^{M}Ⓔ/Ⓔ/^{M}Ⓕ/Ⓕ/Ⓘ/Ⓟ sceptre; Ⓖ Zepter; Ⓢ cetro;

■: Ⓗ skēptron, u, n.; sceptrum, i, n.(II-D), 王丈·王權

(마-45) Ⓛ '+al+u+m'→Ⓔ '+ø$_{bis}$':

(라-45-1) Ⓛ scánd+al+u+m→^{N}Ⓕ/^{M}Ⓔ/Ⓔ/^{M}Ⓕ/Ⓕ +ø$_{bis}$; Ⓘ/Ⓟ/Ⓢ +o+ø:

◆: Ⓛ scándalum; ᴺⒻ escandle; ᴹⒺ/Ⓔ scandle; ᴹⒻ/Ⓕ scandale; Ⓘ scandalo; Ⓟ escândalo; Ⓢ escándalo:

■: scando, di, sum, ĕre, vi.(Ⅲ-A), 올라가다; scandalízo, ávi, átum, +áre, vi.(Ⅰ), 걸려 넘어지다; scándalum, i, n.(Ⅱ-D), 장매물·추문;

◉: '+al+': 轉成접사(명사←동사); 'e+':語頭호조음

(마-46) Ⓛ '+mén+t+u+m'→Ⓔ '+ø_{bis}':

(라-46-1) Ⓛ argu+mén+t+u+m→ᴺⒻ/ᴹⒺ/ᴹⒻ/Ⓔ/Ⓕ/Ⓖ +ø_{bis}; Ⓘ/Ⓟ/Ⓢ +o+ø:

◆: Ⓛ arguméntum; ᴺⒻ/ᴹⒺ/ᴹⒻ/Ⓔ/Ⓕ argument; Ⓖ Argument; Ⓘ argomento; Ⓟ/Ⓢ argumento;

■: árguo, ŭi, útum, ĕre, vt.(Ⅲ-A), 증명하다; arguméntum, i, n.(Ⅱ-D), 논증;

◉: '+men+t+'←'+men+': '+men+'(轉成접사: 명사←동사: argúere); '+t+': 擴大접사

(마-46) Ⓛ '+mén+t+u+m'→Ⓔ '+ø_{bis}':

(라-46-2) Ⓛ +mén+t+u+m→ᴺⒻ/ᴹⒺ/Ⓔ/ᴹⒻ/Ⓕ +ø_{bis}; Ⓘ/Ⓟ/Ⓢ +o+ø:

◆: Ⓛ eleméntum→ᴺⒻ/ᴹⒺ/Ⓔ element; ᴹⒻ/Ⓕ élément; Ⓘ/Ⓟ/Ⓢ elemento

■: eleméntum, i, n.(Ⅱ-D), 元素; pl., 알파벳·원리·원칙; 기초·초보;

◉: '+men+t+': 上同

(마-46) Ⓛ '+mén+t+u+m'→Ⓔ '+ø_{bis}':

(라-46-3) Ⓛ mo+mén+t+u+m→ᴺⒻ/Ⓔ/ᴹⒻ/Ⓕ/Ⓖ +ø_{bis}; Ⓘ/Ⓢ/Ⓟ momento:

◆: Ⓛ moméntum; ᴺⒻ/Ⓔ/ᴹⒻ/Ⓕ moment; Ⓖ Moment; Ⓘ/Ⓢ/Ⓟ momento:

■: móveo, movi, motum, ére, vt.(Ⅱ), 움직이다; moméntum, i, n.(Ⅱ-D), 움직임;

◉: '+men+t+': 上同

(떠-47) Ⓛ '+a+mén+t+u+m' → Ⓔ '+ø$_{bis}$':

(래-47-1) Ⓛ firm+a+mén+t+u+m→^{N}Ⓕ/^{M}Ⓔ/Ⓔ/^{M}Ⓕ/Ⓕ/Ⓖ +ø$_{bis}$; Ⓘ/Ⓟ/Ⓢ +o+ø:

◆: Ⓛ firmaméntum; ^{N}Ⓕ/^{M}Ⓔ/Ⓔ/^{M}Ⓕ/Ⓕ firmament; Ⓖ Firmament; Ⓘ/Ⓟ/Ⓢ firmamento

■: firmus/firmáre: 上同; firmaméntum, i, n.(II-D), 穹蒼·蒼空; cf., ^{B}Ⓗ '/rāqî'a/'; 〈the firmament of heaven, spread out like a hemisphere above the earth〉;

◉: '+a+': 호조음; '+mén+t+': 上同

(떠-47) Ⓛ '+a+mén+t+u+m' → Ⓔ '+ø$_{bis}$':

(래-47-2) ^{M}Ⓛ sacr+a+mén+t+u+m→^{N}Ⓕ/^{M}Ⓕ/Ⓕ/^{M}Ⓔ/Ⓔ/Ⓖ +ø$_{bis}$; Ⓘ/Ⓟ/Ⓢ +o+ø:

◆: ^{M}Ⓛ sacraméntum; ^{N}Ⓕ/^{M}Ⓕ/Ⓕ sacrement; ^{M}Ⓔ/Ⓔ sacrament; Ⓖ Sakrament; Ⓘ/Ⓟ/Ⓢ sacramento;

■: sacer: 上同; sacro, ávi, átum, +áre, vt.(I), 聖別하다; sacraméntum, i, n.(II-I-II-D), 聖事;

◉: '+a+mén+t+': 上同

(떠-47) Ⓛ '+a+mén+t+u+m' → Ⓔ '+ø$_{bis}$':

(래-47-3) Ⓛ test+a+mén+t+u+m→^{N}Ⓕ/^{M}Ⓕ/Ⓕ/^{M}Ⓔ/Ⓔ/Ⓖ + ø$_{bis}$; Ⓘ/Ⓟ/Ⓢ +o+ø:

◆: Ⓛ testaméntum; ^{N}Ⓕ/^{M}Ⓕ/Ⓕ/^{M}Ⓔ/Ⓔ testament; Ⓖ Testament; Ⓘ/Ⓟ/Ⓢ testamento:

■: testis, is, c.(III-B), 증인; testo, +áre, vt., 입증하다; testaméntum, i, n.(II-D), 계약

◉: '+a+mén+t+': 上同

(마-48) Ⓛ '+i+mén+t+u+m'→Ⓔ '+ø$_{bis}$':

(라-48-1) Ⓛ imped+i+mén+t+u+m→^{N}Ⓕ/Ⓔ +ø$_{bis}$; Ⓘ/Ⓟ/Ⓢ +o+ø:

◆: Ⓛ impediméntum; ^{N}Ⓕ empedement; Ⓔ impediment; Ⓘ/Ⓟ/Ⓢ impedimento;

■: pes, pedis, m.(Ⅲ-A), 발; impédio, ívi/ĭi, ítum, íre, vt.(Ⅲ-A), 얽다; impediméntum, i, n.(Ⅱ-D), 장애;

◉: '+i+': 호조음; '+mén+t+': 上同

(마-49) Ⓛ '+u+mén+t+u+m'→Ⓔ '+ø$_{bis}$':

(라-49-1) Ⓛmon+u+mén+t+u+m→^{N}Ⓕ/^{M}Ⓔ/Ⓔ/^{M}Ⓕ/Ⓕ/Ⓖ +ø$_{bis}$; Ⓘ/Ⓢ/Ⓟ +o+ø:

◆: Ⓛ monuméntum; ^{N}Ⓕ monument; ^{M}Ⓔ moniment; Ⓔ/^{M}Ⓕ/Ⓕ monument; Ⓖ Monument; Ⓘ/Ⓢ/Ⓟ monumento;

■: móneo, nŭi, nĭtum, ére, vt.(Ⅱ), 알려주다; monuméntum, i, n.(Ⅱ-D), 기념비;

◉: '+u+mén+t+': 上同

(마-50) '+u+m'→'+ø$_{bis}$':

(라-50-1) Ⓛ lac+u+m→^{N}Ⓕ/^{M}Ⓔ/^{M}Ⓕ/Ⓔ/Ⓕ +ø$_{bis}$; Ⓘ/Ⓟ/Ⓢ +o+ø$_{bis}$:

◆: Ⓛ lacum; ^{N}Ⓕ/^{M}Ⓔ lac; Ⓔ lake; ^{M}Ⓕ/Ⓕ lac; Ⓘ/Ⓟ/Ⓢ lago;

■: lacus, us, m.(Ⅳ-A), 호수

◉: Ⓘ/Ⓟ/Ⓢ 'lago'←laco/V__V

(마-50) '+ol+át+u+m'→'+ø$_{bis}$':

(라-50-2) ^{M}Ⓛ apost+ol+át+u+m→^{N}Ⓕ/Ⓔ/^{M}Ⓕ/Ⓕ/Ⓖ +ø$_{bis}$; Ⓘ/Ⓟ/Ⓢ +o+ø:

◆: ^{M}Ⓛ apostolátum; ^{N}Ⓕ apostolie; Ⓔ apostolate; ^{M}Ⓕ/Ⓕ apostolat; Ⓖ Apostolät; Ⓘ apostolato; Ⓟ/Ⓢ apostolado;

■: apostolátus, us, m.(IV-A), 使徒職;

◉: '+ol+; +át+': 轉成접사(명사←동사); 轉成접사(명사$_b$←명사$_a$; 使徒職←使徒

(마-50) Ⓛ '+u+m'→Ⓔ '+ø$_{bis}$':

(가-05) ^{B}Ⓗ/^{P}Ⓐ/Ⓗ/Ⓛ/^{M}Ⓛ/Ⓢ/Ⓐ/^{N}Ⓕ/^{M}Ⓔ/Ⓔ/^{M}Ⓕ/Ⓕ/Ⓖ/Ⓟ/Ⓢ/^{C}Ⓢ/^{di}Ⓚ/Ⓢ/$^{P/S}$Ⓚ:

◆: ^{B}Ⓗ Yᵊhôšu'a/^{P}Ⓐ Yēšû'a→Ⓗ Iēsus→Ⓛ Jes+u+m→^{N}Ⓕ/^{M}Ⓔ Jesu→Ⓔ Jesus; Ⓕ Jésus; Ⓖ Jesus; Ⓘ Gesù; Ⓟ Jesus; Ⓢ Jesús; ^{C}Ⓢ Yīsoh; ^{di}Ⓚ 耶穌; $^{P/S}$Ⓚ 예수;

■: Jesus, us, m.(IV-A), 예수/예슈아;

◉: ^{B}Ⓗ Yᵊhôšu'a/^{P}Ⓐ Yēšû'a; ⟨Yah is salvation⟩

(마-51) Ⓛ '+e+u+m'→Ⓔ '+ø$_{ter}$':

(나-07) Ⓛ/^{S}Ⓐ/^{N}Ⓕ/^{M}Ⓔ/Ⓔ/^{M}Ⓕ/Ⓕ/Ⓖ/Ⓘ/Ⓟ/Ⓢ:

◆: Ⓛ ól+e+u+m→^{S}Ⓐ ele→^{M}Ⓔ ele/^{N}Ⓕ olie→Ⓔ oil; ^{M}Ⓕ/Ⓕ huile; Ⓖ Öl; Ⓘ olio; Ⓟ/Ⓢ óleo;

■: óleum, i, n.(II-D), 기름

(마-52) Ⓛ '+i+u+m'→Ⓔ '+y+ø$_{bis}$':

(라-52-1) Ⓛ ministér+i+u+m→^{N}Ⓕ menestier→Ⓔ +y+ø$_{bis}$; ^{M}Ⓕ/Ⓕ ministère; Ⓖ +i+u+m; Ⓘ +o+ø; Ⓟ/Ⓢ +i+o+ø:

◆: Ⓛ ministérium; ^{N}Ⓕ menestier; Ⓔ ministry; ^{M}Ⓕ/Ⓕ ministère; Ⓖ Ministerium; Ⓘ ministero; Ⓟ ministério; Ⓢ ministerio;

■: minor(m./f.), minus(n.), óris, adj.comp.(III-a), 더 작은; miníster, tri, m.(II-C), 하인; ministérium, i, n.(II-D), 직책;

◉: Ⓔ '+y': 上同

(마-52) Ⓛ '+i+u+m'→Ⓔ '+y+ø$_{bis}$':

(라-52-2) Ⓛ armár+i+u+m→^{N}Ⓕ +e+ø→^{M}Ⓔ/Ⓔ +y+ø$_{bis}$; ^{M}Ⓕ/Ⓕ/Ⓟ/Ⓢ +ø$_{bis}$; Ⓘ +a+ø:

◆: Ⓛ armárium; ^{N}Ⓕ armarie; ^{M}Ⓔ armoury; Ⓔ armory; ^{M}Ⓕ/Ⓕ/Ⓟ/Ⓢ arsenal; Ⓘ armeria;

■: arma, órum, n.pl.tt.(Ⅱ-D), 도구·무기; armárium, i, n.(Ⅱ-D), 옷장;

◉: Ⓔ '+y': 上同

(마-52) Ⓛ '+i+u+m'→Ⓔ '+ø$_{bis}$':

(라-52-3) Ⓛ refúg+i+u+m→^{N}Ⓕ/^{M}Ⓔ/Ⓔ/^{M}Ⓕ/Ⓕ +ø$_{bis}$; Ⓘ/Ⓟ/Ⓢ +i+o+ø:

◆: Ⓛ refúgium→^{N}Ⓕ/^{M}Ⓔ/Ⓔ/^{M}Ⓕ/Ⓕ refuge; Ⓘ refugio; Ⓟ refúgio; Ⓢ refugio;

■: refúgio, fúgi, fúgitum, ĕre, vi.(Ⅲ-A), 퇴각하다; refúgium, i, n.(Ⅱ-D), 피난처

(마-52) Ⓛ '(+i)+u+m'→Ⓔ '+ø$_{bis}$/+u+m':

(라-52-4) Ⓛ jejún+i+u+m→^{N}Ⓕ +ø$_{bis}$→Ⓔ +y+ø$_{bis}$/+u+m; ^{M}Ⓕ/Ⓕ/Ⓖ/Ⓘ +u+m; Ⓟ/Ⓢ +o+ø:

◆: Ⓛ jejúnium; ^{N}Ⓕ jëúnie; Ⓔ jejuny/jejunium; ^{M}Ⓕ/Ⓕ jéjunum; Ⓖ Jejunum; Ⓘ jejunum; Ⓟ jejuno; Ⓢ yeyuno:

■: jejúnus, a, um, adj.(Ⅱ-Ⅰ-Ⅱ), 굶주린; jejúnum, i, n.(Ⅱ-D), 空臟; jejúnium, i, n.(Ⅱ-D), 禁食

◉: Ⓔ/^{M}Ⓕ/Ⓕ/Ⓖ/Ⓘ 'jejunum'; Ⓟ 'jejuno'; Ⓢ 'yeyuno': 空臟;

◉: Ⓔ '+y': 上同

(마-52) Ⓛ '+i+u+m'→Ⓔ '+ø$_{bis}$':

(라-52-5) Ⓛ glád+i+u+m→ᴺⒻ/ᴹⒺ/Ⓔ/ᴹⒻ/Ⓕ +ø_{bis}; Ⓟ +i+o+ø; Ⓢ + a+ø:

◆: Ⓛ gládium→ᴺⒻ/ᴹⒺ/Ⓔ/ᴹⒻ/Ⓕ glaive; Ⓟ gládio; Ⓢ guja;

■: gládius, i, m.(Ⅱ-A), 칼;

◉: 'guja': 音聲변화

(마-52) Ⓛ '+ i+ u+ m'→Ⓔ '+ø_{bis}':

(라-52-6) Ⓛ judíc+i+u+m→ᴺⒻ/ᴹⒺ/Ⓔ/ᴺⒻ/Ⓕ +ø_{bis}; Ⓘ/Ⓟ/Ⓢ +o+ø:

◆: Ⓛ judícium; ᴺⒻ jüise; ᴹⒺ juise; Ⓔ judgment; ᴺⒻ/Ⓕ jujement; Ⓘ giudicio; Ⓟ julgamento; Ⓢ judicio;

■: júbeo, jussi, jussum, ére, vt., 명령하다; jus, juris, n., 法; júdico, ávi, átum, áre, vt., 판결하다; judex, dǐcis, m., 재판관; judícium, i, n., 재판;

◉: 'julgamento': 好調音

(마-52) Ⓛ '+ i+ u+ m'→Ⓔ '+ø_{bis}':

(라-52-7) Ⓛ ædi₁fíc+i₂+u+m→Ⓔ/ᴹⒻ/Ⓕ/Ⓘ +ø_{bis}; Ⓟ/Ⓢ +o+ø;

◆: Ⓛ ædifícium; Ⓔ edifice; ᴹⒻ/Ⓕ édifice; Ⓘ edifice; Ⓟ edifício; Ⓢ edificio;

■: ædes, is, f.(Ⅲ-B), 집; ædífico, ávi, átum, +áre, vt.(Ⅰ), 집짓다; ædifícium, i, n.(Ⅱ-D), 건물;

◉: 'ædi₁fíc+i₂+u+m': 합성어; '+i₁+; +i₂+': 連結모음·호조음

(마-52) Ⓛ '+ i+ u+ m'→Ⓔ '+ø_{bis}':

(라-52-8) Ⓛ impér+i+u+m→ᴺⒻ/ᴹⒺ/Ⓔ/ᴹⒻ/Ⓕ +ø_{bis}; Ⓘ/Ⓟ/Ⓢ +o+ø:

◆: Ⓛ império; ᴺⒻ/ᴹⒺ emperie; Ⓔ/ᴹⒻ/Ⓕ empire; Ⓘ impero; Ⓟ império; Ⓢ imperio:

■: paro, ávi, átum, áre, vt.(I), 준비하다; ím(←in)+pero, ávi, átum, +áre, vt.(I), 명령하다; impérium, i, n.(II-D), 명령·통수권·제국

(마-52) Ⓛ '+i+u+m'→Ⓔ '+u+m':

(라-52-9) Ⓛ oppróbr+i+u+m→^{N}Ⓕ +ø$_{bis}$→Ⓔ +u+m; ^{M}Ⓕ/Ⓕ +ø$_{bis}$; Ⓟ/Ⓢ +o+ø:

◆: Ⓛ oppróbrium; ^{N}Ⓕ opprobre; Ⓔ opprobrium; ^{M}Ⓕ/Ⓕ opprobre; Ⓟ opróbio; Ⓢ oprobio:

■: probus, a, um, adj.(II-I-II-a), 정직한; op(←ob; ob, prep., 〈against〉)+próbrium, i, n.(II-D), 모욕

(마-52) Ⓛ '+i+u+m'→Ⓔ '+ø$_{bis}$':

(라-52-10) Ⓛ sacrific+i+u+m→^{N}Ⓕ/^{M}Ⓔ/^{M}Ⓕ/Ⓕ/Ⓔ +ø$_{bis}$; Ⓘ/Ⓢ/Ⓟ +o+ø:

◆: Ⓛ sacrifícium; ^{N}Ⓕ sacrefice; ^{M}Ⓔ/^{M}Ⓕ/Ⓕ/Ⓔ sacrifice; Ⓘ/Ⓢ scrificio; Ⓟ sacrifício;

■: sacer/fácĕre: 上同; sacrifícium, i, n.(II-D), 제사·희생

(마-52) Ⓛ '+i+u+m'→Ⓔ '+ø$_{bis}$':

(라-52-11) Ⓛ desidér+i+u+m→^{N}Ⓕ/^{M}Ⓔ/Ⓔ/^{M}Ⓕ/Ⓕ +ø$_{bis}$; Ⓘ/Ⓟ/Ⓢ +o+ø:

◆: Ⓛ desidérium; ^{N}Ⓕ desiderie; ^{M}Ⓔ desïre; Ⓔ desire; ^{M}Ⓕ/Ⓕ désir; Ⓘ desiderio; Ⓟ desejo; Ⓢ deseo;

■: sidus, dĕris, n.(III-C), 星座; de(〈utterly〉)+sídero, ávi, átum, +áre, vt.(I), 갈망하다; desidérium, i, n.(II-D), 渴望·憧憬;

◉: 'desidérium': 理想世界에 대한 천문학적인 憧憬

(마-52) Ⓛ '+i+u+m'→Ⓔ '+y+ø$_{bis}$':

- 99 -

(라-52-11) Ⓛ stúd+i+u+m→ᴺⒻ/ᴹⒺ/ᴹⒻ/Ⓕ +ø_{bis}→Ⓔ +y+ø_{bis}; Ⓖ +u+m; Ⓘ (studia); Ⓟ/Ⓢ +o+ø.

◆: Ⓛ stúdium; ᴺⒻ estúdie; ᴹⒺ studie; Ⓔ study; ᴹⒻ/Ⓕ étude; Ⓖ Studium; Ⓘ studia; Ⓟ estudo; Ⓢ estuio;

■: stúeo, ŭi, ére, vi.(Ⅱ; +dat.), 몰두하다; stúdium, i, n.(Ⅱ-D), 근면·공부;

◉_{1}: 'e+': 語頭호조음;

◉_{2}: Ⓔ '+y': 上同

(마-52) Ⓛ '+i+u+m'→Ⓔ '+y+ø_{bis}':

(라-52-12) Ⓛ testimón+i+u+m→ᴺⒻ/ᴹⒻ/Ⓕ +ø_{bis}→Ⓔ +y+ø_{bis}; Ⓘ +a+ø; Ⓟ/Ⓢ +o+ø.

◆: Ⓛ testimónium; ᴺⒻ testimonie; Ⓔ testamony; ᴹⒻ/Ⓕ témoinage; Ⓘ testimonianza; Ⓟ testimunho; Ⓢ testimonio.

■: testis/testáre: 上同; testimónium, i, n.(Ⅱ-D), 증명;

◉: Ⓔ '+y': 上同

(마-52) Ⓛ '+i+u+m'→Ⓔ '+y+ø_{bis}':

(라-52-13) Ⓛ adultér+i+u+m→ᴺⒻ/ᴹⒻ/Ⓕ +ø_{bis}→Ⓔ +y+ø_{bis}; Ⓘ/Ⓢ/Ⓟ +o+ø.

◆: Ⓛ adultérium; ᴺⒻ avultere; Ⓔ adultery; ᴹⒻ/Ⓕ adultère; Ⓘ/Ⓢ adulterio; Ⓟ adultério;

■: adúlter, těri, m.(Ⅱ-B), 姦夫; adúltera, æ, f.(Ⅰ), 情婦; adúltero, ávi, átum, +áre, vt.(Ⅰ), 간통하다; adultérium, i, n.(Ⅱ-D), 姦通;

◉_{1}: '+ul+'(二次동원어語根): L adulári/aduléscere/ambuláre(<to fawn/grow up/stroll>)∞Ak alaqum(<to walk>)∞Hb halaq(<he walked>)∞H eleusomai(<I went>)∞J_{d}/J aruk+(<to walk>);

◉₂: Ⓔ '+y': 上同

(마-52) Ⓛ '+i+u+m'→Ⓔ '+ø_{ter}':

(다-05) Ⓗ martyrion→^MⓁ martýr+i+u+m→^NⒻ martírie→^MⒺ martir-döm→
Ⓔ martyrdom; ^MⒻ/Ⓕmartyre; Ⓖ Martyrium; Ⓘ/Ⓢ martirio; Ⓟ martírio;
■: Ⓗ martyrion, u, n.; martýrium, i, n., 증언·순교

(마-53) Ⓛ '+ø+t+u+ár+i+u+m'→Ⓔ '+y+ø_{bis}':

(라-53-1) ^MⓁ sanc+ø+t+u+ár+i+u+m→^NⒻ/^MⒺ/^MⒻ/Ⓕ +ø_{bis}→Ⓔ +y+ø_{bis}; Ⓘ/Ⓢ/Ⓟ +o+ø

◆: ^MⓁ sanctuárium; ^NⒻ/^MⒺ saintuarie; Ⓔ sanctuary; ^MⒻ/Ⓕ sanctuaire; Ⓘ/Ⓢ santuario; Ⓟ santuário;

■: 'sáncĕre': 上同; sánctus, a, um, p.p.(II-I-II-a), 거룩한; sanctuárium, i, n.(II-D), 至聖所·聖域;

◉₁: '+ø+; +t+; +u+; +i+': 활용幹모음(+ĕ_I+:III-B), 轉成접사(과거분사←동사), 호조음_{1/2};
◉₂: Ⓔ '+y': 上同

(마-54) '+c+ul+m'→'+ø_{bis}':

(라-54-1) Ⓛ taberná+c+ul+m→^NⒻ/^MⒺ/Ⓔ/^MⒻ/Ⓕ/Ⓘ/Ⓖ +ø_{bis}; Ⓟ/Ⓢ +o+ø

◆: Ⓛ tabernáculum; ^NⒻ/^MⒺ/Ⓔ/^MⒻ/Ⓕ/Ⓘ tabernacle; Ⓖ Tabernakel; Ⓘ tabernacolo; Ⓟ/Ⓢ tabernáclo;

■: tabérna, æ, f.(I), 오두막; tabernáculum, i, n.(II-D), 천막;

◉: '+c+ul+': 호조음·縮小접사

(마-55) Ⓛ '+v+i+u+m'→Ⓔ '+u+m':

(라-55-1) Ⓛ dilú+v+i+u+m→ᴺⒻ/ᴹⒺ +ø_{bis}→Ⓔ/ᴹⒻ/Ⓕ/Ⓘ +u+m; Ⓟ/Ⓢ +o+ø:

◆: Ⓛ dilúvium; ᴺⒻ/ᴹⒺ diluvie; Ⓔ/ᴹⒻ/Ⓕ/Ⓘ diluvium; Ⓟ/Ⓢ diluvio:

■: luo, lui, lúitum, ĕre, vt.(Ⅲ-A), 씻다; di(←dis)+luo, lŭi, lúitum, ĕre, vt.(Ⅲ-A), 지워버리다; dilú- vium, i, n.(Ⅱ-D), 홍수;

◉: '+v+i+': 호조음

(마-56) Ⓛ '+ár+i+u+m'→Ⓔ '+y+ø_{bis}':

(라-56-1) Ⓛ libr+ár+i+u+m→ᴺⒻ/ᴹⒺ +ø_{bis}→Ⓔ +y+ø_{bis}; Ⓕ/Ⓖ/Ⓘ/Ⓟ/Ⓢ ø:

◆: Ⓛ librárium; ᴺⒻ librárie; ᴹⒺ librarie; Ⓔ library; Ⓕ/Ⓖ/Ⓘ/Ⓟ/Ⓢ ø;

■: liber, i, m.(Ⅱ-C), 책; librárium, i, n.(Ⅱ-D), 도서관;

◉_1: '+ár+': 轉成접사(명사_b←명사_a);

◉_2: Ⓔ '+y': 上同

(마-57) Ⓛ '+i+ár+i+u+m'→Ⓔ '+y+ø_{bis}':

(라-57-1) ᴹⓁ brev+i+ár+i+u+m→ᴺⒻ +e+ø→Ⓔ +y+ø_{bis}; Ⓕ +e+ø;
Ⓖ +er+ø_{bis}; Ⓘ/Ⓟ/Ⓢ +o+ø:

◆: ᴹⓁ breviárium; ᴺⒻ breviaire; Ⓔ breviary; Ⓕ bréviaire; Ⓖ Brevier; Ⓘ breviario; Ⓟ breviário; Ⓢ breviario;

■: brevis, e, adj., 짧은; breviárium, i, n., 聖務日禱;

◉_1: '+ár+': 轉成접사(명사←형용사);

◉_2: Ⓔ '+y': 上同

(마-58) Ⓛ '+ít+i+u+m'→Ⓔ '+y+ø_{bis}':

(다-58-1) Ⓛ serv+ít+i+u+m→ˢⒶ/ᴺⒻ/ᴹⒺ/Ⓔ/ᴹⒻ/Ⓕ +ø_{bis}; Ⓘ/Ⓟ/Ⓢ +o+ø:

◆: Ⓛ servítium; ˢⒶ serfise; ᴺⒻ/ᴹⒺ/Ⓔ/ᴹⒻ/Ⓕ service; Ⓘ servizio; Ⓟ serviço; Ⓢ servicio;

■: servus/serváre: 上同; servítium, i, n.(II-D), 봉사;

●: '+it+': 轉成接詞(名詞←動詞)

(마-59) Ⓛ '+ít+u+m'→Ⓔ '+ø_{bis}':

(라-59-1) Ⓛ spir+it+u+m→ᴺⒻ/ᴹⒺ/Ⓔ/ᴹⒻ/Ⓕ +ø_{bis}; Ⓘ/Ⓟ/Ⓢ +o/u+ø:

◆: Ⓛ spiritum; ᴺⒻ espirit; ᴹⒺ/Ⓔ spirit; ᴹⒻ/Ⓕ espirit; Ⓘ spirito; Ⓟ espírito; Ⓢ espíritu;

■: spiro, ávi, átum, +áre, vi.(I), 입김을 내뿜다; 숨쉬다; spíritus, us, m.(IV-A), 바람·神·靈;

●: '+it+': 上同

(마-60) Ⓛ '+ol+u+m'→Ⓔ '+ø_{bis}':

(다-05) Ⓗ apostolos→ᴹⓁ apopóst+ol+u+m→ᴺⒻ/Ⓔ/ᴹⒻ/Ⓕ/Ⓖ/Ⓢ +ø_{bis}; Ⓘ/Ⓟ +o+ø:

◆: Ⓗ apostolos; ᴹⓁ apopóstolum; ᴺⒻ/Ⓔ/ᴹⒻ/Ⓕ apostle; Ⓖ Apostel; Ⓘ apostolo; Ⓟ apóstolo; Ⓢ apóstol:

■: Ⓗ apostolos(←apo+: prefix, <from>; stellein, vt., 보내다); Ⓗ apostolos, u, m.; apóstolus, i, m.(II-A), 使徒;

●: ᴹⓁ '+ol+'(←Ⓗ apost+ol+os): 轉成接詞(名詞←動詞)

(마-61) Ⓛ '+ul+u+m'→Ⓔ '+ø_{bis}':

(라-61-1) ⓛ capít+ul+u+m→^{N}Ⓕ/^{M}Ⓔ/^{M}Ⓕ/Ⓕ +e+ø→Ⓔ/Ⓖ +ø$_{bis}$; Ⓘ/Ⓟ/Ⓢ +o+ø:

◆: ⓛ capítulum; ^{N}Ⓕ capitle/chapitre; ^{M}Ⓔ chapitle; Ⓔ chapter; ^{M}Ⓕ/Ⓕ chapitre; Ⓖ Kapitel; Ⓘ capitolo; Ⓟ/Ⓢ capítulo;

■: caput, pĭtis, n., 머리; capítulum, i, n., 章;

◉: '+ul+; +ol+; +l+': 縮小接辭

(마-62) ⓛ '+c+ul+ár+i+u+m'→Ⓔ '+ø$_{bis}$':

(라-62-1) ⓛ matri+c+ul+ár+i+u+m→^{N}Ⓕ/Ⓔ/^{M}Ⓕ/Ⓕ/Ⓘ/Ⓢ/Ⓖ/Ⓟ +ø$_{bis}$:

◆: ⓛ matriculárium; ^{N}Ⓕ marreglier; Ⓔ/^{M}Ⓕ/Ⓕ/Ⓘ/Ⓢ matricula; Ⓖ Matrikel; Ⓟ matricola:

■: mater, tris, f., 어머니; matrícula, æ, f., 명단; matriculárius, i, m, 名單登載(극빈)자;

◉$_1$: ^{M}ⓛ 'mama' ∞$^{P/S}$Ⓚ '엄마'(←*MA; 一次동원어)

◉$_2$: 'matriculárius': '+i$_1$+c$_2$+ul+ár+i$_3$+': 호조음$_1$·호조음$_2$·縮小첨사·轉成접사(형용사←명사)·호조음$_3$

◉$_3$: 本총서의 언어기원·어족분기(假說): 사유−언어의 기원(60,100 BP); 第一어족분기(아프리카祖語;~60,000)·第二(~코카시아祖語; 40,000)·第三(~유라시아祖語; 20,000);

◉$_4$: 一次동원어(汎어족; *MA; *BA; *GA; <mom; dad; go>); 二次(交어족; sol; fer; tam; nunc; <sun; to bear; so; now>; 명사: 2천個; 동사·관형사·부사: 천個; 三次(개별어족; 명사·동사·관형사·형용사·부사·전치사·접속사·감탄사·교착사: 만2천個);

◉$_5$: 언어유형子(*typolozigers*): 配語(*glossotax*)·膠着(agglutination)·曲用(declension); 配語型·膠着型·曲用型

(마-63) ⓛ '+n+u+m'→Ⓔ '+ø$_{bis}$':

(라-63-1) ⓛ reg+n+u+m→^{N}Ⓕ/^{M}Ⓔ/Ⓔ/^{M}Ⓕ/Ⓕ +ø$_{bis}$; Ⓘ/Ⓟ/Ⓢ +o+ø:

◆: Ⓛ regnum; ᴺⒻ/ᴹⒺ regne; Ⓔ reign; ᴹⒻ/Ⓕ règne; Ⓘ regno; Ⓟ/Ⓢ reinado:

■: rex/régere: 上同; regno, ávi, átum, +áre, vt.(I), 통치하다; regnum, i, n.(II-D), 왕국;

◉: '+n+': 호조음

(마-64) Ⓛ '+á+c+ul+u+m'→Ⓔ '+ø_{bis}':

(라-64-1) Ⓛ mir+á+c+ul+u+m→ᴺⒻ/ᴹⒺ/Ⓔ/ᴹⒻ/Ⓕ +ø_{bis}; Ⓘ/Ⓟ/Ⓢ +o+ø:

◆: Ⓛ miráculum; ᴺⒻ/ᴹⒺ/Ⓔ/ᴹⒻ/Ⓕ miracle; Ⓘ miracolo; Ⓟ/Ⓢ milagro;

■: mirus, a, um, adj.(II-I-II-a), 이상한; miror, átus sum, +ári, Dvt.(D-I), 이상하게 여기다; miráculum, i, n.(II-D), 기적;

◉: 'milagro'(←+r+a+c+ul+ : 어근末音·호조음_{1}·호조음_{2}縮小첨사; 音聲변화)

(마-65) Ⓛ '+i+t+á+c+ul+u+m'→Ⓔ '+ø_{bis}':

(라-65-1) Ⓛ hab+i+t+á+c+ul+u+m→ᴺⒻ/ᴹⒺ/Ⓔ/ᴹⒻ/Ⓕ/Ⓘ/Ⓢ +ø_{bis}; Ⓟ +o+ø:

◆: Ⓛ habitáculum; ᴺⒻ/ᴹⒺ/Ⓔ/ᴹⒻ/Ⓕ/Ⓘ/Ⓢ habitacle; Ⓟ habitáculo:

■: hábeo, bŭi, bĭtum, ére, vt.(II), 가지다; hábito, ávi, átum, +áre, vif./vtf(II), 거주하다; habitáculum, i, n.(II-D), 집·둥지·굴;

◉: '+i+t+á+c+ul+': 호조음·反復첨사·末期활용幹모음·호조음·縮小첨사

(마-66) Ⓛ '+ár+i+a'→Ⓔ '+ies+ø':

(라-66-1) Ⓛ lumin+ár+i+a→ᴺⒻ/Ⓔ/ᴹⒻ/Ⓕ/Ⓘ/Ⓟ/Ⓢ +ø:

◆: Ⓛ luminária; ᴺⒻ luminarie; Ⓔ luminaries; ᴹⒻ/Ⓕ luminaires; Ⓘ luminari; Ⓟ/Ⓢ luminarias;

■: lumen, mĭnis, n.(III-C), 빛; lumináre, is, n.(III-D), 발광체;

◉_{i}: Ⓛ '+ár+i+a': 轉成접사(명사_{b}←명사_{a})·호조음·幹母音-複數격연쇄체(III-D; 복수대

격곡용어형);

◉₂: ᴺⒻ/Ⓔ/ᴹⒻ/Ⓕ/Ⓘ/Ⓟ/Ⓢ: 複數語形;

◉₃: Ⓔ 'luminaries'(複數)←'luminary'(單數)

(때-67) Ⓛ '+CIP+/+CEPT+'→ᴺⒻ/ᴹⒺ/Ⓔ/ᴹⒻ/Ⓕ '+CEIV+/+CEPT+':

◆: 'cápio,' cepi, captum, cápere, Rvt.(Ⅲ-A), 잡다;

◉: +CEIV+/+CIP+: 現在어간; +CEPT+: 過去어간

(라-67-1) Ⓛ ac+cépt+u+m→ᴺⒻᴹⒺ/Ⓔ +cept+ø; ᴹⒻ/Ⓕ +cept+er; Ⓖ +zept+ier+en; Ⓘ +cett+a+r+e; Ⓟ +ceit+a+r+ø; Ⓢ +cet+a+r+ø:

◆: Ⓛ accéptum; ᴺⒻ/ᴹⒺ/Ⓔ accept; ᴹⒻ/Ⓕ accepter; Ⓖ akzeptieren; Ⓘ accettare; Ⓟ aceitar; Ⓢ acetar;

■: ac(←ad; prefix←ad, prep., <to>)+cíp+io, +cép+i, +cépt+um, ĕre, Rvt.(Ⅲ-B), 받다;

◉₁: 'accéptum'(高舌化; ←*accáptum←*ad+cáp+ĕ+r+e; 접두사·現在時制어근·初期활용幹모음·호조음·잔존형現在부정사主格/對格곡용어미; 호조음: '+s+→+r+/+ĕ+___+e'; '+s+': 잔존형轉成接辭; 부정사←동사);

◉₂: 'accéptum'(대격顯位詞)→ᴺⒻ~Ⓢ(능동태現在부정사)

(라-67-2) Ⓛ con+cíp+ĕ+r+e→ᴺⒻ +ço+i+r+e→ᴹⒺ +ceiv+en→Ⓔ +ceiv+e; ᴹⒻ/Ⓕ +cev+ ir+ø; Ⓘ +cep+i+r+e; Ⓟ +ceb+e+r+ø; Ⓢ +ceb+i+r+ø:

◆: Ⓛ concípere→ᴺⒻ conçoire→ᴹⒺ conceiven→Ⓔ conceive; ᴹⒻ/Ⓕ concevoir; Ⓘ concepire; Ⓟ conceber; Ⓢ concebir;

■: con(←cum, prep., <with>)+cípio, cépi, céptum, ĕre, Rvt.(Ⅲ-B), 知覺하다;

◉₁: 'accípĕre': 高舌化(+cíp+←+cáp+); Ⓔ '+ceiv+'←ᴹⒺᴹⒻ '+ceiv+; +cev+'←

Ⓛ '+cíp+';

◉₂ 'accípere': 上同

(라-67-3) Ⓛ con+cept+ión+e+m→ᴺⒻ+cïon+ø_bis→ᴹⒺ+cioun+ø_bis→ᴹⒻ/Ⓔ/Ⓕ+tion+ø_bis; Ⓖ+tion+ø_bis; Ⓘ+zion+e+ø; Ⓟ+ção+ø_bis; Ⓢ+ción+ø_bis;

■: concípere: 上同; con+céptio, ónis, f.(Ⅲ-A), 概念;

◆: Ⓛ conceptiónem; ᴺⒻ concepcïon; ᴹⒺ concepcioun; ᴹⒻ/Ⓔ/Ⓕ conception; Ⓖ Konzeption; Ⓘ concepzione; Ⓟ concepção; Ⓢ concepción

(라-67-4) Ⓛ per+ĕre→ᴺⒻ+oir→ᴹⒺ+en→Ⓔ+e; ᴹⒻ/Ⓕ+oir; Ⓘ+ire; Ⓟ+er; Ⓢ+ir;

◆: Ⓛ percípere; ᴺⒻ perceivoir; ᴹⒺ perceiven; Ⓔ perceive; ᴹⒻ/Ⓕ apercevoir; Ⓘ percepire; Ⓟ perceber; Ⓢ percibir;

■: per(prefix←per, prep., <through>)+cípio, cépi, céptum, ĕre, Rvt.(Ⅲ-B), 通達하다

(라-67-4) Ⓛ per+cip+ĕre→ᴺⒻ+oir→ᴹⒺ+en→Ⓔ+e; ᴹⒻ/Ⓕ+oir; Ⓘ+ire; Ⓟ+er; Ⓢ+ir;

◆: Ⓛ percípere; ᴺⒻ perceivoir; ᴹⒺ perceiven; Ⓔ perceive; ᴹⒻ/Ⓕ apercevoir; Ⓘ percepire; Ⓟ perceber; Ⓢ percibir;

■: per(prefix←per, prep., <through>)+cípio, cépi, céptum, ĕre, Rvt.(Ⅲ-B), 通達하다

(라-67-5) Ⓛ præ+cépt+u+m→ᴺⒻ/ᴹⒺ/Ⓔ+cept+ø+ø→ᴹⒻ/Ⓕ+cept+ø+e; Ⓘ/Ⓟ/Ⓢ+cept+ø+o;

◆: Ⓛ præcéptum; ᴺⒻ/ᴹⒺ/Ⓔ precept; ᴹⒻ/Ⓕ precepte; Ⓘ precetto; Ⓟ preceito; Ⓢ precepto;

■: præ(prefix←præ, prep., <before>)+cípio, cépi, céptum, ĕre, Rvt.(III-B), 先取하다

(라-67-6) Ⓛ re+cíp+ĕre→ᴺⒻ+eir→ᴹⒺ/Ⓔ+e; ᴹⒻ/Ⓕ+oir; Ⓘ+ere; Ⓟ+er; Ⓢ+ir:

◆: Ⓛ recípere; ᴺⒻ←receiveir; ᴹⒺ/Ⓔ receive; ᴹⒻ/Ⓕ recevoir; Ⓘ ricevere; Ⓟ receber; Ⓢ recibir;

■: re(/red; 反復접두사; +d+: 호조음)+cípio, cépi, céptum, ĕre, Rvt.(III-B), 回收하다

(라-67-7) Ⓛ sus+cíp+ĕre→ᴺⒻ/ᴹⒺ/Ⓔ/ᴹⒻ/Ⓕ/Ⓖ/Ⓘ/Ⓟ/Ⓢ ø;

◆: Ⓛ suscípere: sus(←sub; sub, prep., <under>)+cípio, cépi, céptum, ĕre, Rvt. (III-B), 받아들이다

◉: Ⓔ 'susceptible; susceptibility'; Ⓕ 'ø; susceptibilité'; Ⓘ 'suscettibile; suscettibilità'; Ⓟ 'suscetível; suscetibilidade'; Ⓢ 'susceptible; suscetibilidad'

라전어사전의 표제어는 품사 여하를 떠나 多音節로 구성되었지만 綴字 서넛에 지나지 않는 어근을 제외하면 모두 접두사·호조음·接辭·轉成접사이며 이에 幹모음·屈折어미가 첨가되면 多音節은 배가되며 英語에 유입된 旣存차용어와 인위적으로 주조된 신조어에 첨부된 英語어미(명사·형용사·파생부사·동사)를 합치면 어휘항목은 어느 것이나 지배적으로 多音節로 구성된다. 본서는 라전語 자체의 多音節 그 내력을 밝히고 英語어휘형태론의 견지에서 中世영어에서 노르만佛語를 경유, 수용한, 완전히 非토박이말인 차용어의 형성과정을 유형별·알파벳順으로 색출, 일련번호로 정리했으며 그 가운데 借用·馴致과정을 거쳐 現代영어의 명사語尾로 확정·공인되었을 뿐만 아니라 로망스語·게르만語에 두루 그대로 수용되거나 개조된 차용명사의 主要어형은 '+ø/a+t+ion; +t+y; +y' 등이다. 이들 삼자는 어근을 제외하면 번잡하리만큼 잡다한 접두사·호조음·幹모음·接辭·轉成접사의 첨가에 의하여 동사·형용사에서 명사로, 한 가지 명사에서 의미·어감이 다른 딴 명사로, 심지어, 古典라전어의 경우 형의 공백이었던 어휘를 古典라전어의 造語法에

따라 派生단일어·합성어로 鑄造하고 이에 英語어미를 첨부하거나 逆成한다. 英語는 로망스語·게르만語 가운데 가장 활성적으로 라전-희랍語根과 앵글로색슨語尾를 조합, 신조어를 주조하며 그 大綱은 본서에서 색출·정리한 것 이상이 아니다. 둘째 묶음의 **신조어**는 **첫째 묶음**의 **차용어**를 조어법의 근간으로 삼아 구성된 것이며, 양자에서 변별적인 것은 **차용어**의 경우 (派生)단일어에 대한 것이고 **신조어**의 경우 (派生)합성어·복합어·중합어에 대한 것이다. 古典라전어(350 BC~300 AD)는 希臘철학·신화를, 中世紀라전어(4세기~10세기)는 유태-기독교를 각각 받아들이고 그 영향을 받아 希臘신화종교·유태-기독교(계시종교)의 이론화에 적합한 언어로 변모했으며 英語는 可敬者 베다 이후 古代불어를 경유, 英語의 羅典語化와 借用라전어의 英語化로 말미암아 基督敎化하였다. 명사는 개념을 담는 어사적인 그릇이며 이를 통하여 그 言主는 생각하고 말하고 글을 쓴다. 英語를 비롯한 로망스語·게르만語는 라전語에 담긴 유태-기독교적인 개념을 수용하는데 그 가운데 으뜸 개념은 '야웨'이며 이는 몬터규文法에 따른 엄밀한 진리치의 잣대로 평가되지 않은 채 '自存者'의 개념으로 통용되고 있다. 존재론적으로 여하한 存在者는 超存在가 아니면 유태-기독교의 영원성의 개념은 眞性거짓의 空집합에 불과하기 마련이며, 더욱이, '야웨'는 先유태교에서 케멧 신화종교의 '헤페르 제-세프'를 意味轉寫한 '야웨神話'를 唯一神化한 말마디에 불과하다. 超存在의 존재론적인 요건은 영원성·편재성이며, 우리 韓人의 종교적 思辨은 無始無終遍在的인 超存在를 우주의 第一原因('妙衍': 물질계·생물계의 진화)으로 본다. 이는 '韓나라'('배달국-조선'의 개칭; 3897~2333~108 BC) 이래 견지해 온 우리 韓人의 독창적인 時空관념과 영원성·편재성의 相關관계이며 헤페르 제-세프와 야웨는 철학적·종교학적인 地平을 넓히기에는 턱없이 모자라는 개념이나 유감스럽게도 라전-희랍문명의 지정학적인 덕분에 오늘날까지 지구촌에서 영원성의 지배적인 개념으로 통용된다. 우리의 時空관념과 영원성·편재성은 모든 종교·철학사상 가운데 견줄 대상이 없는 것이며, 이는 심지어 민족정통종교의 고등종교사상을 망라하는 것이다. 즉, 우리의 超종교사상은 '天符經'을 올바로 分節하면 '天一·地一·人一; 天二·地二·人二'는 '性·命·精; 心·氣·身'으로, 創造聖旨·第一原因의 주체는 '혼'으로, '혼'의 何性(quídditas; ⟨whatness⟩)는 영원성·편재성으로, 영원성은 '一始無始一; 一終無終一'('혼'은 시작 없는 '혼'에서 시작하다; '혼'은 그침 없는 '혼'에서 그치다)로, 편재성은 '一

遍無偏一'('혼'은 차우치지 않는 '혼'에서 두루 퍼지다)로, 그의 '妙衍'은 무한순환우주연속체의 進化元으로 깨달았을 때 비로소 理通할 수 있는 으뜸 생각이다. 라전語는 희랍-라전神話宗敎·유태-기독高等宗敎를, 英語는 유태-기독高等宗敎를, 商語는 儒敎철학을, 韓語('韓나라'의 上代한어와 前불교古代高句麗한어)는 우리의 超종교(壹敎)를 각각 담을 수 있는 그릇이며 라전語·英語·商語는 각각 그런대로 진화했으나 壹敎의 초종교사상이 儒佛고등종교사상에 밀리어 지표면에서 증발하고 地層과, 다만, 上哲(=上哲) 몇 사람의 腦裏에 脈流하듯이 韓語는 壹敎의 전문용어('性·命·精·心·氣·身') 등을 商字語에 앗기었다. 전자 셋은 살찌고 후자 하나는 무척이나 여위었는데 韓語의 總어휘 50만 개 가운데 30만 개는 商字語이며 토박이말은 20만 개에 불과하다. 이에 견주면, 英語의 總어휘 100만 개 가운데 60만 개는 라전-희랍어근의 차용어·신조어이고 40만 개는 앵글로색슨의 토박이말인데, 商字는 사용빈도가 낮거나 僻字의 경우 한글과 더불어 倂記하지 않으면 읽거나 해독할 수 없으며 라틴·희랍알파벳과 로만알파벳은 그럴 필요가 만무한 同族語이고 더욱이나 商語·韓語는 언어유형·어족이 다른 異族語이다.

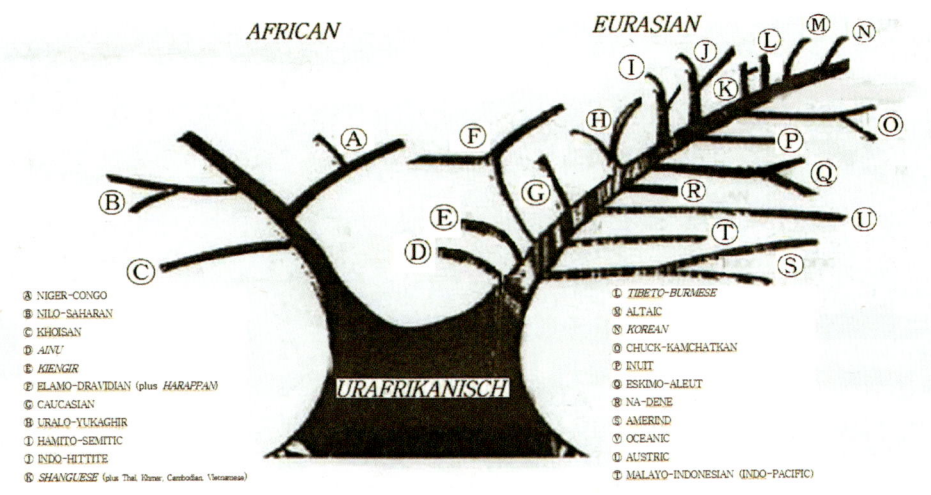

第一·第二·第三어족분기에 따른 어계·어족의 나무

본서는 http://열린 언어학.ac를 지향하므로 어족분기-계통은 URAFRIKANISCH에서 第一·第二·第三어족분기로 말미암아 형성된 것이며, 이들 분기 이전의 어족은 汎어족(아프리카祖語), 上位어족(코카시아祖語), 下位어족(3개 유라시아祖語) 등으로 일컬어지고 그 분기 이후의 어족은 第一어족분기의 경우 아프리카語系·유라시아語系로 양분되어 아프리카語系는 아프리카 안에서 맞바로 下位어족(나일-사하라·니제르-콩고·코이사語族)으로, 유라시아語系는 코카시아祖語·유라시아祖語를 거쳐 유로파·아시아·아메리카·오스트레일리아·오세아니아에 두루 下位어족 십여 가지로 각각 형성되었다. 두 語系 간의 동원어는 一次동원어 셋을 제외하면 二次·三次동원어의 경우 형의 공백이며 어족분기의 最大문법범주는 第一어족분기이다. 위 '나무'는 기존의 계통수와 달리 새 어족으로 Ⓓ 아이누語族 Ⓔ 키엔기르語族, Ⓚ 商語族, Ⓛ 藏緬語族, Ⓢ 韓語族 등을 신설한 것이며 우리 韓語族(韓語·길략語·유구語·日語)은 主格·題格교착사를 공유하므로 교착형어족 가운데에서도 零型-主格교착사를 지닌 알타이諸語의 갈래가 될 수 없다. 安廓(1922), Polivanov(1927), Ramstedt(1928), Poppe(1950) 등에서 제기된 소위 '알타이說'은 이러한 格범주의 변별자질을 간파하지 못한 中等교과서의 오류를 초래했으며 이는 화급하게 시정해야 할 민족정체에 대한 사안이다. 위 계통도는 기존의 Ruhlen(1987)에 본서의 새 생각을 덧보탠 것이지만 Ⓓ·Ⓔ·Ⓚ·Ⓛ·Ⓢ 등에서 계통불명어로 분류되어 있는 Ⓓ·Ⓔ는 코카시아祖語에서 벌써 共格교착사를 두었던 아이누語와 문자의 기원을 초래한 키엔기르語의 위상을 높이고자 近親語가 없는 교착형어족으로, Ⓚ·Ⓛ은 배어형·교착형이므로 分立된 어족으로, Ⓢ는 主格·題格교착사를 公有한 韓語·길략語·유구語·日語는 어족으로 각각 신설된다.

世界언어계통론의 완성은 가까운 미래에 성공할 수 있는 事案이 아닌데 이는 그 분류작업이 한 사람의 능력을 넘는 일이기 때문이며 최소한 언어유형별로 레통론 전문가 집단의 협업에 의하지 않는 한 불가능한 일이다.

뚜르카나湖岸의 居處 (左)   뚜르카나湖 (上右)   Ursprecherin (下右)

뚜르카나湖岸은 아프리카祖語의 현장이었으며 우리는 나뭇가지와 잎사귀를 얽어 잠자리를 마련하고 낮에 물고기·사냥감·풀뿌리·열매로 먹을거리를 얻기 위해 고단한 몸을 눕혔으며, 가장은 잠자리 밖에서 누워 자다가 하이에나와 같은 맹수의 습격을 가솔보다 먼저 막아내었다. 날씨도 뜨겁고 옷감을 몰랐던 우리는 모두 벗고 살았으며 사유-언어의 기원 이전과 달리 *Ursprecherin*한테 배운 <엄마>로 <어머니·아버지>를, *Ursprecher₁*에게 배운 <아빠>로 따로 아버지를 각각 불렀고 *Ursprecher₂*에게 배운 <가>로 <가다; 오다>를 싸잡아 일컬었다. 말마디의 부족으로 말미암은 아프리카祖語의 話行은 <어머니, 아버지; 가다, 오다>를 代稱하는데 이는 우리 아기들이 <새>를 모두 <꼬꼬>로 부르는 것과 마찬가지이며, 이러한 언표로 우리는 아프리카祖語 언어공동체를 영위했으나 이는 그 이전 생각도 말도 할 수 없었던 사헬사람에서 先이달뚜에 이르는 700만년에 걸친 연금술과 같은 心體협응적인 진화의 열매이다. 오늘날의 어휘항목 1억 개와 헤아릴 수 없도록 수많은 지식은 앎음사람이 그 동안 쌓은 지성의 산물이며 그 시초는 '엄마'에 대한 것 한 가지뿐이었다. 이러한 어휘와 지식 간의 상관관계는 사유-언어의 기원과 그 初期진화과정을 알지 못하고 수행하는 인문학은 오류를 범하지 않을 수 없기 마련이며 이는 오늘날의 지식으로 그 기원·진화과정의 언어相을 들여다본다면 제대로 볼 수 없기 때문이다.

둘째 꼭지: 형용사차용어

(바-01) ⓛ '+a/u+m'→Ⓔ '+ø$_{bis}$':

(라-01-1) ⓛ benígn+a/u+m→^{N}Ⓕ/^{M}Ⓔ/^{N}Ⓕ/Ⓕ/Ⓔ +ø$_{bis}$; Ⓘ/Ⓟ/Ⓢ +a/o+ø:

◆: benígna/um; ^{N}Ⓕ benign; ^{M}Ⓔ benigne; Ⓔ benign; ^{N}Ⓕ/Ⓕ bénigne/bénin; Ⓘ/Ⓟ/Ⓢ benigna/o;

■: benígnus, a, um, adj.(II-I-II-a), 친절한;

◉: 'gn': /gn/: 古典라전어·葡語·西語; /ñ/: 中世紀·現代(로마)라전어·伊語; /n/: 佛語; /ø; gn/: 英語

(바-01) ⓛ '+a/u+m'→Ⓔ '+ø$_{bis}$':

(라-01-2) ⓛ cast+a/u+m→^{N}Ⓕ/^{M}Ⓔ/Ⓔ/^{M}Ⓕ/Ⓕ +ø$_{bis}$; Ⓘ/Ⓟ/Ⓢ +a/o+ø:

◆: ⓛ castum프리카語系·유라시아語系로 양분되어 아프리카語系는 아프리카 안에서 맞바로 下位어족(나일-사하라·니제르-콩고·코이사語族)으로, 유라시아語系는 코카시아祖語·유라시아祖語 등을 거쳐 유라시아·아메리카·오스트레일리아·오세아니아에 두루 下位어족 십여 가지로 각각 형성되었다. 두 語系 간의 동원어는 一次동원어 셋을 제외하면 二次·三次동원어의 경우 형의 공백이며 ; ^{N}Ⓕ/^{M}Ⓔ/Ⓔ/^{M}Ⓕ/Ⓕ chaste; Ⓘ/Ⓟ/Ⓢ casta/o

■: castus, a, um, adj.(II-I-II-a), 정결한

(바-01) ⓛ '+a/u+m'→Ⓔ '+ø$_{bis}$':

(라-01-3) ⓛ just+a/u+m→^{N}Ⓕ/^{M}Ⓔ/Ⓔ/^{M}Ⓕ/Ⓕ +ø$_{bis}$; Ⓘ/Ⓟ/Ⓢ +a/o+ø:

◆: ⓛ justum; ^{N}Ⓕ jouste; ^{M}Ⓔ juste; Ⓔ just; ^{M}Ⓕ/Ⓕ juste; Ⓘ giusta/o; Ⓟ/Ⓢ justa/o;

■: jus, juris, n.(III-C), 法; justus, a, um, adj.(II-I-II), 의로운

(바-01) ⓛ '+a/u+m'→Ⓔ '+ø$_{bis}$':

(라-01-4) ⓛ malígn+u+m→^{N}Ⓕ/^{M}Ⓔ/Ⓔ/^{M}Ⓕ/Ⓕ/Ⓖ/Ⓘ +ø$_{bis}$; Ⓟ/Ⓢ +o+ø:

◆: ⓛ malignum; ^{N}Ⓕ/^{M}Ⓔ/Ⓔ/^{M}Ⓕ/Ⓕ/Ⓖ/Ⓘ maligne; Ⓟ/Ⓢ maligna/o;

■: malus: 上同; geno, ĕre; gigno, génui, génitum, ĕre, vt.(III-A), 낳다; malígnus, a, um, adj. (II-I-II-a), 심술궂은;

◉: ⓛ 'malígn+u+m': 合成형용사(+i+: 連結모음)

(바-01) ⓛ '+a/u+m'→Ⓔ '+ø$_{bis}$':

(라-01-5) ⓛ secúnd+u+m→Ⓕ/^{M}Ⓔ/^{M}Ⓔ/Ⓕ/Ⓕ/Ⓔ +ø$_{bis}$; Ⓘ/Ⓟ/Ⓢ +a/o+ø:

◆: ⓛ secúndum; ^{N}Ⓕ second; ^{M}Ⓔ secunde; ^{M}Ⓕ/Ⓕ/Ⓔ second; Ⓘ seconda/o; Ⓟ/Ⓢ segunda/o;

■: sequor, setútus sum, i, Dvt.(D-III-A), 따르다; secúndus, a, um, adj.(II-I-II-a), 둘째의

(바-02) ⓛ '+án+a/u+m'→Ⓔ '+ø$_{bis}$':

(라-02-1) ⓛ meridi+án+a/u+m→^{N}Ⓕ/^{M}Ⓔ/Ⓔ/^{M}Ⓕ/Ⓕ/Ⓖ +ø$_{bis}$; Ⓘ/Ⓟ/Ⓢ +a/o+ø:

◆: ⓛ meridianum; ^{N}Ⓕ meridien; ^{M}Ⓔ/Ⓔ meridian; ^{M}Ⓕ/Ⓕ méridien; Ⓖ meridian; Ⓘ/Ⓟ/Ⓢ meridiana/o;

■: dies, éi, c.(V), 날; médius, a, um, adj.(II-I-II-a), 중앙의; meridiánus, a, um, adj.(II-I-II-a), 한낮의;

◉: 'meridi+án+': 合成 형용사(+i+: 連結모음); +án+: 轉成접사(형용사←명사)

(바-02) Ⓛ '+án+a/u+m'→Ⓔ '+ø_{bis}':

(라-02-2) Ⓛ quotidi+án+a/u+m→^NⒻ/^MⒺ/Ⓔ/^NⒻ/Ⓕ +ø_{bis}; Ⓘ/Ⓟ/Ⓢ +a/o+ø:

◆: Ⓛ quotidiánum; ^NⒻ/^MⒺ cotidian; Ⓔ quotidian; ^NⒻ/Ⓕ quotidien; Ⓘ quot-idiano; Ⓟ/Ⓢ cotidiano:

■: quot, adj.indecl., 몇?; dies, diéi, c.(V), 날; quotídie, adv., 매일; quotidiánus, a, um, adj. (II-I-II-a), 나날의;

◉: Ⓛ 'quotidi+án+': 上同

(바-03) Ⓛ '+i+án+a/u+m'→Ⓔ '+ø_{bis}':

(라-03-1) ^CⒽ christos→^MⒺ Christ+i+án+u+a/m→^NⒻ/^MⒺ/Ⓔ/^MⒻ/Ⓕ/Ⓖ/Ⓟ +ø_{bis}; Ⓘ/Ⓢ +a/o+ø:

◆: ^CⒽ christos; ^MⒺ Christiánum; ^NⒻ crestïen; ^MⒺ cristen; Ⓔ Christian; ^MⒻ/Ⓕ Christien; Ⓖ Christian; Ⓘ/Ⓢ Christiano; Ⓟ cristão;

■: Ⓗ chriein: 上同; Ⓗ christos, ē, on; Christiánus, a, um, adj.(II-I-II-a), 기독교의

(바-04) Ⓛ '+n+e+u+m'→Ⓔ '+ø_{bis}':

(라-04-1) Ⓛ extrá+n+e+u+m; ^NⒻ/^MⒺ/Ⓔ/^MⒻ/Ⓕ/Ⓖ +ø_{bis}; Ⓘ/Ⓟ/Ⓢ +o+ø:

◆: Ⓛ extráneum; ^NⒻ/^MⒺ estrange; Ⓔ extern; ^MⒻ/Ⓕ externe; Ⓖ extern; Ⓘ/Ⓟ/Ⓢ externo;

■: extra, adv., 밖에; extráneus, a, um, adj.(II-I-II-a), 외부의

◉: '+n+e+': 轉成접사(형용사←부사)·호조음

(바-04) Ⓛ '+n+e+a/u+m'→Ⓔ '+y+ø':

(다-04-2) ^{mt}Ⓚ ābu→Ⓗ elephas→Ⓛ ebúr+n+e+a/u+m→^NⒻ/^MⒺ/Ⓔ/^MⒻ/Ⓕ +ø_{bis};

① +a/o+ø:

◆: Ⓛ ebúrneum; ᴺⒻ ivoire; ᴹⒺ ivori; Ⓔ ivory; ᴹⒻ/Ⓕ ivoire; Ⓘ avoria/o

■: ᵐᵗⓀ ābu; elephas: 上同; ebur, bŏris, n.(Ⅲ-C), 象牙; ebúrneus, a, um, adj. (Ⅱ-Ⅰ-Ⅱ-a), 상아의;

◉ᵢ: ᵐᵗⓀ ābu→Ⓗ elephas→Ⓛ ebur;

◉₂: '+n+e+': 轉成접사(형용사←명사)·호조음; Ⓘ 'avorio': 語頭音音聲변화;

◉₃: Ⓔ '+y': 上同

(바-05) Ⓛ '+id+a/u+m'→Ⓔ '+ø_{bis}':

(라-05-1) Ⓛ páll+id+a/u+m; ᴺⒻ/ᴹⒺ/Ⓔ/ᴹⒻ/Ⓕ +ø_{bis}; Ⓘ/Ⓟ/Ⓢ +a/o+ø:

◆: Ⓛ pállida/um; ᴺⒻ/ᴹⒺ/Ⓔ pale; ᴹⒻ/Ⓕ pâle; Ⓘ pallida/o; Ⓟ/Ⓢ pálida/o;

■: páleo, ŭi, ére, vi./vt.(Ⅱ), 창백해지다; pállidus, a, um, adj.(Ⅱ-Ⅰ-Ⅱ-a), 창백한;

◉: '+id+': 轉成접사(형용사←동사)

(바-06) Ⓛ '+i+ós+a/u+m'→Ⓔ '+ø_{bis}':

(라-06-1) Ⓛ spat+i+ós+a/u+m→ᴺⒻ/Ⓔ/ᴹⒻ/Ⓕ +ø_{bis}; Ⓘ/Ⓟ/Ⓢ +a/o+ø:

◆: Ⓛ spatiósa/um; ᴺⒻ espacïos; Ⓔ spacious; ᴹⒻ/Ⓕ spacieux; Ⓘ spaziosa/o; Ⓟ espaçosa/o; Ⓢ espaciosa/o;

■: spátium, i, n.(Ⅱ-D), 공간; spatiósus, a, um, adj.(Ⅱ-Ⅰ-Ⅱ-a), 널찍한;

◉ᵢ: '+i+ós+': 호조음·轉成접사(上同)

(바-06) Ⓛ '+i+ós+a/u+m'→Ⓔ '+ø_{bis}':

(라-06-2) Ⓛ stud+i+ós+a/u+m→ᴺⒻ/Ⓔ/ᴹⒻ/Ⓕ +ø_{bis}; Ⓘ/Ⓟ/Ⓢ +a/o+ø:

◆: Ⓛ studiósa/um; ᴺⒻ estudïos; Ⓔ studious; ᴹⒻ/Ⓕ studieux; Ⓘ studiosa/o; Ⓟ/Ⓢ

estuiosa/o;

■: stúdeo/stúdium: 上同; studiósus, a, um, adj., 學究的;

◉$_i$: '+i+ós+': 上同;

◉$_g$: 'e+': 語頭호조음

(바-07) ^{M}Ⓛ '+s+ø+s+ión+e+m'→Ⓔ '+a+t+e+ø$_{bis}$':

(라-07-1) ^{M}Ⓛ com+pas+s+ión+e+m→^{N}Ⓕ/^{M}Ⓕ/Ⓕ/^{M}Ⓔ +ø$_{bis}$; Ⓔ +a+t+e+ø$_{bis}$; Ⓘ ø; Ⓢ/Ⓟ +a/o+ø:

◆: ^{M}Ⓛ compassiónem; ^{N}Ⓕ/^{M}Ⓕ/Ⓕ compassion; ^{M}Ⓔ compassiön; Ⓔ compassionate; Ⓘ compassione; Ⓟ compassiva/o; Ⓢ compasiva/o:

■: pati/compati/compassio: 上同;

◉: ^{M}Ⓛ/^{N}Ⓕ/^{M}Ⓕ/Ⓕ/^{M}Ⓔ/Ⓘ: 派生명사; Ⓔ/Ⓢ/Ⓟ: 派生형용사

(바-08) Ⓛ '+s+á+t+a/u+m'→Ⓔ '+a+t+e+ø$_{bis}$':

(라-08-1) Ⓛ pen+s+á+t+a/u+m→^{N}Ⓕ/^{M}Ⓕ/Ⓕ/^{M}Ⓔ/Ⓔ +ø$_{bis}$; Ⓘ/Ⓢ/Ⓟ +a/o+ø:

◆: Ⓛ pensáta/um; ^{N}Ⓕ/^{M}Ⓕ/Ⓕ pensé/pensif; ^{M}Ⓔ pensif; Ⓔ pensive; Ⓘ pensierosa/o; Ⓢ/Ⓟ pensativa/o:

■: pendo, pepéndi, pensum, ĕre, Rvt.(Ⅲ-A), 計斤하다; penso, ávi, átum, +áre, vtf.(I), 숙고하다

◉: ^{N}Ⓕ/^{M}Ⓕ/Ⓕ/^{M}Ⓔ/Ⓔ 'pensif; pensive'는 'pen+s+u+m'에서 新造語되었으므로 'pensívus, a, um'은 라전語의 사전표제어가 아니며 명사(pensé)는 佛語에, 형용사는 여타에 각각 전승되었다.

(바-09) Ⓛ '+ú+t+a/u+m'→Ⓔ '+y+ø':

(라-09-1) Ⓛ ac+ú+t+a/u+m→ᴺⒻ/ᴹⒺ/Ⓔ/ᴹⒻ/Ⓕ +ø_{bis}; Ⓘ/Ⓟ/Ⓢ +a/o+ø:

◆: Ⓛ acúta/um→ᴺⒻ aigue; ᴹⒺ ague; Ⓔ acute; ᴹⒻ/Ⓕ ague; Ⓘ acuta/o; Ⓟ/Ⓢ aguda/o

■: ácuo, ŭi, útum, ĕre, vt.(III-A), 버리다; acútus, a, um, adj.(II-I-II), 날카로운;

◉: 無聲音(Ⓛ 'c; t')/V_V→有聲音(Ⓘ/Ⓟ/Ⓢ 'g; d'); ᴺⒻ/ᴹⒺ/Ⓕ 'ø'; Ⓔ 'c; t'

(바-10) Ⓛ '+i+a/u+m'→Ⓔ '+y+ø':

(라-10-1) Ⓛ adversár+i+a/u+m→ᴺⒻ/ᴹⒺ +i+e+ø→Ⓔ +y+ø; ᴹⒻ/Ⓕ +e+ø; Ⓘ/Ⓢ/Ⓟ +i+a/o+ø:

◆: Ⓛ adversária/um; ᴺⒻ/ᴹⒺ adversarie; Ⓔ adversary; ᴹⒻ/Ⓕ adversaire; Ⓘ avversaria/o; Ⓟ adversária/o; Ⓢ adversaria/o;

■: adversárius, a, um, adj.(II-I-II-a) 敵對的;

◉$_1$: Ⓔ: '+y'(←ᴹⒺ '+ie');

◉$_2$: 'av$_1$v$_2$ersario': 'v$_1$'(←ad+)의 後行동화;

◉$_3$: Ⓔ '+y': 上同

(바-10) Ⓛ '+i+a/u+m'→Ⓔ '+ø_{bis}':

(다-10) Ⓗ kanonikos→ᴹⓁ canón+ic+a/u+m→ᴺⒻ/ᴹⒺ/Ⓔ/ᴹⒻ/Ⓕ/Ⓖ/Ⓗ +ø_{bis}; Ⓘ/Ⓟ/Ⓢ +a/o+ø:

◆: Ⓗ kanonikos; ᴹⓁ canónicum; ᴺⒻ canoinie; ᴹⒺ canon; Ⓔ canonic; ᴹⒻ/Ⓕ canonique; Ⓖ kanonisch; Ⓗ canoniek; Ⓘ canonica/o; Ⓟ canônica/o; Ⓢ canónica/o;

■: Ⓗ kanonikos, ē, on; canónicus, a, um, adj.(II-I-II-a), 규범적

(바-11) Ⓛ '+ár+i+u+m'→Ⓔ '+y+ø':

(라-11-1) Ⓛ contr+ár+i+u+m→ᴺⒻ/ᴹⒺ/ᴺⒻ/Ⓕ +ar+i+e+ø→Ⓔ +ar+y+ø; Ⓘ/Ⓟ/Ⓢ +ar+i+a/o+ø:

◆: Ⓛ contrária/um; ᴺⒻ/ᴹⒺ contrarie; Ⓔ contrary; ᴺⒻ/Ⓕ contraire; Ⓘ contraria/o; Ⓟ contrária/o; Ⓢ contraria/o:

■: contra, adv., 반대로; prep., <against>; contrárius, a, um, adj.(II-I-II-a), 矛盾的;

◉₁: '+ár+': 轉成接辭(형용사←부사);

◉₂: Ⓔ '+y': 上同

(바-11) Ⓛ '+ár+i+u+m'→Ⓔ '+y+ø':

(라-11-2) Ⓛ necess+ár+i+a/u+m→ᴺⒻ/ᴹⒺ/ᴹⒻ/Ⓕ +ø_{bis}→Ⓔ +y+ø_{bis}; Ⓘ/Ⓟ/Ⓢ +a/o+ø:

◆: Ⓛ necessária/um; ᴺⒻ necessárie; ᴹⒺ necessarie; Ⓔ necessary; ᴹⒻ/Ⓕ nécessaire; Ⓘnecessaria/o; Ⓟ necessária/o; Ⓢ necesaria/o:

■: necésse, indecl.adj., 필수적; necessárius, a, um, adj.(II-I-II-a), 필연적;

◉₁: '+ár+': 轉成接辭(형용사_b←형용사_a);

◉₂: Ⓔ '+y': 上同

(바-12) Ⓛ '+i+ár+i+a/u+m'→Ⓔ '+y+ø':

(라-12-1) Ⓛ pecun+i+ár+i+a/u+m→ᴺⒻ/ᴹⒺ/ᴹⒻ/Ⓕ/Ⓖ +ø_{bis}→Ⓔ +y+ø_{bis}; Ⓘ/Ⓢ/Ⓟ +a/o+ø:

◆: Ⓛ pecúniam; ᴺⒻ/ᴹⒺ pecunie; Ⓔ pecuniary; ᴹⒻ/Ⓕ pecuniaire; Ⓖ pekuniär; Ⓘ/Ⓢ pecuniario; Ⓟ pecuniário:

■: pecus, cŏris, n.(III-C), 가축떼; pecúnia, æ, f.(I), 돈; pecuniárius, a, um, adj.(II-I-II-a), 금전적;

◉: Ⓔ '+y': 上同

(바-13) Ⓛ '+i+os+a/u+m' → Ⓔ '+ø$_{bis}$':

(라-13-1) Ⓛ cur+i+ós+a/u+m → ^{N}Ⓕ/^{M}Ⓔ/Ⓔ +ø$_{bis}$; ^{N}Ⓕ/Ⓕ + e+ø; Ⓘ/Ⓟ/Ⓢ +a/o+ø:

◆: Ⓛ curiósa/um; ^{N}Ⓕ/^{M}Ⓔ/Ⓔ curious; ^{N}Ⓕ/Ⓕ curieuse; Ⓘ/Ⓟ/Ⓢ curiosa/o;

■: cura, æ, f.(I), 보살핌; curiósus, a, um, adj.(II-I-II-a), 진귀한;

◉: '+os+(→+ous+/+eus+)': 轉成接辭(형용사←명사)

(바-14) Ⓛ '+a+t+ív+a/u+m' → Ⓔ '+ø$_{bis}$':

(라-14-1) Ⓛ n+a+t+ív+a/u+m → ^{N}Ⓕ/^{M}Ⓔ/Ⓔ/^{M}Ⓕ/Ⓕ +ø$_{bis}$; Ⓘ/Ⓟ/Ⓢ +a/o+ø:

◆: Ⓛ natíva/um; ^{N}Ⓕ/^{M}Ⓔ natif; Ⓔ native; ^{M}Ⓕ/Ⓕ natif/native; Ⓘ/Ⓟ/Ⓢ nativa/o;

■: nasci: 上同; natívus, a, um, p.p./adj.(II-I-II), 출생한;

◉: Ⓛ '+a+t+; +ív+'(n+a+t+ív+u+m): 上同·轉成接辭(과거분사←동사)

(바-15) Ⓛ '+i+os+a/u+m' → Ⓔ '+ø$_{bis}$':

(라-15-1) ^{M}Ⓛ glor+i+ós+a/u+m → ^{N}Ⓕ/^{M}Ⓔ/Ⓔ/^{M}Ⓕ/Ⓕ +ø$_{bis}$; Ⓘ/Ⓟ/Ⓢ +a/o+ø:

◆: ^{M}Ⓛ gloriósa/um; ^{N}Ⓕ gloríos; ^{M}Ⓔ gloriüs; Ⓔ glorious; ^{M}Ⓕ/Ⓕ glorieux; Ⓘ/Ⓟ/Ⓢ gloriosa/o;

■: glória: 上同; glriósus, a, um, adj.(II-I-II-a), 영광스러운

◉: '+os+': 上同

(바-15) Ⓛ '+i+os+a/u+m' → Ⓔ '+ø$_{bis}$':

(라-15-2) ⓛ pret+i+ós+a/u+m→ᴺⒻ/ᴹⒺ/Ⓔ/ᴺⒻ/Ⓕ +ø_{bis}; ⒤/Ⓟ/Ⓢ +a/o+ø:

◆: ⓛ pretiósa/um; ᴺⒻ precius; ᴹⒺ/Ⓔ precious; ᴺⒻ/Ⓕ précieux; ⒤ preziosa/o; Ⓟ/Ⓢ preciosa/o;

■: prétium, i, n.(II-D), 값·어치; pretiósus, a, um, adj.(II-I-II-a), 값진;

◉: '+ós+': 上同

(바-16) ⓛ '+i+a'→Ⓔ '+ø':
(라-16-1) ⓛ insígn+i+a→ᴺⒻ/Ⓔ/ᴹⒻ/Ⓕ/⒤/Ⓟ/Ⓢ +ø:

◆: ⓛ insígnia; ᴺⒻ ensigne; Ⓔ ensign; ᴹⒻ/Ⓕ/⒤/Ⓟ/Ⓢ insigne:

■: signum: 上同; insígnis, e, adj.(III-b), 特徵的;

◉₁: ⓛ 'insignia'(중성複數대격 '+ia'←'+*i+a'; '+*i+': 호조음)←'insígnis, e, adj.(III-b)';

◉₂: ᴺⒻ/Ⓔ/ᴹⒻ/Ⓕ/⒤/Ⓟ/Ⓢ 'ensigne; ensign; insigne'(派生명사; ⟨things particular⟩)

(바-17) ⓛ '+e+m'→Ⓔ '+ø_{bis}':
(라-17-1) ⓛ subtílem→ᴺⒻ/ᴹⒺ/ᴹⒻ/Ⓕ/Ⓔ//ᴳⓅ/Ⓢ +ø_{bis}; ⒤ +e+ø:

◆: ⓛ subtílem; ᴺⒻ soutil; ᴹⒺ sutil; ᴹⒻ/Ⓕ/ᴳ subtil; Ⓔ subtle; ⒤ sottile; Ⓟ/Ⓢ sutil;

■: tela, æ, f.(I), 천·헝겊·거미줄; subtílis, e, adj.(III-b), 섬세한

(바-18) ⓛ '+ál+e+m'→Ⓔ '+ø_{bis}':
(라-18-1) ⓛ autumn+ál+e+m; ᴺⒻ/ᴹⒻ/Ⓔ/Ⓕ+al+ø; ⒤ +al+e; Ⓟ/Ⓢ +ø:

◆: ⓛ autumnálem; ᴺⒻ automnal; Ⓔ autumnal; ᴹⒻ/Ⓕ automnal; ⒤ autunnale; Ⓟ outunal; Ⓢ otoñal;

■: autúmnus, i, m.(II-A), 가을; autumnális, e, adj.(III-b), 가을의;

◉$_1$: '+al+': 轉成접사(형용사←명사);

◉$_2$: 형용사辭典標題語: ① III-a: 단수主格·屬格(felix, ícis); ② III-b: 단수主格(通性·中性: fortis, e); ③ III-c: 단수主格(男·女·中; acer, acris, acre); ④·⑤·⑥ II-I-II-a/b/c: 단수主格(男·女·中; bonus, a, um; liber, ĕra, ĕrum; niger, nigra, nigrum); ⟨happy; strong; keen; good; free; black⟩;

◉$_3$: 품사항목은 명사·동사(아프리카祖語; 60,100~60,000 BP), 명사·동사·冠形詞·부사(코카시아祖語; 60,000~40,000 BP), 명사·동사·관형사·부사·형용사·전치사·접속사·감탄사·膠着詞(유라시아祖語; 配語型·曲用型: 冠形詞·형용사·전치사·접속사·감탄사; 膠着型: 膠着詞: '토씨'에 대한 本叢書의 개칭) 등으로 구분된다. 冠形詞(指示·量化·性狀)는 曲用型의 경우 指示대명사·형용사(指示), 數詞(量化), 형용사(性狀) 등으로 轉成되고 잔존형(英語: 'so; such'; 엄밀하게, 指示·性狀관형사)으로 남아 있으며 형용사는 冠形詞의 문법적인 제약(비교급·최상급)과 그 영세성을 해소하기 위한 新案품사이다. 이에 견주어 膠着型의 冠形詞는 오늘날까지 건재하는 품사항목이지만 그 영세성을 보완하기 위하여 동사(動作·狀態)의 어근에 冠形形어미('ㄴ/는/ㄹ': 과거·현재·미래)를 連接, 冠形語로 실현되므로 '형용사·그림씨'는 韓語의 경우 형의 공백이자 언어유형론적인 無知로 말미암은 잘못이다.

(바-18) Ⓛ '+ál+e+m'→Ⓔ '+ø$_{bis}$':

(라-18-2) Ⓛ crimin+ál+e+m→^{N}Ⓕ/Ⓔ/^{N}Ⓕ/Ⓕ/Ⓖ/Ⓢ +ø$_{bis}$; Ⓘ +e+ø; Ⓟ +o+ø:

◆: Ⓛ criminálem; ^{N}Ⓕ criminel; Ⓔ criminal; ^{N}Ⓕ/Ⓕ criminel; Ⓖ kriminell; Ⓘ criminale; Ⓟ criminoso; Ⓢ criminal;

■: crimen, mĭnis, n., 범죄; criminális, e, adj., 범죄의;

◉: '+al+': 上同

(바-18) ⓛ '+ál+e+m'→ⓔ '+ø$_{bis}$':

(라-18-3) ⓛ princip+ál+e+m→^{N}Ⓕ⁄^{M}Ⓔ⁄^{M}Ⓕ⁄Ⓔ⁄Ⓕ⁄Ⓟ⁄Ⓢ +ø$_{bis}$; ⓘ +e+ø

◆: ⓛ principálem; ^{N}Ⓕ⁄^{M}Ⓔ⁄^{M}Ⓕ⁄Ⓔ⁄Ⓕ⁄Ⓟ⁄Ⓢ principal; ⓘ principale;

▣: princeps, cĭpis, adj.(Ⅲ-a; primus+cápere; primus, a, um, num.ord., 첫), 으뜸가는; principális, e, adj.(Ⅲ-A), 중요한;

◉: '+ál+': 上同

(바-19) ⓛ '+i+ál+e+m'→ⓔ '+ø$_{bis}$':

(라-19-1) ⓛ spec+i+ál+e+m→^{N}Ⓕ⁄^{M}Ⓔ⁄Ⓔ⁄^{M}Ⓕ⁄Ⓕ⁄Ⓟ⁄Ⓢ +ø$_{bis}$; ⓘ +e+ø

◆: ⓛ speciálem; ^{N}Ⓕ especïal; ^{M}Ⓔ⁄Ⓔ special; ^{M}Ⓕ⁄Ⓕ spécial; ⓘ speciale; Ⓟ⁄Ⓢ especial;

▣: spécies, éi, f.(Ⅴ), 얼굴·종류·種; speciális, e, adj.(Ⅲ-b), 특별한;

◉$_1$: ⓛ '+i+al+': 上同;

◉$_2$: Ⓟ⁄Ⓢ 'e+': 語頭호조음

(바-20) ⓛ '+ár+e+m'→ⓔ '+ø$_{bis}$':

(라-20-1) ⓛ sæcul+ár+e+m→^{N}Ⓕ⁄^{M}Ⓔ⁄Ⓔ⁄^{M}Ⓕ⁄Ⓕ⁄Ⓟ⁄Ⓢ +ø$_{bis}$; ⓘ +e+ø

◆: ⓛ sæculárem; ^{N}Ⓕ⁄^{M}Ⓔ seculer; Ⓔ secular; ^{M}Ⓕ⁄Ⓕ séculier; ⓘ secolare; Ⓟ⁄Ⓢ secolar;

▣: sǽculum, i, n.(Ⅱ-D), 세속·현세; sæculáris, e, adj.(Ⅲ-b), 속세적·현세의;

◉: '+ár+': 上同

(바-20) ⓛ '+ár+e+m'→ⓔ '+ø$_{bis}$':

(라-20-2) ⓛ joculár+e+m→^{N}Ⓕ⁄^{M}Ⓔ⁄Ⓔ⁄^{M}Ⓕ⁄Ⓕ⁄Ⓖ⁄ⓘ⁄Ⓟ⁄Ⓢ +ø:

◆: Ⓛ joculárem; ᴺⒻ jogler; ᴹⒺ jogelin; Ⓔ jogler; ᴺⒻ/Ⓕ joggeur; Ⓖ Jogger; Ⓘ jogger; Ⓟ joggler; Ⓢ juggler;

■: jocus, i, m., 농담; jocularis, e, adj.(Ⅲ-b), 익살스러운

(바-21) Ⓛ '+ul+ár+e+m' → Ⓔ '+ø_{bis}':

(라-21-1) Ⓛ reg+ul+ár+e+m → ᴺⒻ/ᴹⒺ/Ⓔ/ᴹⒻ/Ⓕ/Ⓖ/Ⓟ/Ⓢ +ø_{bis}; Ⓘ +e+ø

◆: Ⓛ regulárem; ᴺⒻ/ᴹⒺ reguler; Ⓔ regular; ᴹⒻ/Ⓕ régulier; Ⓖ reguliär; Ⓘ regolare; Ⓟ/Ⓢ regular:

■: rex/régere: 上同; régula, æ, f.(Ⅰ), 규칙; reguláris, e, adj.(Ⅲ-b), 규칙적;

◉: '+ul+ár+': 縮小접사·轉成접사(형용사←명사)

(바-22) Ⓛ '+a+t+ion+ál+e+m' → Ⓔ '+ø_{bis}':

(라-22-1) Ⓛ r+a+t+ion+ál+e+m → ᴺⒻ +ø_{bis} → ᴹⒺ +e+ø → Ⓔ/Ⓖ/ᴹⒻ/Ⓕ/Ⓟ/Ⓢ +ø_{bis}; Ⓘ +e+ø:

◆: Ⓛ rationálem; ᴺⒻ ratïonel; ᴹⒺ rationale; Ⓔ/Ⓖ rational; ᴹⒻ/Ⓕ rationnel; Ⓘ razionale; Ⓟ/Ⓢ racional;

■: reor, ratus sum, rēri, ᴰvt.(D-Ⅱ), 추측하다; ratus, a, um, p.p.(Ⅱ-Ⅰ-Ⅱ-a), 인정된; rátio, ónis, f.(Ⅲ-A), 理性; rationális, e, adj.(Ⅲ-b), 理性的

(바-23) Ⓛ '+ábil+e+m' → Ⓔ '+ø_{bis}':

(라-23-1) Ⓛ celebr+ábil+e+m → ᴺⒻ/ᴹⒺ/Ⓔ/ᴹⒻ/Ⓕ/Ⓘ/Ⓢ +e+ø; Ⓟ celebrável:

◆: Ⓛ celebrábilem; ᴺⒻ/ᴹⒺ/Ⓔ celebrable; ᴹⒻ/Ⓕ célébrable; Ⓘ/Ⓢ celebrable; Ⓟ +ø_{bi};

■: céleber, bris, bre, adj.(Ⅲ-c), 붐비는; célebro, ávi, átum, +áre, vt.(Ⅰ), 祝祭지

내다; celebrábilis, e, adj.(III-b), 성대한;

◉: '+ábil+i+s'←'hábilis, e, adj.(III-b), 손쉬운'←hábeo, bŭi, bĭtum, ére, vt.(II), 가지고 있다

(바-23) ⓛ '+ábil+e+m'→Ⓔ '+ø$_{bis}$':

(라-23-2) ⓛ multiplic+ábil+e+m→^{N}Ⓕ/Ⓔ/^{M}Ⓕ/Ⓕ/Ⓢ/Ⓖ/Ⓟ +ø$_{bis}$; Ⓘ +e+ø:

◆: ⓛ multiplicábilem; ^{N}Ⓕ multipliable; Ⓔ/^{M}Ⓕ/Ⓕ/Ⓢ multiplicable; Ⓖ multiplizierbar; Ⓘ moltiplicabile; Ⓟ multiplicavel;

■: multus: 上同; plecto, plexi, plexum, ĕre, Σvt.(III-A), 엮다; multíplico, ávi, átum, +áre, vt.(I), 곱하다; múltiplex, plĭs, adj.(III-a), 여러 갑절의; multiplicábilis, e, adj.(III-b), 증가시킬 수 있는(合成형용사; +i+: 連結모음);

◉: '+ábil+': 上同

(바-23) ⓛ '+ábil+e+m'→Ⓔ '+ø$_{bis}$':

(라-23-3) ⓛ abominábil+e+m→^{N}Ⓕ/^{M}Ⓔ/Ⓔ/^{M}Ⓕ/Ⓕ/Ⓢ +e+ø; Ⓘ +e+ø; Ⓟ +ø$_{bis}$:

◆: ⓛ abominábilem; ^{N}Ⓕ/^{M}Ⓔ/Ⓔ/^{M}Ⓕ/Ⓕ/Ⓢ abominable; Ⓘ abominevole; Ⓟ abominável;

■: omen, mĭnis, n.(III-D), 징조·길조·흉조; ab(/a)+ominábilis, e, adj.(III-b), 가증스러운

(바-24) ⓛ '+bil+e+m'→Ⓔ '+ø$_{bis}$':

(라-24-1) ⓛ nó+bil+e+m→^{N}Ⓕ noble→^{M}Ⓔ nöble→Ⓔ/^{M}Ⓕ/Ⓕ +ø$_{bis}$; Ⓘ/Ⓟ/Ⓢ +e+ø:

◆: ⓛ nóbilem; ^{N}Ⓕ noble; ^{M}Ⓔ nöble; Ⓔ/^{M}Ⓕ/Ⓕ/Ⓢ noble; Ⓘ nobile; Ⓟ nobre;

■: nosco, novi, nótum, ĕre, vtſ.(Ⅲ-A), 알다; nóbilis, e, adj.(Ⅲ-b), 알려진;

◉$_1$: Ⓛ '+bil+'←'+abil+'←'habilis';

◉$_2$: Ⓟ nobre: 音聲변화

(바-25) Ⓛ '+it+u+ál+ e+ m'→Ⓔ '+ø$_{bis}$':

(라-25-1) Ⓛ spir+it+u+ál+e+m→^{N}Ⓕ/^{M}Ⓔ/Ⓔ/^{M}Ⓕ/Ⓕ/Ⓟ/Ⓢ +ø$_{bis}$; Ⓘ +e+ø:

◆: Ⓛ spirituálem; ^{N}Ⓕ espirituel; ^{M}Ⓔ spirituel; Ⓔ spiritual; ^{M}Ⓕ/Ⓕ sprituel; Ⓘ spirituale; Ⓟ/Ⓢ espíritual;

■: spiráre/spíritus:上同; spirituális, e, adj.(Ⅲ-b), 靈的;

◉: 'e+': 語頭호조음; '+it+u+ál+': 轉成접사(명사/형용사←동사)·호조음-轉成접사(형용사←명사)

(바-26) Ⓛ '+a+t+ur+ál+ e+ m'→Ⓔ '+ø$_{bis}$':

(라-26-1) Ⓛ n+a+t+ur+ál+e+m→^{N}Ⓕ/^{M}Ⓔ/Ⓔ/^{M}Ⓕ/Ⓕ/Ⓟ/Ⓢ/Ⓖ +ø$_{bis}$; Ⓘ +e+ø:

◆: Ⓛ naturálem; ^{N}Ⓕ naturel; ^{M}Ⓔ/Ⓔ/^{M}Ⓕ/Ⓕ/Ⓟ/Ⓢ natural; Ⓖ natürlich; Ⓘ naturale;

■: nasci/natúra: 上同; naturális, e, adj.(Ⅲ-b), 자연적;

◉: Ⓛ '+a+t+; +ur+; +ál+'(n+a+t+ur+ál+e+m): 上同$_{1~3}$

(바-27) Ⓛ '+ánt+e+m'→Ⓔ '+ø$_{bis}$':

(라-27-1) Ⓛ ignor+ánt+e+m→^{N}Ⓕ/^{M}Ⓔ/Ⓔ/^{M}Ⓕ/Ⓕ/Ⓖ +ø$_{bis}$; Ⓘ/Ⓟ/Ⓢ +e+ø:

◆: Ⓛ ignorántem; ^{N}Ⓕ/^{M}Ⓔ/Ⓔ/^{M}Ⓕ/Ⓕ/Ⓖ ignorant; Ⓘ/Ⓟ/Ⓢ ignorante;

■: ignoráre: 上同; ignórans, ántis, pr.p.(Ⅲ-a), 모르는

(바-28) Ⓛ '+ént+e+m' → Ⓔ '+ø_{bis}':

(라-28-1) Ⓛ innoc+ént+e+m → ᴺⒻ/ᴹⒺ/Ⓔ/ᴹⒻ/Ⓕ +ø_{bis}; Ⓘ/Ⓟ/Ⓢ +e+ø:

◆: Ⓛ innocéntem; ᴺⒻ/ᴹⒺ/Ⓔ/ᴹⒻ/Ⓕ innocent; Ⓘ innocente; Ⓟ/Ⓢ inocente:

■: nocḗre: 上同; ínnocens, éntis, pr.p./adj.(Ⅲ-a), 無辜한

(바-28) Ⓛ '+ént+e+m' → Ⓔ '+ø_{bis}':

(라-28-2) Ⓛ óccidens/occid+ént+e+m → ᴺⒻ/ᴹⒺ/Ⓔ/ᴹⒻ/Ⓕ occident; Ⓘ/Ⓢ/Ⓟ ocidente:

◆: Ⓛ occidéntem; ᴺⒻ/ᴹⒺ/Ⓔ/ᴹⒻ/Ⓕ occident; Ⓘ/Ⓢ occidente; Ⓟ ocidente;

■: cádĕre/occídĕre: 上同; óccidens, éntis, pr.p.(Ⅲ-a), 서쪽의

(바-28) Ⓛ '+ént+e+m' → Ⓔ '+ø_{bis}':

(라-28-3) Ⓛ omnipot+ént+e+m → ᴺⒻ/ᴹⒺ/Ⓔ/ᴹⒻ/Ⓕ +ø_{bis}; Ⓘ/Ⓟ/Ⓢ +e+ø

◆: Ⓛ omnipoténtem; ᴺⒻ/ᴹⒺ/Ⓔ/ᴹⒻ/Ⓕ omnipotent; Ⓘ onnipotente; Ⓟ onipotente; Ⓢ omnipotente:

■: omnis, e, adj.(Ⅲ-b), 모든; possum, pótui, posse(←potis+esse), Avi./vt., 할 수 있다;

◉: '+i+': 合成형용사連結모음

(바-28) Ⓛ '+ént+e+m' → Ⓔ '+ø_{bis}':

(라-28-4) Ⓛ prud+ént+e+m → ᴺⒻ/ᴹⒻ/Ⓕ/Ⓔ +ø_{bis}; Ⓘ/Ⓟ/Ⓢ +e+ø

◆: Ⓛ prudéntem; ᴺⒻ/ᴹⒻ/Ⓕ/Ⓔ prudent; Ⓘ/Ⓟ/Ⓢ prudente;

■: vídeo, vidi, visum, ére, vt.(Ⅱ), 보다; provídeo, vídi, vísum, ére, vt.(Ⅱ), 예견하다; prudens, éntis, pr.p.(Ⅲ-a), 현명한

(바-29) Ⓛ '+ár+i+e+m'→Ⓔ '+ø$_{bis}$':

(라-29-1) Ⓛ exempl+ár+i+u+m→^{N}Ⓕ +ø$_{bis}$→Ⓔ +y+ø; ^{M}Ⓕ/Ⓕ/Ⓖ/Ⓟ/Ⓢ +ø$_{bis}$; Ⓘ +e+ø:

◆: Ⓛ exemplárium; ^{N}Ⓕ essemplarie; Ⓔ exemplary; ^{M}Ⓕ/Ⓕ exemplair; Ⓖ exemplarisch; Ⓘ esemplare; Ⓟ exemplar; Ⓢ ejemplar;

■: emo, emi, emptum, ĕre, vt.(Ⅲ-A), 사다; eximo, émi, émptum, ĕre, vt.(Ⅲ-A), 구출하다; exémplum, i, n.(Ⅱ-D), 본보기; exempláris, e, adj.(Ⅲ-b), 標本的;

◉: Ⓔ '+y': 上同

(바-30) Ⓛ '+íc+e+m'→Ⓔ '+ø$_{bis}$':

(라-30-1) Ⓛ símpl+ic+e+m→^{N}Ⓕ/^{M}Ⓔ/Ⓔ/^{M}Ⓕ/Ⓕ/Ⓢ/Ⓟ +ø$_{bis}$; Ⓘ +e+ø;

◆: Ⓛ símplicem; ^{N}Ⓕ/^{M}Ⓔ/Ⓔ/^{M}Ⓕ/Ⓕ/Ⓢ simple; Ⓘ semplice; Ⓟ simples;

■: semel, adv.num., 한번; plico, ávi/cŭi, átum, +áre, vt.(I), 포개다; simplex, plĭcĭs, adj.(Ⅲ-a), 단순한;

◉: '+ic+': 轉成접사(형용사←동사)

(바-31) Ⓛ '+iént+e+m'→Ⓔ '+ø$_{bis}$':

(라-31-1) Ⓛ or+iént+e+m→^{N}Ⓕ/^{M}Ⓔ/^{M}Ⓕ/Ⓔ/Ⓕ/Ⓖ +ø$_{bis}$; Ⓘ/Ⓟ/Ⓢ +e+ø;

◆: Ⓛ oriéntem; ^{N}Ⓕ/^{M}Ⓔ/^{M}Ⓕ/Ⓔ/Ⓕ orient; Ⓖ Orient; Ⓘ/Ⓟ/Ⓢ oriente;

■: oríri: 上同; óriens, éntis, pr.p.(Ⅲ-a), 떠오르는

(바-32) Ⓛ '+il+e+m'→Ⓔ '+ø$_{bis}$':

(라-32-1) Ⓛ húm+il+e+m→^{N}Ⓕ/^{M}Ⓔ/Ⓔ/^{M}Ⓕ/Ⓕ +ø$_{bis}$; Ⓘ +e+ø; Ⓟ/Ⓢ +d+e+ø;

◆: Ⓛ húmilem→^{N}Ⓕ/^{M}Ⓔ/Ⓔ/^{M}Ⓕ/Ⓕ humble; Ⓘ umile; Ⓟ/Ⓢ humilde;

■: humus, i, f.(II-A), 땅·흙; húmilis, e, adj.(III-b), 겸손한·비천한;

◉$_1$: ⓅⓈ '+d+': 호조음;

◉$_2$: '+il+': 轉成접사(형용사←명사)

(바-32) Ⓛ '+il+e+m'→Ⓔ '+e+ø':

(라-32-2) Ⓛ inút+il+e+m→^{N}Ⓕ/Ⓔ/^{M}Ⓕ/Ⓕ/Ⓘ +e+ø; ⓅⓈ +ø$_{bis}$:

◆: Ⓛ inútilem; ^{N}Ⓕ inútele; Ⓔ/^{M}Ⓕ/Ⓕ/Ⓘ inutile; Ⓟ inútil; Ⓢ inutil;

■: utor, usus sum, i, Dvi.(D-III-A; +dat.), 쓰다; útilis, e, adj.(III-b), 유용한; inútilis, e, adj.(III-b), 무익한;

◉: '+il+': 上同

(바-33) Ⓛ '+i+a+nt+e+m'→Ⓔ '+ø$_{bis}$':

(라-31-1) Ⓛ luxur+i+á+nt+e+m→^{N}Ⓕ/Ⓔ/^{M}Ⓕ/Ⓕ/Ⓖ +ø$_{bis}$; Ⓘ/Ⓟ +e+ø:

◆: Ⓛ luxuriántem; ^{N}Ⓕ luxuriant; Ⓔ/^{M}Ⓕ/Ⓕ/Ⓖ luxuriant; Ⓘ lussureggiante; Ⓟ luxuriante:

■: luxúrio, ávi, átum, +áre, vi.(I), 방탕하게 살다; luxúrians, ántis, pr.p.(III-a), 방탕하게 사는

(바-33) Ⓛ '+ment+e+m'→Ⓔ '+ø$_{bis}$':

(라-33-1) Ⓛ vehe+ment+e+m→^{M}Ⓕ/Ⓕ/Ⓔ/Ⓢ +ø$_{bis}$; Ⓘ/Ⓟ +e+ø:

◆: Ⓛ vehementem; ^{M}Ⓕ/Ⓕ véhément; Ⓔ/Ⓢ vehement; Ⓘ/Ⓟ veemente:

■: veho, vexi, vectum, ĕre, Σvt.(III-A), véhemens, énis, adj.(III-a), 격렬한;

◉: '+ment+'←'+*men+o+s'(轉成접사: 현재분사←동사); cf., (派生부사-라-01-1) '+men+t+e'

형용사는 코카시아祖語(60,000~40,000 BP)의 품상항목이 아니라 유라시아祖語(40,000 ~20,000 BP)의 曲用型어족에 한하여 指示·量化·性狀관형사 가운데 性狀관형사에 級(원급·비교급·최상급)·數(단수·쌍수·복수)·格(주격·호격·속격·여격·대격·탈격·구격·처격) 등의 曲用범주(轉成접사·格)어미를 고안, 신설된 품사항목이며 이는 配語型어족의 경우 통사론적·非형태론적으로, 膠着型어족의 경우 동사(動作·狀態동사)의 어근─轉成접사(冠形語←동사)연쇄체(예: '+ㄴ/+는/+ㄹ'; 과거·현재·미래)로 각각 對應하는 等價의 문법범주이다. 형태론적으로 가장 다양하게 진화된 印赫語 가운데 라전어가 으뜸이며 108개의 曲用어형을 두었던 古典라전어의 형용사는 위에서 본 것처럼 원급·단수·幹모음·대격연쇄체인데 이에서 對格곡용어미('+m')가 말기通俗라전어(800 AD)에서 탈락하여 로망스語의 경우 幹모음(+a/e/o)이 疑似어미로, 英語를 비롯한 게르만語의 경우 逆成(+ø$_{bis}$)으로 각각 구성되었다. 이러한 형용사의 형태론적인 통시태에 대한 이해는 라전어학·로망스어학·게르만어학·영어학의 형태론적 연구에 매우 긴요하다. 유라시아祖語 이래 품사항목은 膠着型의 경우 명사·동사·관형사·부사·교착사로, 曲用型·配語型의 경우 명사·동사·관형사·형용사·부사·전치사·접속사·감탄사로 각각 확장·확대되었으며, 교착사(예: '+을'; 對格)는 지배적으로 명사(*글/*흘; 吏讀 '肹'; <a *target>)에서, 형용사는 性狀관형사('felix'; <happy>)에서, 전치사·접속사·감탄사는 부사에서 각각 전성되었고 관형사는 잔존형('so; such')으로 존속하고 있으나 기존 印赫語문법에서 公認되지 않은 품사항목이다.

'so; such'는 각각 부사·형용사로 분류되어 있으나 실제로 토박이말 性狀형용사이며 이는 비교급·최상급의 곡용어형으로 실현되어야 옳다. 그러나 그러하지 못한 까닭은 指示·量化·性狀관형사를 막론하고 관형사의 級범주가 원급에 한정되었기 때문이며 이는 韓語의 관형사에서 반증되나 관형어의 경우 비교급·최상급으로 할당될 수 있다. 관형어는 품사층위의 어휘항목이 아니라 동사활용(動作·狀態)의 冠形形으로 실현되는 활용의 하위범주에 속하는 활용어형이며 인혁어의 형용사와 기능적으로 等價문법범주이지만 관형어는 그림씨*나 형용사*로 일컬으면 이는 언어유형론적인 오류이다. 기존 문법서의 오류를 시정하지 않으면 우선 英語교육이 제대로 될 까닭이 없다.

셋째 꼭지: 파생부사차용어

(사-01) Ⓛ '+e+men+t+e'→Ⓔ '+ly':

(사-01-1) ᴹⓁ nóbil+e+men+t+e→ᴺⒻ/Ⓕ +ø→Ⓔ +ly; Ⓘ/Ⓟ/Ⓢ + e:

◆: ᴹⓁ nóbil+e+men+t+e; ᴺⒻ/ᴹⒻ/Ⓕ noblement; Ⓔ nobly; Ⓘ nobilmente; Ⓟ/Ⓢ noblemente;

■: gnosco/nosco, nōvi, nōtum, ĕre, vt∫.(Ⅲ-A), 알다; nóbilis, e, adj.(Ⅲ-b), 알려진;

◉₁: '+e+': 호조음; '+mente'(←'mens, mentis, f.(Ⅲ-A)),'의 단수奪格; 奪格·處格·具格의 합류, 본항은 具格에 해당, 이는 英語에서 '+ly'(派生副詞어미; ←ᴹⒺ +līc←ˢⒶ līc←ġeliċ)로, 佛語·伊語·葡語·西語에서 '+e'(副詞어미)로 각각 실현되며 現代영어의 派生부사는 지배적으로 라전-희랍語根형용사에 이를 後接, 분석적으로 형성된다.

◉₂: 본항의 '+e+men+t+e'는 '+ment+e+m'(형용사借用語-라-33-1)와 별개의 문법범주이다.

다음 일련번호는 형용사차용어의 것이며 각 번호의 어휘항목은 借用형용사에서 파생된 부사이다. (괄호 안의 어휘항목은 파생부사의 不在를 지시한다.)

(사-라-01) benignly; chastely; justly; (malign); secondly;

(사-라-02) (meridian; quotidian);

(사-라-03) Christianly;

(사-라-04) externally; (ivory);

(사-라-05) palely;

(사-라-06) spaciously; studiously;

(사-라-07) compassionately;

(사례-08) pensively;

(사례-09) acutely;

(사례-10) (adversary); contrarily; necessarily;

(사례-11) canonically;

(사례-12) pecuniarily;

(사례-13) curiously;

(사례-14) natively;

(사례-15) gloriously; preciously;

(사례-16) (ensign);

(사례-17) subtly; autumnally; criminally; principally; specially;

(사례-18) secularly;

(사례-19) regularly;

(사례-20) rationally;

(사례-21) (celebrable); multiplicably; abominably;

(사례-22) nobly;

(사례-23) spiritually;

(사례-24) naturally;

(사례-25) ignorantly;

(사례-26) (jogler);

(사례-27) innocently; (occident; omnipotent); prudently;

(사례-28) exemplarily;

(사례-29) simply;

(사례-30) (orient);

(사례-31) humbly; inutilely;

(사-라-32) luxuriantly

派生부사 차용어는 명사·동사에서 형용사로 전성되고 이에 일률적으로 英語 토박이말 부사어미 '+ly'를 連接, 형성되며 이는 그 실현환경에 따라 연접을 거부('meridian')하거나 다른 형용사로 바꾸어 허용('malign')하거나 형용사의 末音을 변경('contrarily; nobly')시켜 실현된다. 古典라전어의 原來부사는, 예를 들면, 'bene; mélius; óptime' (<well; better; best>)처럼 불규칙적이며 이는 부사의 유일한 곡용범주인 級(원급·비교급·최상급)을 일컫는데 原級의 어미는 '+e'를 비롯하여 어휘에 따라 종합적이다. 派生부사의 級에 따른 분석적인 어미는 '+ĭter; +ĭus; +íss/érr+im+e'(e.g.: felíc+ĭter; felíc+ĭus; felic+íss+im+e/acérr+im+e; <happily; more happily; most happily>) 등이며 이는 英語를 비롯한 게르만語에 차용되지 않았으나 로망스語의 경우 'Ⓘ/Ⓟ/Ⓢ piano/forte; Ⓘ/Ⓟ/Ⓢ piu piano/forte; Ⓘ/Ⓟ pianissimo/fortissimo; Ⓢ pianísimo/fortísimo; <softly/strongly; more/most ditto; 'piu'←plus>' 등으로 전승되었다. 英語의 派生副詞차용어는 위에서 본 것처럼 로망스語와 달리 原級의 경우 '+ly'(토박이副詞語尾)를 連接시키며, 比較級·最上級의 경우 그 왼쪽에 'more; most'를 각각 분석적으로 配語, 형성된다. 이러한 관점에서 古典라전어의 曲用메커니즘은 종합적이며 英語의 還配어형 형태-통사구조는 분석적이다. 즉, 곡용체계의 붕괴는 분석력을 동반하였다.

곡용형언어(인혁語)의 형용사에 대한 교착형언어(韓語族)의 품사항목은 性狀관형사이며 性狀관형사의 수효가 영세하므로 이에 대처하여 고안된 문법범주는 冠形語다. 관형어는 품사층위의 문법범주가 아니라 동사(動作·狀態동사; 예: '가다/먹다; 곱다')활용의 활용어미(敍述形·冠形形·副詞形) 가운데 '어근+冠形形어미'로 결속-구성되는 冠形形연쇄체이며 이는 곡용범주에 속하는 형용사(라전語·희랍語·獨語)의 等價문법범주이다. 형용사는 종합적인 형태연쇄체로, 관형어는 분석적인 통사연쇄체로 변별되며 종합성·분석성은 형용사·관형어에 국한된 변별자질이 아니라 言表 전반에 해당된다.

Herman Melville (1819~1891);
Moby-Dick (1852)

넷째 꼭지: 동사차용어

(아-01) ⓛ '+á+r+e'→Ⓔ '+ø$_{ter}$':

(라-01-1) ⓛ ex+alt+á+r+e→^{N}Ⓕ +er→^{M}Ⓔ +a+t+e→Ⓔ +ø$_{ter}$; ^{M}Ⓕ/Ⓕ +er; Ⓘ +a+r+e; Ⓟ/Ⓢ +a+r+ø:

◆: ⓛ exaltáre; ^{N}Ⓕ exalter; ^{M}Ⓔ exaltate; Ⓔ exalt; ^{M}Ⓕ/Ⓕ exalter; Ⓘ esaltare; Ⓟ/Ⓢ exaltar;

■: alo, alŭi, altum, ěre, vt.(III-A), 키우다; altus, a, um., adj.(II-I-II-a), 높은; ex(/e; prefix←e/ex, prep., <from>) +álto, ávi, átum, +áre, vt.(I), 顯揚하다

◉$_1$; Ⓔ 'ex+alt': 逆成(back-formation); ^{M}Ⓔ 'ex+alt+a+t+e': 현재不定詞←과거분사;

◉$_2$; Ⓔ의 동사/형용사: 逆成/轉成/過去分詞: 'ex+alt+ø; amb+ul+a+t+e'/'de+sper+a+t+e'[5]);

◉$_3$; 本총서의 同源語층위(一次·二次·三次: 60,000~40,000~20,000 BP); L al.(<to nourish>)∞K 알~얼; <an egg; spirit/mind>)∞Hb 'ûl~'ēl; <to be strong; a god/trong one>)∞Gth/OE al.(<to grow>): 二次동원어; Hb 'ûl: 非動詞語根;

◉$_4$; 라전어의 連聲(內연성·外연성)은 복잡다기하지만 이에 대한 포괄적인 음운론은 아직 없으므로 학습자는 速讀하려면 오랜 시간을 요하며 악센트도 표기되지 않으므로 더욱 그렇다. 梵語·희립語·佛語의 경우 학습자는 쉽게 읽을 수 있는데 이는 이들 언어가 실제로 음운규칙이 얼마 되지 않으므로 구별기호를 두고 있는 것이며 이와 견주면 라전語·英語·韓語의 連聲에 의한 音韻變異는 그럴 수 없으므로 일일이 표기할 수 없기 때문이다. 예를 들면, 'exaltáre'는 '/엑스알따레/'가 아니라 '엑살따레'로 읽어야 옳으며 라전語·英語·韓語는 구별기호를 두지 않은 채 오로지 알파벳(홀소리·닿소리)에 의하여 표기되는 언어이므로 그

---

5) 'exalt; ambulance; desperate': <현양하다; 구급차; 필사적>; '구급차': <우측좌측으로 다닐 수 있는 차>

포괄적인 음운론의 출간은 대단히 절실하다.

(아-01) Ⓛ '+á+r+e'→Ⓔ '+ø$_{ter}$':

(라-01-2) Ⓛ damn+á+r+e→^{N}Ⓕ +e+r+ø→^{M}Ⓔ +e+n+ø→Ⓔ +ø$_{ter}$; ^{M}Ⓕ/Ⓕ +e+r+ø;
Ⓘ +a+r+e; Ⓟ/Ⓢ +a+r+ø:

◆: Ⓛ damnáre→^{N}Ⓕ damner→^{M}Ⓔ damnen→Ⓔ damn; ^{M}Ⓕ/Ⓕ condamner; Ⓘ damnare;
Ⓟ/Ⓢ condenar;

■: damno, ávi, átum, +áre, vt.(Ⅰ), 斷罪하다;

◉: Ⓘ 'damnare'(準제일활용화)←Ⓛ 'damnáre'

(아-01) Ⓛ '+á+r+e'→Ⓔ '+ø$_{ter}$':

(라-01-3) Ⓛ firm+á+r+e→^{N}Ⓕ +e+r+ø→^{M}Ⓔ +e+n+ø→Ⓔ +ø$_{bis}$; ^{M}Ⓕ/Ⓕ/Ⓘ/Ⓟ/Ⓢ ø:

◆: Ⓛ firmáre; ^{N}Ⓕ fermer; ^{M}Ⓔ fermen; Ⓔ firm; ^{M}Ⓕ/Ⓕ/Ⓘ/Ⓟ/Ⓢ ø;

■: firmus, a, um, adj.(Ⅱ-Ⅰ-Ⅱ-a), 튼튼한; firmo, ávi, átum, +áre, vt.(Ⅰ), 強化하다

(아-01) Ⓛ '+á+r+e'→Ⓔ '+ø$_{ter}$':

(라-01-4) ^{M}Ⓛ regener+á+r+e→^{N}Ⓕ/^{M}Ⓕ/Ⓕ +e+r+ø→Ⓔ +ø$_{ter}$; Ⓖ +e+r+ie+r+en;
Ⓘ +a+r+e; Ⓟ/Ⓢ ø:

◆: ^{M}Ⓛ regeneráre; ^{N}Ⓕ regenerer; Ⓔ regenerate; ^{M}Ⓕ/Ⓕ regénérér; Ⓖ regen-erieren; Ⓘ rigenerare; Ⓟ/Ⓢ ø:

■: genus, něris, n.(Ⅲ-C), 혈통; género, ávi, átum, +áre, vt.(Ⅰ), 낳다; regénero, ávi, átum, +áre, vt.(Ⅰ), 재생시키다;

◉$_1$: Ⓔ '+a+t+e'(regenerate): 過去語幹연쇄체;

◉$_2$: Ⓘ 'rigenerare'(準제일활용화)←Ⓛ 'regeneráre'

(아-01) Ⓛ '+á+r+e'→Ⓔ '+ø_{ter}':

(라-01-5) ^MⓁ germin+a+r+e→^NⒻ +e+r+ø→^MⒺ +ø_{ter}→Ⓔ +ø_{ter}/+a+t+e; ^MⒻ/Ⓕ+e+r+ø; Ⓘ+a+r+e; Ⓟ/Ⓢ +a+r+ø:

◆: ^MⓁ germináre; ^NⒻ germiner; ^MⒺ germine; Ⓔ germine/germinate; ^MⒻ/Ⓕ germer; Ⓘ germinare; Ⓟ/Ⓢ germinar;

■: germen, nĭris, n.(Ⅲ-C), 싹; gérmino, ávi, átum, +áre, vi.(Ⅰ), 싹트다

◉_1: 'germine/germinate': 現在·過去어간에 의한 動詞化;

◉_2: Ⓘ 'germinare'(準제일활용화)←Ⓛ 'germináre'

(아-01) Ⓛ 'a+m+á+r+e'→Ⓔ '+ø_{ter}':

(라-01-6) Ⓛ a+m+á+r+e→^NⒻ/^MⒺ/Ⓔ (amorous); ^NⒻ/Ⓕ (aimer); Ⓘ +a+r+e; Ⓟ/Ⓢ +a+r+ø:

◆: Ⓛ amáre; ^NⒻ/^MⒺ/Ⓔ amorous; ^NⒻ/Ⓕ aimer; Ⓘ amare; Ⓟ/Ⓢ amar;

■: amor, óris, m.(Ⅲ-A), 사랑; amo, ávi, átum, +áre, vt.(Ⅰ), 사랑하다;

◉_1: Ⓛ 'a+m+á+r+e': ←^{mt}Ⓚ '/me/'(<water; a survey between the inundations of the Nile>);

◉_2: 'a+m+áre': 接頭호조음·어근(케멧語)·第一活用化;

◉_3: 'amáre': 케멧語차용어; 인혁어 三次동원어 不在;

◉_4: Ⓘ 'amare'(準제일활용화)←Ⓛ 'amáre'

(아-01) Ⓛ '+á+r+e'→Ⓔ '+ø_{ter}':

(라-01-7) Ⓛ ministr+á+r+e→^NⒻ +e+r+ø→^MⒺ +en+ø_{bis}→Ⓔ +ø_{ter}; Ⓕ/Ⓖ/Ⓘ/Ⓟ/Ⓢ ø:

◆: Ⓛ ministráre; ^NⒻ ministrer; ^MⒺ ministren; Ⓔ minister; Ⓕ/Ⓖ/Ⓘ/Ⓟ/Ⓢ ø:

■: miníster: 上同; minístro, ávi, átum, +áre, vi./vt., 섬기다;

◉: ᴹⒺ '+en+': ←ˢⒶ '+an'(古代영어不定詞어미)

(아-01) Ⓛ '+á+r+e'→Ⓔ '+ø_{ter}':

(라-01-8) Ⓛ abomin+á+r+i→ᴺⒻ+er→Ⓔ abominate; ᴹⒻ/Ⓕ abominer; Ⓟ/Ⓢ abominar:

◆: Ⓛ abominári; ᴺⒻ abominer; Ⓔ abominate; ᴹⒻ/Ⓕ abominer; Ⓟ/Ⓢ abominar

■: abóminor, átus sum, +ári, Ⅾvt.(Ⅰ), 저주하다;

◉: ᴺⒻ/ᴹⒻ/Ⓕ '+er': 不定詞어미

(아-01) Ⓛ '+á+r+e'→Ⓔ '+ø_{ter}':

(라-01-9) Ⓛ ædificáre; ᴺⒻ edifier; ᴹⒺ edifien; Ⓔ edify; ᴹⒻ/Ⓕ édifier; Ⓘ edificare; Ⓟ edificar; Ⓢ edificar;

◆: ædes, is, f., 집; fácere: 上同; ædífico, ávi, átum, +áre, vt., 집짓다;

◉_1: Ⓔ '+f+y'('edify'): 어근(=+fic+/+fi+)·어미(=+áre/+er/+en/+ar);

◉_2: Ⓔ '+f+y'(음절縮合)←'+fícere'←'fácere'(Ⅲ-B);

◉_3: Ⓘ 'edificare'(準제일활용화)←Ⓛ 'ædificáre'

(아-01) Ⓛ '+á+r+e'→Ⓔ '+y+ø_{ter}':

(라-01-10) ᴹᴸ glorific+á+r+e→ᴺⒻ/ᴹⒺ/ᴺⒻ/Ⓕ +ø_{ter}→Ⓔ +y+ø_{bis}; Ⓘ +a+r+e; Ⓢ/Ⓟ +a+r+ø:

◆: ᴹᴸ glorificáre; ᴺⒻ glorifier; ᴹⒺ glorifíin; Ⓔ glorify; ᴺⒻ/Ⓕ glorifier; Ⓘ glorificare; Ⓢ/Ⓟ glorificar;

■: glória/fácere: 上同; glorífico, ávi, átum, +áre, vt.(Ⅰ), 찬양하다;

◉₁: Ⓔ '+f+y': 上同;

◉₂: Ⓘ 'glorificáre'(準제일활용화)←Ⓛ 'glorificáre'

(아-01) Ⓛ '+á+r+e'→Ⓔ '+y+ø_ter':

(라-01-11) Ⓛ justific+á+r+e→ᴺⒻ/ᴹⒺ/ᴹⒻ/Ⓕ +ø_ter; Ⓔ +y+ø_ter; Ⓘ +a+r+e; Ⓟ/Ⓢ +a+r+ø:

◆: Ⓛ justificáre; ᴺⒻ justifier; ᴹⒺ justifiin→Ⓔ justify; ᴹⒻ/Ⓕ justifier; Ⓘ giustificare; Ⓟ/Ⓢ justificar:

■: justus/fácere/justificus: 上同; justífico, ávi, átum, +áre, vt.(I), 義化하다(합성어);

◉₁: Ⓔ '+f+y': 上同;

◉₂: Ⓘ 'giustificare'(準제일활용화)←Ⓛ 'justificáre'

(아-01) Ⓛ '+á+r+e'→Ⓔ '+y+ø_ter':

(라-01-12) Ⓛ magnific+á+r+e→ᴺⒻ +e+r+ø→ᴹⒺ +e+n+ø→Ⓔ +y+ø_ter; ᴹⒻ/Ⓕ +e+r+ø; Ⓘ +a+r+e; Ⓢ +a+r+ø:

◆: Ⓛ magnificáre; ᴺⒻ magnifier; ᴹⒺ magnifien; Ⓔ magnify; ᴹⒻ/Ⓕ magnifier; Ⓘ magnifare; Ⓢ magnificar:

■: magnus/fácere: 上同; magnífico, ávi, átum, +áre, vt.(I), 찬양하다;

◉₁: Ⓔ '+f+y': 上同;

◉₂: Ⓘ 'magnifare'(準제일활용화)←Ⓛ 'magnificáre'

(아-01) Ⓛ '+á+r+e'→Ⓔ '+ø_ter':

(라-01-13) Ⓛ mortific+á+r+e→ᴺⒻ/ᴹⒺ/ᴹⒻ/Ⓕ +ø_bis→Ⓔ +y+ø_bis; Ⓘ +a+r+e; Ⓟ/Ⓢ +a+r+ø:

◆: ⓛ mortificáre→ᴺⒻ mortifier→ᴹⒺ mortifie→Ⓔ mortify; ᴹⒻ/Ⓕ mortifier; Ⓘ mortificare; Ⓟ/Ⓢ mortificar;

■: mórior, mórtuus sum, i, Ðvi.(D-Ⅲ-A), 죽다; mors, mortis, f.(Ⅲ-A), 죽음; mortifico, ávi, átum, +áre, vt.(I), 죽이다;

◉$_1$: Ⓔ '+f+y': 上同;

◉$_2$: 'mortificáre': 動詞합성어(+i+: 連結모음);

◉$_3$: Ⓘ 'mortificare'(準제일활용화)←Ⓛ 'mortificáre'

(아-01) Ⓛ '+á+r+e'→Ⓔ '+y+ø$_{ter}$':

(라-01-4) Ⓛ multiplic+á+r+e→Ⓕ/ᴹⒺ/ᴹⒻ/Ⓕ/Ⓖ +ø$_{ter}$→Ⓔ +y+ø$_{ter}$; Ⓘ +a+r+e; Ⓟ/Ⓢ +a+r+ø:

◆: Ⓛ multiplicáre; ᴺⒻ multiplïer; ᴹⒺ multiplie; Ⓔ multiply; ᴹⒻ/Ⓕ multiplier; Ⓖ multiplizieren; Ⓘ moltiplicare; Ⓟ/Ⓢ multiplicar;

■: multus/pléctĕre: 上同; multíplico, ávi, átum, +áre, vt.(I), 곱하다(合成動詞); +i+: 連結모음);

◉$_1$: Ⓔ '+f+y': 上同;

◉$_2$: Ⓘ 'moltiplicare'(準제일활용화)←Ⓛ 'multiplicáre'

(아-01) Ⓛ '+á+r+e'→Ⓔ '+ø$_{ter}$':

(라-01-5) ᴹⓁ sanctific+á+r+e→ᴺⒻ/ᴹⒺ/ᴹⒻ/Ⓕ/Ⓖ +ø$_{ter}$→Ⓔ +y+ø$_{ter}$; Ⓘ +a+r+e; Ⓟ/Ⓢ +a+r+ø:

◆: ᴹⓁ sanctificáre; ᴺⒻ saintefier; ᴹⒺ sanctifien; Ⓔ sanctify; ᴹⒻ/Ⓕ sanctifier; Ⓖ sanktionieren; Ⓘ santificare; Ⓟ/Ⓢ santificar;

■: sáncio, sanxi, sanctum, ĕre, Σvt.(Ⅲ-B), 制定하다; fácere: 上同; sanctífico, ávi, átum, +áre, vt.(I), 聖別하다(合成動詞); +i+: 連結母音);

◉₁: Ⓔ '+f+y': 上同;

◉₂: Ⓘ 'santificare'(準제일활용화)←Ⓛ 'sanctificáre'

(아-01) Ⓛ '+á+r+e'→Ⓔ '+ø_{ter}':

(라-01-6) Ⓛ signific+á+r+e→ᴺⒻ/ᴹⒺ/ᴹⒻ/Ⓕ +ø_{ter}→Ⓔ +y+ø_{ter}; Ⓘ +a+r+e; Ⓟ/Ⓢ +a+r+ø

◆: Ⓛ significáre; ᴺⒻ signifier; ᴹⒺ signifien; Ⓔ signify; ᴹⒻ/Ⓕ signifier; Ⓘ significare; Ⓟ/Ⓢ significar;

■: signum/fácěre: 上同; signífico, ávi, átum, +áre, vt.(I), 표시하다(合成動詞); +i+: 連結母音);

◉₁: Ⓔ '+f+y': 上同;

◉₂: Ⓘ 'significare'(準제일활용화)←Ⓛ 'significáre'

(아-02) Ⓛ '+á+r+e'→Ⓔ '+ø_{ter}':

(라-02-1) Ⓛ labor+á+r+e→ᴺⒻ/ᴹⒺ/Ⓔ +ø_{ter}; Ⓘ +a+r+e:

◆: Ⓛ laboráre; ᴺⒻ laboreor; ᴹⒺ laborer; Ⓔ labour; Ⓘ laborare;

■: labor: 上同; labóro, ávi, átum, +áre, vi.(I), 애쓰다

(아-02) Ⓛ '+á+r+e'→Ⓔ '+ø_{ter}':

(라-02-2) Ⓛ manifest+á+r+e→ᴺⒻ/Ⓔ/ⒼᴹⒻ/Ⓕ/Ⓘ/Ⓟ/Ⓢ +ø_{ter}:

◆: Ⓛ manifestáre; ᴺⒻ manifester; Ⓔ/Ⓖ manifest; ᴹⒻ/Ⓕ manifeste; Ⓘ/Ⓟ manifesto; Ⓢ manifiesto;

■: manus, us, f.(IV-A), 손; maniféstus(+féstus←√féndere: ☞ deféndere), a, um, adj.(II-I-II-a), 명백한·분명한; magnifesto, ávi, átum, +áre, vt.(I), 명시하다;

◉: 'magnifestáre': 合成동사(+i+: 連結모음)

(아-02) Ⓛ '+á+r+e'→Ⓔ '+ø_{ter}':

(라-02-3) Ⓛ ador+á+r+e→ᴺⒻ/Ⓔ/ᴹⒻ/Ⓕ +ø_{ter}; Ⓘ +a+r+e; Ⓟ/Ⓢ +a+r+ø.

◆: Ⓛ adoráre; ᴺⒻ adorer; Ⓔ adore; ᴹⒻ/Ⓕ adorer; Ⓘ adorare; Ⓟ/Ⓢ adorar:

■: os, oris, n., 입; oro, ávi, átum, +áre, vt.(I), 기도하다; ád+oro, ávi, átum, +áre, vt.(I), 欽崇하다;

◉: Ⓘ 'adorare'(準제일활용화)←Ⓛ 'adoráre'

(아-02) Ⓛ '+á+r+e'→Ⓔ '+ø_{ter}':

(라-02-4) Ⓛ repaus+á+r+e→ᴺⒻ/Ⓔ/ᴹⒻ/Ⓕ +ø_{ter}; Ⓘ +a+r+e; Ⓟ/Ⓢ +a+r+ø:

◆: Ⓛrepausáre; ᴺⒻ repauser; Ⓔ repose; ᴹⒻ/Ⓕ reposer; Ⓘ riposare; Ⓟ repousar; Ⓢ reposar:

■: pausa, æ, f.(I), 휴식; pauso, ávi, átum, +áre, vi.(I), 쉬다; repáuso, +áre, vi.(I), 쉬다;

◉_{1}: '+po/pou+'(←'+pau+'): 접두사('re+')의 前接에 의한 高活化;

◉_{2}: Ⓘ 'riposare'(準제일활용화)←Ⓛ 'repausáre'

(아-02) Ⓛ '+á+r+e'→Ⓔ '+ø_{ter}':

(라-02-5) Ⓛ observ+a+r+e→ᴺⒻ/ᴹⒺ/Ⓔ/ᴹⒻ/Ⓕ +ø_{ter}; Ⓘ +a+r+e; Ⓟ/Ⓢ +a+r+ø.

◆: Ⓛ observáre; ᴺⒻ observer; ᴹⒺ/Ⓔ observe; ᴹⒻ/Ⓕ observer; Ⓘ osservare; Ⓟ/Ⓢ observar;

■: servus, i, m.(Ⅱ-A), 종·노예; servo, ávi, átum, +áre, vt.(I), 보호하다; observo, ávi, átum, +áre, vt.(I), 살피다;

◉: Ⓘ 'osservare'(準제일활용화)←Ⓛ 'observáre'

(아-02) Ⓛ '+á+r+e'→Ⓔ '+ø_{ter}':

(라-02-6) Ⓛ persever+á+r+e→ᴺⒻ/ᴹⒺ/Ⓔ/ᴹⒻ/Ⓕ/Ⓘ/Ⓟ +ø_{ter}; Ⓢ +a+r+ø:

◆: Ⓛ perseveráre; ᴺⒻ perseverer; ᴹⒺ perseveren; Ⓔ persevere; ᴹⒻ/Ⓕ pérséverer; Ⓘ/Ⓟ persevere; Ⓢ perseverar;

■: servus/serváre: 上同; persevéro, ávi, átum, +áre, vi./vt.(I), 고수하다

(아-02) Ⓛ '+á+r+e'→Ⓔ '+ø_{ter}':

(라-02-7) Ⓛ sign+á+r+e→ᴺⒻ/Ⓔ/ᴹⒻ/Ⓕ +ø_{ter}; Ⓘ +a+r+e; Ⓟ +a+r+ø; Ⓢ ø:

◆: Ⓛ signáre; ᴺⒻ signier; Ⓔ sign; ᴹⒻ/Ⓕ signer; Ⓘ segnare; Ⓟ assinar; Ⓢ ø:

■: signum, i, n.(Ⅱ-D), 기호·징조; signo, ávi, átum, +áre, vt.(I), 표시하다;

◉: Ⓘ 'segnare'(準제일활용화)←Ⓛ 'signáre'

(아-02) Ⓛ '+á+r+e'→Ⓔ '+ø_{ter}':

(라-02-8) Ⓛ determin+á+r+e→ᴺⒻ/ᴹⒺ/Ⓔ/ᴹⒻ/Ⓕ+ø_{ter}; Ⓘ +a+r+e; Ⓟ/Ⓢ +a+r+ø:

◆: Ⓛ determináre; ᴺⒻ determiner; ᴹⒺ/Ⓔ determine; ᴹⒻ/Ⓕ déterminer; Ⓘ determinare; Ⓟ/Ⓢ determinar:

■: términus, i, m.(Ⅱ-A), 한계; detérmino, ávi, átum, +áre, vt.(I), 한정하다;

◉: Ⓘ 'determinare'(準제일활용화)←Ⓛ 'determináre'

(아-02) Ⓛ '+á+r+e'→Ⓔ '+ø_{ter}':

(라-02-9) ᴹⓁ exterminăre→ᴺⒻ/Ⓔ/ᴹⒻ/Ⓕ +∅_{ter}; Ⓘ +a+r+e; Ⓟ/Ⓢ +a+r+∅

◆: ᴹⓁ exterminăre; ᴺⒻ exterminer; Ⓔ extermine; ᴹⒻ/Ⓕ exterminer; Ⓘ sterminare; Ⓟ/Ⓢ exterminar:

■: términus: 上同; extérmino, ávi, átum, +áre, vt.(Ⅰ), 추방하다;

◉₁: Ⓘ 'sterminare': 語頭音탈락(←'exterminare')

◉₂: Ⓘ 'sterminare'(準제일활용화)←Ⓛ 'exterminăre'

(아-02) Ⓛ '+á+r+e'→Ⓔ '+∅_{ter}':

(라-07) Ⓗ baptizein→ᴹⓁ bapt+iz+á+r+e→ᴺⒻ +is+i+er→ᴹⒺ +is+en→Ⓔ +iz+e; ᴹⒻ/Ⓕ +is+er; Ⓘ +ezz+a+r+e; Ⓟ/Ⓢ +iz+a+r+∅:

◆: Ⓗ baptizein; ᴹⓁ baptizăre; ᴺⒻ baptisier; ᴹⒺ baptisen; Ⓔ baptize; ᴹⒻ/Ⓕ baptiser; Ⓘ battezzare; Ⓟ baptizar; Ⓢ bautizar;

■: Ⓗ baptizō, vt.,; baptizo, ávi, átum, +áre, vt.(Ⅰ), 씻다 洗禮주다

◉₁: ᴹⒺ '+en'←ˢⒶ '+an';

◉₂: Ⓘ 'battezzare'(準제일활용화)←Ⓛ 'baptizăre'

(아-03) Ⓛ '+á+r+e'→Ⓔ '+a+t+e':

(라-03-1) Ⓛ lapid+á+r+e→ᴺⒻ +∅_{ter}→Ⓔ +a+t+e; ᴹⒻ/Ⓕ +∅_{ter}; Ⓘ +a+r+e; Ⓟ/Ⓢ +a+r+∅:

◆: Ⓛ lapidăre; ᴺⒻ lapider; Ⓔ lapidate; ᴹⒻ/Ⓕ lapider; Ⓘ lapidare; Ⓟ/Ⓢ lapidar;

■: lapis, ĭdis, m.(Ⅲ-A), 돌; lápido, ávi, átum, +áre, vt.(Ⅰ), 돌팔매질하다;

◉₁: Ⓔ 'lapid+a+t+e': 과거語幹; Ⓘ 'lapid+a+r+e': 현재語幹;

◉₂: Ⓘ 'lapidare'(準제일활용화)←Ⓛ 'lapidăre'

(아-03) ⓛ '+á+r+e'→ⓔ '+a+t+e':

(라-03-2) ⓛ macul+á+r+e→ᴺⒻ/ᴺⒻ/Ⓕ +e+r+ø→Ⓔ +a+t+e; Ⓖ +ie+r+en; Ⓘ +a+r+e; Ⓟ/Ⓢ +a+r+ø:

◆: ⓛ maculáre; ᴺⒻ maculer; Ⓔ maculate; ᴺⒻ/Ⓕ maculer; Ⓖ makulieren; Ⓘ maculare; Ⓟ macular; Ⓢ manchar;

■: mácula, æ, f., 汚點(I); máculo, ávi, átum, +áre, vt.(I), 더럽히다;

◉: Ⓘ 'maculare'(準제일활용화)←ⓛ 'maculáre'

(아-03) ⓛ '+á+r+e'→Ⓔ '+a+t+e':

(라-03-3) ⓛ demonstr+á+r+e→ᴺⒻ/ᴹⒻ/Ⓕ +ø_{ter}→Ⓔ +a+t+e; Ⓘ +a+r+e; Ⓟ/Ⓢ +a+r+ø:

◆: ⓛ demonstráre; ᴺⒻ demonstrer; Ⓔ demonstrate; ᴹⒻ/Ⓕ démonstrer; Ⓘ dimonstrare; Ⓟ demonstrar; Ⓢ demostrar:

■: móneo, nŭi, nĭtum, ére, vt.(II), 알려주다; demónstro, ávi, átum, +áre, vt.(I), 明示하다;

◉: Ⓘ 'dimonstrare'(準제일활용화)←ⓛ 'demonstráre'

(아-04) ⓛ '+i+á+r+e'→Ⓔ '+ø_{ter}':

(라-04-1) ⓛ humil+i+á+r+e→ᴺⒻ/ᴹⒻ/Ⓕ +ø_{ter}→Ⓔ +a+t+e; Ⓘ +a+r+e; Ⓟ/Ⓢ +a+r+ø:

◆: humiliáre; ᴺⒻ/ᴹⒻ/Ⓕ humilier; Ⓔ humiliate; Ⓘ umiliare; Ⓟ humiliar; Ⓢ humillar:

■: humus/húmilis: 上同; humílio, ávi, átum, +áre, vt., 경멸하다;

◉: Ⓘ 'umiliare'(準제일활용화)←ⓛ 'humiliáre'

(아-04) Ⓛ '+i+á+r+e'→Ⓔ '+ø_{ter}':

(라-04-2) Ⓛ pronunt+i+á+r+e→^NⒻ/^MⒺ/Ⓔ/^MⒻ/Ⓕ +ø_{ter}; Ⓘ +a+r+e; Ⓟ/Ⓢ +a+r+ø.

◆: Ⓛ pronuntiáre; ^NⒻ prononcier; ^MⒺ pronuncien; Ⓔ pronounce; ^MⒻ/Ⓕ prononcer; Ⓘ pronunciare; Ⓟ/Ⓢ pronunciar:

■: núntius, i, m.(II-A), 전령; núntio, ávi, átum, +áre, vt.(I), 알리다; pronúntio, ávi, átum, +áre, vt.(I), 공표하다;

◉_1: ^NⒻ/^MⒺ/Ⓔ/^MⒻ/Ⓕ/Ⓘ/Ⓟ/Ⓢ '+nc+'←Ⓛ '+nt+i+'(口蓋音化);

◉_2: Ⓘ 'pronunciare'(準제일활용화)←Ⓛ 'pronuntiáre'

(아-05) Ⓛ '+ic+á+r+e'→Ⓔ '+a+t+e':

(라-05-1) ^MⓁ commun+ic+á+r+e→Ⓕ/^MⒺ/^MⒻ/Ⓕ +ø_{ter}→Ⓔ +a+t+e; Ⓘ +a+r+e; Ⓟ/Ⓢ +a+r+ø:

◆: ^MⓁ communicáre; ^NⒻ communïer; ^MⒺ commune; Ⓔ communicate; ^MⒻ/Ⓕcommuniquer; Ⓘcomunicare; Ⓟ/Ⓢ comunicar;

■: ^MⓁ communicáre; ^NⒻ communïer; ^MⒺ commune; Ⓔ communicate; ^MⒻ/Ⓕcommuniquer; Ⓘ comunicare; Ⓟ/Ⓢ comunicar;

■: munus, něris, n.(III-A), 직분, 몫; commúnico, ávi, átum, +áre, vt.(I), 관여하다;

◉_1: '+ic+': 轉成접사(동사←명사);

◉_2: Ⓘ 'comunicare'(準제일활용화)←Ⓛ 'communicáre'

(아-05) Ⓛ '+ic+á+r+e'→Ⓔ '+a+t+e':

(라-05-1) ^MⓁ excommun+ic+á+r+e→^NⒻ/^MⒻ/Ⓕ/Ⓖ/Ⓟ/Ⓢ +ø_{ter}→Ⓔ +a+t+e; Ⓘ +a+r+e:

◆: ^MⓁ excommunicáre; ^NⒻ escommunïer; Ⓔ excommunicate; ^MⒻ/Ⓕ excommunier;

Ⓖ exkommunizieren; Ⓘ scomunicare; Ⓟ excomungar; Ⓢ excomulgar:

■: munus: 上同; excommúnico, ávi, átum, +áre, vt.(I), 破門하다;

◉₁: Ⓘ 'scomunicare': 語頭音탈락; Ⓟ/Ⓢ 'excomungar; excomulgar': 音聲 변화(軟音化);

◉₂: Ⓘ 'scomunicare'(準제일활용화)←Ⓛ 'excommunicáre'

(아-06) Ⓛ '+ur+á+r+e'→Ⓔ '+ø_{ter}':

(라-06-1) Ⓛ fig+ur+á+r+e→ᴺⒻ/ᴹⒺ/Ⓔ/ᴹⒻ/Ⓕ +ø_{ter}; Ⓖ/Ⓘ/Ⓟ/Ⓢ ø:

◆: Ⓛ figuráre; ᴺⒻ figurer; ᴹⒺ figüren; Ⓔ/ᴹⒻ/Ⓕ figure; Ⓖ/Ⓘ/Ⓟ/Ⓢ ø

■: fíngĕre/figúra:上同; figúro, ávi, átum, +áre, vt.(I), 表象하다;

◉: '+áre'(figuráre; 動詞化)←'+úr+'(figúra; 名詞化)←'+ĕ+r+e'(fíng+ĕ+r+e; 動詞연쇄체)

(아-07) Ⓛ '+é+r+e'→Ⓔ '+ø_{ter}':

(라-07-1) ᴹⒸ exerc+é+r+e→ᴺⒻ/ᴹⒺ/Ⓔ/ᴹⒻ/Ⓕ +ø_{ter}; Ⓘ +a+r+e; Ⓟ/Ⓢ +er+ø:

◆: ᴹⒸ exercére; ᴺⒻ exercise; ᴹⒺ exercísen; Ⓔ exercise; Ⓕ exercer; Ⓘ esercitare; Ⓟ exercer; Ⓢ ejercer;

■: arcére: 上同; exérceo, cŭi, cĭtum, ére, vt.(II), 訓練시키다;

◉₁: Ⓘ 'esercitare': 호조음;

◉₂: ᴹⒺ '+en+': ←ˢⒶ '+an'(古代영어不定詞어미)

(아-07) Ⓛ '+ĕ+r+e'→Ⓔ '+ø_{ter}':

(라-07-2) Ⓛ discérn+ĕ+r+e→ᴺⒻ/ᴹⒺ/Ⓔ/ᴹⒻ/Ⓕ +ø_{ter}; Ⓘ +e+r+e; Ⓟ/Ⓢ +i+r+ø:

◆: Ⓛ discérnere; ᴺⒻ discernir; ᴹⒺ/Ⓔ discern; ᴹⒻ/Ⓕ discerner; Ⓘ disernere; Ⓟ/Ⓢ disernir;

■: cérno, crévi, cérptum, ĕre, vt.(Ⅲ-A), 체질하다; dis-, prefix, ⟨apart⟩)+cérno, crévi, cérptum, ĕre, vt.(Ⅲ-A), 분간하다

(아-08) Ⓛ '+ĕ+r+e'→Ⓔ '+y+ø$_{ter}$':

(라-08-1) ^{M}Ⓛ cruc+i+fíg+ĕ+r+e→^{N}Ⓕ/^{M}Ⓔ/^{M}Ⓕ/Ⓕ/Ⓖ +ø$_{ter}$→Ⓔ +y+ø$_{ter}$; Ⓘ +e+r+e; Ⓟ/Ⓢ +a+r+ø:

◆: ^{M}Ⓛ crucifígere; ^{N}Ⓕ crucifier; ^{M}Ⓔ crucifie; Ⓔ crucify; ^{M}Ⓕ/Ⓕ crifier; Ⓖ kreuzigen; Ⓘ crocifiggere; Ⓟ/Ⓢ crucificar;

■: crux/fígere/crucifígere: 上同;

◉$_i$: Ⓖ '+g+': 호조음;

◉$_2$: Ⓔ '+f+y'(←+fígĕre):

(아-09) Ⓛ '+ĕ+r+e'→Ⓔ '+ø$_{ter}$':

(라-09-1) Ⓛ suspénd+e+r+e→^{N}Ⓕ/^{M}Ⓕ/Ⓕ/^{M}Ⓔ/Ⓔ +ø$_{ter}$; Ⓘ +e+r+e; Ⓟ/Ⓢ +e+r+ø:

◆: Ⓛ suspéndere; ^{N}Ⓕ/^{M}Ⓕ/Ⓕ suspendre; ^{M}Ⓔ suspenden; Ⓔ suspend; Ⓘ sospendere; Ⓟ/Ⓢ suspender:

■: pendo, pepéndi, pensum, ĕre, Rvt.(Ⅲ-A), 저울에 달다; sus(←sub; sub, prep., ⟨under⟩)+pendo, péndi, pensum, ĕre, vt.Ⅲ-A, 매어달다

(아-09) Ⓛ '+ĕ+r+e'→Ⓔ '+ø$_{ter}$':

(라-09-2) Ⓛ instrúere→^{N}Ⓕ/Ⓔ +ø$_{ter}$; ^{M}Ⓕ/Ⓕ/Ⓘ +i+r+e; Ⓟ/Ⓢ +i+r+ø:

◆: Ⓛ instrúere; ^{N}Ⓕ enstruire; Ⓔ instrue; ^{M}Ⓕ/Ⓕ/Ⓘ instruire; Ⓟ/Ⓢ instruir;

■: strúere: 上同; instruo, strúxi, strúctum, ĕre, Σvt.(Ⅲ-A), 교육하다;

◉: ^{M}Ⓕ/Ⓕ/Ⓘ/Ⓟ/Ⓢ '+i+': 접두사('in+')의 前接에 의한 高舌化('+i+'←'+ĕ$_1$+': 초기幹모음)

(아-10) Ⓛ '+é+ sc+ ĕ+ r+ e'→Ⓔ '+i+sh+ø':

(라-10-1) ᴹⓁ flor+é+ sc+ ĕ+ r+ e→ᴺⒻ +i+r+ø→ᴹⒺ +i+ sch+in+ø→Ⓔ +i+ sh+ø; ᴹⒻ/Ⓕ +i+r+ø; Ⓘ +i+r+e; Ⓟ +e+ sc+e+r+ø; Ⓢ +e+ sc+e+r+ø:

◆: ᴹⓁ floréscere; ᴺⒻ florir; ᴹⒺ florischin; Ⓔ flourish; ᴹⒻ/Ⓕ fleurir; Ⓘ fiorire; Ⓟ florescer; Ⓢ florecer;

■: flos, flōris, m.(Ⅲ-A), 꽃; flóreo, rŭi, ére, vi.(Ⅱ), 꽃피다; flrésco, ĕre, viʃ.(Ⅲ-A), 꽃피기 시작하다

◉: '+sc+': 機動接辭(partículum inchoatívum); 'viʃ; vtʃ': 機動자동사·타동사(verbum (in)trasitívum inchoatívum); 지난날 古典語(라전語·희랍語·梵語)의 사전은 지배적으로 철학·신학 전공자들의 著作이었으며 機動接辭의 音韻變異(+sc+; +sch+; +sh+; +c+; +ø+)는 H. Berger(1899)에서 언급되지 않았다. 이는 언어학·어학 전공자들의 執筆을 촉구하지 않을 수 없음을 지시하며, 이상적으로 말하면 학위취득 이후 첫 논저가 古典語辭典이면 그들과 독자들의 앞날은 매우 밝을 것이다.

◉: '+é+; +i+; +e+': 호조음; '+sc+; +sch+; +sh+': 機動接辭(partículum inchoatívum); 'viʃ; vtʃ': 機動자동사·타동사(verbum intrasitívum/trasitívum inchoatívum)

(아-11) Ⓛ '+i+r+ e'→Ⓔ '+ø_{ter}':

(라-11-1) Ⓛ nutr+i+r+e→ᴺⒻ/ᴹⒺ/ᴹⒻ/Ⓕ +ø→Ⓔ +e; Ⓘ +i+r+e; Ⓟ/Ⓢ +i+r+ø:

◆: Ⓛ nutríre; ᴺⒻ nurrir; ᴹⒺ nurissen; Ⓔ nurture; ᴹⒻ/Ⓕ nurrir; Ⓘ nutrire; Ⓟ/Ⓢ nutrir;

■: nútrio, ívi/ĭi, ítum, íre, vt.(Ⅳ), 기르다·젖먹이다;

◉$_1$: '+í/i+↔+ĭ+': 中期活用幹모음;

◉$_2$: ᴹⒺ 'nuriss+en'(←ˢⒶ '+an')→Ⓔ 'nurture; nourish; nurse'

(아-11) ⓛ '+í+r+e'→ⓔ '+ø$_{ter}$':

(라-11-2) ⓛ adinven+í+r+e→^{N}ⓕ/^{M}ⓔ/ⓔ/ⓕ +ø$_{ter}$; ⓘ +a+r+e; ⓟ/ⓢ +a+r+ø:

◆: ⓛ adinveníre; ^{N}ⓕ adinventer; ^{M}ⓔ inventen; ⓔ invent; ⓕ inventer; ⓘ inventare; ⓟ/ⓢ inventar;

■: vénio, véni, véntum, íre, vi.(Ⅳ), 가다·오다; (ad)invénio, véni, véntum, íre, vt.(Ⅳ), 발견하다;

◉ ¡: ⓘ '+a+r+e'(準제일활용-화)←ⓛ '+áre'

◉ ¿: '가다·오다': 去稱相·來稱相(*itive*/ventive aspect); 'ventive': 키엔기르語·악카드語의 문법용어; 나머지는 本총서의 신조어; 이들 相은 키엔기르語·악카드語·韓語의 경우 엄밀한 문법범주이나 라전語·英語의 경우 그렇지 않다. 이는 一次동원어 '*GA'의 경우 <go¡ come¿>을 함께 지시했듯이, 예를 들면, 아기가 비둘기를 '꼬꼬'라고 부르는 것과 마찬가지로 아프리카祖語(60,100~60,000 BP)의 문법범주이다.

古典라전어·희랍어·범어와 헷어의 名詞·動詞문법은 先인혁어(PIH)의 增音節명사·重複音節동사·ς-아오리스트動詞를 공유하는 同時態를 잘 정리한 印赫語學의 연구업적이며 이는 문자기록 이전(40,000~30,000 BP)의 키엔기르語를 비롯한 膠着型어족뿐만 아니라 셈語(케멧語·에블리語·악카드語·히브리語·아람語·아랍語) 등의 言語相을 가늠할 수 있는 역사-대조언어학적인 탐조등이 될 수 있는 역량을 지닌 것이다. 초기上古라전어(上同)의 굴절幹모음('+ĭ+': 初期곡용幹모음: Ⅲ-A/C; '+ĕ+': 初期활용幹모음: Ⅲ-A/B)이 그것인데, '+ĭ+; +ĕ+'는 어근(終聲자음)과 屈折어미(初聲자음; 格어미·人稱어미) 간의 자음충돌을 해소하기 위한 好調音(euphony)에 불과한 것이었으나 '幹모음'(thematic vowels)으로 애매모호하게 명명해 놓고도 막상 그 역사-대조언어학적인 가치는 라전어학·인혁어학에서 간파하지 못한 것이며 그 가치에 대한 개안은 本총서의 새 생각이다. 그 한 '호조음'(+ĭ+)의 新案 문법범주는 初期유라시아祖語(先인혁어·초기上古라전어)는 언어유형(배어형·교착형·곡용형)의 鼎立을 견인하였다.

　나머지 한 '호조음'(+ĕ+)의 新案 문법범주는 定동사(술어)의 과거時制 활용어형을 구성하기 위한 형태론적인 방안이었으며 이에서 인혁어 일체는 '非幹모음/幹모음動詞'와 'mi-/ō-동사'로 구분된다. (韓語는 활용幹모음이 형의 공백이므로 活用연쇄체에 '현재·과거時制語幹'을 결부시키는 국어문법계의 잘못은 용인할 수 없는 언어유형론적인 기초상식의 결여이다.) '+ī+; ī₂+; +ō+'(初期·中期·末期곡용幹모음)과 더불어 '+ĕ+; +ī/e+; +ā+'(初期·中期·末期활용幹모음)은 라전어의 曲用·活用메커니즘을 완성시킨 '호조음' 일곱 가지이며 자음충돌의 해소를 위한 음운론적·형태론적인 방편이 羅典語史的으로 중차대한 결과를 초래하였다. 동사 하나의 활용어형은 지배적으로 850여 가지에 이르며 이는 명사 하나의 곡용어형이 12 가지인데 견주면 엄청나게 많지 않을 수 없다. '+ĕ+'(III-A/B)에 견주면 '+ā+'(I)는 대단히 간명하며 이는 희랍어의 'k-接辭'와 마찬가지로 과거시제의 구성을 위한 라전어의 'v-接辭' 덕분이고 '+ī/e+'(IV/II)는 '+ĕ+; +ā+'를 절충한 것이다.

　屈折(곡용·활용)은 인혁어(라전어·희랍어·헷어)와 셈어(악카드어·아랍어) 등 곡용형 언어의 專一的인 문법범주이나 '幹모음'은 語根에 관여하지 않고 語幹에 한하여 관여하는 문법범주이며 語幹은 셈어의 경우 型의 空白이고 인혁어의 경우에 한하여 型의 充溢이다. 그 까닭은 명사·형용사·동사의 語根 그 終聲과, 曲用格어미·活用/빈야님(<structures>)어미 그 初聲은 셈어의 경우 둘 다 母音으로, 인혁어의 경우 둘 다 子音으로 각각 실현되므로 셈어의 곡용·빈야님이 '어근+어미連鎖體'로 구성될 수 있으나 인혁어의 곡용·활용이 일단 '語根+幹모음(好調音)'에 의한 '語幹'으로 구성되고 이에 곡용格어미/活用人稱어미에 의하여 마침내 '屈折연쇄체(曲用·活用)'로 결속되기 때문이다. 따라서 幹모음은 인혁어의 專一的인 문법범주이며 그것도 문자의 기원 그 이전의 언어진화과정을 살필 수 있는 획기적인 역사–대조언어학적인 가치를 지닌 문법범주이며 幹모음과 어휘항목의 형성시기는 일치한다.

Emily Dickinson (1830~1886):

길지 않은 집필기간(1855~1865) 동안 그는 남들이 쓰지 않았던 詩를 썼으며 이는 그의 '조용한 열정'을 쏟아부은 것이었다. 결혼을 한 번도 하지 않고 그 정열을 內燃했으며 제목을 짓지 않은 그의 詩들은 첫머리로 詩題를 삼은 것이었다.

꼬리말 하나

Berger(상게서)의 標題語항목은 명사(383)·형용사(51)·부사(1)·동사(42) 등으로 도합 477개에 이르며 이는 상게서에서 본서의 취지에 부합하지 않은 사례는 빠뜨리고 긴요한 경우 본서에서 첨가한 것이다. 이들 수치에서 알 수 있듯이 명사차용어의 수효는 여타의 경우보다 289개 더 많은 것이며, 더욱이, 명사의 형태론적 유형은 67 가지에 그 亞型을 제외한 것인데 이는 형용사(33)·부사(1)·동사(11)에 견주면 25개가 더 많은 것이고 그 亞型도 또한 마찬가지이다. 만일 하인리히 베르거가 어문학자였거나 더 많은 一次자료를 참고할 수 있었다면 본서의 내용은 더 알찬 것일 수 있겠으나 그나마 이 정도의 정보를 제공한 덕분에 古代불어를 경유한 中世영어의 라전-희랍어근借用語 그 面面을 분석할 수 있는 것이며 향후 더 진척된 연구결과가 나타날지라도 그 근간은 바뀌지 않을 것으로 여겨진다. 그런데 상게서의 출간은 120년을 넘긴 것이므로 그 後續연구가 뒤따르지 않을 수 없었을 것이나 그 동안 출판된 워드파워類에 그 흔적을 찾을 수 없는 까닭은 알 수 없는 일이며 만일 상게서를 참고할 수 있었다면 차용어의 문제는 벌써 매듭지었을 것으로 여겨진다. 본서가 그 구실을 수행할 수 있다면 독자의 借用語학습·연구는 크게 진척될 것이며 이는 **둘째 묶음**의 신조어를 철저하게 학습, 자습한다면 예상되는 학습효과이다. 借用語학습은 새 지침에 따라 새 출발하지 않으면 과거의 경우와 마찬가지다.

　만일 본서를 교재로 삼는다면 그 강사가 갖추어야 할 어학적인 덕목은 로마라전어(現代라전어)의 음가를 비롯하여 古代·中世·現代불어와 中世영어의 발음을 함께 구사할 수 있는 어학능력이며, 나아가, 古典라전어·로망스語의 음가와 해독능력을 갖추었다면 그 이상은 없다. 그러한 교사·강사를 둔 중등학교·학부의 차용어강의는 우리의 어학교육을 근원적으로 혁신할 것이며 헝가리의 음악학자·언어학자·작곡가인 졸탄 코다이(1882~1967)는 '음악예술가의 음악적인 기량 여하는 연주회 한 번으로 판정 나지만 음악교사의 음악교육역량은 정년까지 매년 秀才·音癡를 키워낸다'고 말했듯이 그러한 차용어 강의가 단지 두 학기에 걸쳐 설강된다면 우리의 英語능력보유자는 단기간에 양산될 것이다. 문제의 핵심은 有資格교사와 효율적인 교재를 확보·구비하는 데 있으며 이를 모르는 沒入교육은 비전문가의 섣부른 간섭이 아닐 수 없다. 현대는 英語능력의 구비를 강요하는 시대이며 이에 대처하는 일차적인 大綱은 漢字지식을 포함한 국어능력이 先制的이며 이는 우리가 생각하고 말하기를 국어를 통하지 않을 수 없기 때문이다. 그 바탕 위에 英文法은 이해에 의한 것이므로 단기간에도 통달할 수 있는 것이나 어휘력의 증진은 어근의 경우 오로지 기억력에 의하여, 나머지는 이해에 의하여 각각 수행되므로 교사·교재는 응당 適格的이지 않을 수 없으며 그러한 경우 所期의 교육효과는 당연히 견인된다.

차용어의 어휘력증진은 英語모국어話者도 따로 익히지 않을 수 없으며 우리는 더 더욱 그렇다. 앞에서 말한 것처럼, 어근은 기억의 대상이며 여타는 이해의 대상이다. 즉, 기억의 대상은 종합적이므로 그 학습은 시간을 요하며 이해의 대상은 분석적이므로 그 정복은 다만 며칠 사이에도 가능하다. 古典라전어의 어근은 지배적으로 '자음$_1$+모음+자음$_2$' (C_1VC_2)로 구성되었으며 'spl+e+nd+or+e+m'(매-05-라-05-6)의 경우 어근('spl+e+nd+')은 '複자음$_1$+모음+複자음$_2$'(複자음$_1$: 3; 複자음$_2$: 2)로 분석된다. 원어민話者나 우리도 이러한 분석을 모르고 차용어를 학습한다면 한 단어의 학습은 철자 하나 하나를 외우지 않을 수 없으며 이는 장구한 세월을, 최소한 3년 동안 불철주야 우리 서당에서처럼 기억력을 괴롭히지 않으면 단어학습에 실패하므로 라전어학습은 실패하지 않을 수 없다. 어근은 該當단어를 암기하는 데 그치는 종합적·개별적인 것이며, '+or+e+m'은 轉成접사(명사←동사)·곡용幹모음(←'+i+': 초기幹모음; III-A)·對格곡용어미(단수)로 이해, 형태론 전반을 위한 분석적·전반적인 것이다.

바로 얼마 전까지 醫科계열대학에서 古典라전어를 설강했는데 그 강사는 가톨릭 성직자인 신학자였으며 그는 어학자가 아니므로 신학과에서처럼 라전語강화 프로젝트에 의하지 않은 設講기간 안에 古典라전어문법 전반을 마칠 수 없었다. 즉, 의학도가 필요로 하는 라전語의 特殊메뉴를 짜지 않은 채 철학-신학의 성찬을 준비하다가 만 셈이었으므로 그 학습효과가 있을 리 만무하였다. 그 해결책은 폐강이었으며 우리의 의사들은 普通醫든지 專攻醫든지 라전-희랍어근의 英語차용어로 인술·의학을 수행하고 있는 셈이다. 국제의학계의 국제경쟁력은 英語차용어로 감당할 수 없는 것이며, 더욱이나, 新의학이론을 펼치려면 신조어에 의하지 않을 수 없는데 英語차용어에는 없는 것이므로 부득이 신조어에 나서지 않을 수 없으나 이는 라전-희랍어원에 대한 古典어학지식이 없으면 불가능한 일이다. 따라서 미래의 韓國醫學은 생산적·선도적이 아니라 소비적·추종적이지 않을 수 없으며 꼬로나와 같은 지구촌적인 또 다른 재앙을 맞는다면 우리는 국제의학계에서 들러리를 서지 않을 수 없을 것이다.

라전-희랍어근의 英語 차용어·신조어는 현대의 문화문명 전반과 결부된 필수요건이며 이를 잘 극복하지 못하면 서세동점의 틈바구니에서 당한 실기는 불행하게도 반복되지 말란 법은 없다. 오늘날의 'Pax Americána'(미국식 평화)는 'Pax Ánglica'(영어식 평화)이며 그것도, 엄밀하게 말하자면, 英語차용어·신조어의 것이다. 미국영어의 발음을 능사로 여기는 것과 아예 동떨어지게 실상은 英語차용어의 지식과 그 신조어의 능력에 대한 어학지식은 칼과 활로 싸우던 시대의 조총과 같은 것이며 忠武公의 거북선과 銃筒과 같이 우월한 신병기는 무엇인가? 노르만佛語를 경유한 英語의 라전어차용어 그 차용경로를 완벽하게 정리하고 라전-희랍어근·英語어미의 신조어법을 더욱 면밀하게 분석하여 미국과 英연방뿐만 아니라 지구촌에서 공인할 좋은 韓國産 신조어를 양산하는 것 말고 딴 방도가 없으며 그 妙方은 古典라전어의 어학지식을 단기간에 축적하는 것이다. 그 지식의 축적은 일차적으로 본서의 독자이며 그 다음은 그가 本총서의 卷二(끼께로의 '우정론')를 학습·자습하는 것이다. 본서와 卷二 어느 쪽이라도 먼저 읽고 나머지 하나를 읽으면 되며 이들은 둘 다 3개월씩 파고들면 끝장나도록 집필취지를 잡은 것이다. 본서와 卷二는 학습할 것이 많지 않았던 中世紀에 라전語를 학습하듯이 오늘날 그럴 수 없으므로 이에 대한 특단의 대책이며 醫學徒에 대한 라전어강의도 그래야 옳다.

Sir Richard Arkwright (1732~1792):
Cotton Spinning Machine (1769)

영어의 차용어와 신조어
둘째 묶음: 라전-희랍어근 신조어

들어가기 둘: Berger(1899)는 라전-희랍어근의 (派生)單一語를 제외하면 라전語에 한하여 連結모음(Linksvokal) '+i+'에 의하여 구성된 명사·형용사·동사合成語 한 가지를 싣고 있으며 Sara Tulloch (ed.; 1993)의 'The Reader's Digest Oxford WORD-FINDER'는 다양한 라전-희랍語根·영어語尾의 新造語를 망라한다. ($LV_{1\sim3}$: 連結모음; $prf_{1\sim3}$: 접두사; $R_{1\sim4}$: 어근; sff_n: 接辭; EE/ø: 英語어미/逆成)

① $R + sff_n + EE/ø$: 單一語 (monopla)

② $R_1 + LV_1 + R_2 + sff_n + EE/ø$: 合成語 (dipla)

③ $R_1 + LV_1 + R_2 + LV_2 + R_3 + sff_n + EE/ø$: 複合語 (tripla)

④ $R_1 + LV_1 + R_2 + LV_2 + R_3 + LV_3 + R_4 + sff_n + EE/ø$: 重合語 (tetrapla)

⑤ $prf_1 + R + sff_n + EE/ø$: 파생單一語 (^{d}monopla; ^{d}X: derivative)

⑥ $prf_1 + R_1 + LV_1 (+ prf_2) + R_2 + sff_n + EE/ø$: 파생合成語 (^{d}dipla)

⑦ $prf_1 + R_1 + LV_1 (+ prf_2) + R_2 + LV_2 (+ prf_3) + R_3 + sff_n + EE/ø$: 파생複合語 (^{d}tripla)

⑧ $prf_1 + R_1 + LV_1 (+ prf_2) + R_2 + LV_2 (+ prf_3) + R_3 + LV_3 (+ prf_3) + R_4 + sff_n + EE/ø$: 파생重合語 (^{d}tetrapla)

連結모음($LV_{1\sim3}$)은 희랍語의 경우 '+o+; +a+; +e+'로, 라전語의 경우 '+a+; +e+; +i+; +o+; +u+; +ae+'로 틀리며 語根($R_{1\sim4}$)은 라전語·희랍語에 한정된다. 連結모음($LV_{1\sim3}$)과 初聲모음의 語根($R_{2\sim4}$)이 連接된 경우 同音탈락(Auslaut)에 의하여 후자의 모음이 탈락하는데 이는 기존 신조어의 경우를 면밀히 따라 익혀야 하는 쉽지 않은 사안이며 신조어는 'Microsoft*'뿐만 아니라 토머스 무어(1478~1535)의 유토피아('Utopia*'←'u+top +i+a'; <not*-land>)는 否定접사(partículum deprivatívum)에 대한 無知로 저지른 非文이므로 원래 'Atopia'로 작명했어야 옳다. 신조어는 조어법의 문법지식뿐만 아니라 라전語·희랍語·古代-中世영어의 어학지식을 요하는 英語史的인 사안이며 '유토피아; 마이크로소프트'와 같은 非文은 입에 올릴 적마다 詩人과 先導지식산업의 명예를 실추시킨다. 또한 'Sony'는 그 보유국이 어떠한 값에도 팔아넘기지 않을 만큼 잘 지은 신조어로 알고 있지만 그렇지 않으며 마이크로소프트는 더 늦기 전에 다른 것으로 개명해야 옳다. 인문학자뿐만 아니라 자연과학자도 신조어의 역량을 갖추지 않으면 一家를 이룰 수 없으며 노벨상의 수상은 그 길이 막힌다. 20세기 후반에 서울醫大 외과에서 'Mongtang Operation'이라는 새 수술기법을 개발했는데, 이는 애국적인 지향보다 신조어법을 따랐다면 그 해의 노벨의학상을 놓치지 않았을 것으로 판단되며, 본서는 자연과학자들도 올바른 신조어에 성공할 수 있도록 Tulloch(상게서)에서 拔萃, 요긴한 신조어 技法만 골라 이에 담고자 한다. 이는 인문학·사회과학·자연과학에서 신조어의 조어법을 악히지 않으면 노벨상은 남의 잔치이기 때문이다.

소끄라떼스·쁠라똔·아리스또멜레스는 '愛知'(philognōsia)가 아니라 '愛智'(philo-sophia)로 철학(G philosophieren)했으며 우리는 '마음'(心)과 '말'(口)을 분석(悊/哲), 철학(悊)하고 있다. 린네우스(1707~1778)는 사람의 체질인류학적인 변별자질을 '지혜'로 보고 우리의 학명을 'Homo sápiens'(슬기사람)로 잘못 일컬었는데 이는 본서에서 'Homo gnarus'(알음사람)로 개칭되며 이는 '지혜'가 침팬지의 변별자질이고 '지식'이 우리의 그것이기 때문이다. 잘 지은 近代의 新造語는 元素의 명칭을 비롯한 자연과학의 학명·용어를 손꼽을 수 있으며 'mill+i+; kil+o+'(L mille; H khilioi; <1,000$_{1/2}$>)는 10^{-3}와 10^3(1795)를, 'micr+o+; macr+o+'(H <작은; 큰>)는 10^{-6}와 10^6(1933)를, 'nano+; giga+'(H nanos, u, m., 난쟁이; gigas, antos, m., 거한)는 10^{-9}과 10^9(1960)을 각각 지칭하는 現代의 메타新造語들이다. 이들 신조어의 數値는 당시의 微視界·巨視界를 담는 데 적합한 것이었으나 '10^{-9}; 10^9'도 언제 더 심화될 것인지 알 수 없으며 이는 'apeir+o+'(H <未한정적>; '$10^{\pm\infty}$')로 예측된다.

現代의 메타新造語는 지배적으로 H <작은·큰; 난쟁이·거한; 未한정적>과 같은 형용사를 각각 현재 최소화·최대화된 것이나 이는 '10$^{±∞}$'를 마지막으로 앞으로 더욱 심화될 수 없다. 사유-언어의 기원 당시(60,100 BP) 첫 언어음인 "MA'는 오늘날 우리의 아가도 처음 발화할 정도로 調音음성학적으로 가장 발음하기 쉬운 구조의 分節音연쇄체이며 오늘날 자연언어의 어휘항목 총계 1억 개는 이에서 변형·번안된 것이듯이 造語·新造語는 어느 것이든지 창작이 아니라 그 변형·번안이다. 변형·번안은 개별언어·어족·어계에 따르며 이를 어길 수 없는데 라전-희랍語根과 영어語尾의 결합에 의한 신조어는 **첫째 묶음**의 차용어形態구조를 따르고 이에 신조어의 유형별 조어법에 의하여 鑄造되어야지 그 신조어법에 어긋나는 철자가 하나라도 섞이면 非文이 되지 않을 수 없다. 사람은 태어나 모국어공동체나 지구촌의 英語공동체에서 공인할 수 있는 신조어를 하나라도 造語한다면 이는 지극한 보람된 일이 아닐 수 없으며 마치 新星(Nova)을 발견자의 이름으로 하늘에다 올려붙이는 것과 마찬가지다.

  그 예비과정인 **첫째 묶음**을 잘 이해했다면 **둘째 묶음**은 신조어鍊習을 실제로 실행할 수 있는 학습과정이며 많이 익힐수록 誤謬·非文은 줄어들게 마련이다. 그 요령은 **둘째 묶음**의 신조어事例를 모방하여 전공분야의 신조어를 鑄造하는 것이며 이렇게 하는 것이 유일한 방도이다. 신조어의 강의를 개설한 어문학과도 없는 형편에 더욱 더 여느 학과의 경우에도 그러한데 이는 우리의 학문이 消費性에 추종적인 것이지 生産性에 선도적인 것이 아니기 때문이며 그 문제의 핵심은 라전어학의 부재에 있다. 이를 시급한 측면에서 先制的인 방편을 모색하기 위하여 본서는 비록 라전語의 어학지식을 쌓지 않았을지라도 모든 분야의 독자가 쌓은 英語어휘의 수준은 상당한 것이므로 이에 신조어의 요령을 터득할 수 있도록 이끄는 것을 일차적인 목표로 삼았으며 라전語의 자습을 위하여 이미 탈고한 本叢書의 第二卷(2022; 古典라전어와 '우정론')은 그 길라잡이가 될 것이다. 이는 古典라전어의 기초에서 끼께로(106~43 BC)의 철학적인 수필집을 통독하기까지 망라한 것이며 라전原文의 구두점은 후세의 것이므로 그 오류를 적발하고 심지어 끼께로의 非文까지 망라하여 그 통사구조를 분석한 것이다.

George Stephenson (1781~1841):
Steam Locomotive (1815)

다섯째 꼭지: 단일어

(자-01) ab+il+i+t+y; ability, sb., 능력;

◆: hábeo, ŭi, bĭtum, ére, vt.(II), 가지다; hábilis, e, adj.(III-b), 숙달된; habílitas, átis, f.(III-A), 능력;

◉: 'ability'←'habílitas': 語頭音탈락; able/abler/ablest, adj.; abled, adj.; ableism, sb.

(자-02) Ⓗ·Ⓛ academ+i+a; academia, sb., 아까데미아;

◆: Akadēmeia, as; Academía, æ, f.(I), 上同

◉: Akadēmeia(쁠라똔의 哲學院)←Akadēmos, u, m., 아까데모스(英雄神); academic/academical, adj.; academically, adv.; academician, adj.; academicism/academy, sb.

(자-03) Ⓗ·Ⓛ acac+i+a; acacia, sb., 아카시아;

◆: akakia, as; acácia, æ, f.(I), 上同

(자-04) ac+et+al; acetal, sb., 아세탈 수지;

◆: ácidus, a, um, adj.(II-I-II-a), 신·시큼한; acer, acris, acre, adj.(III-c), 뾰죽한·날카로운; áceo, ŭi, ére, vi.(II), 시어지다; acétum, i, n. (II-D), 식초;

◉: acetate, sb.; acetic, adj.; acetone(acet+on+e), sb.; acetous(acet+os+us/a/um), adj.; acid, sb./adj.; acidic, adj.; acidly, adv.; acidness/acidity, sb.; acidosis, sb.; acidotic, adj.; acidulous, adj.;

◉₂: '+on+': 轉成接辭(名詞/形容詞←名詞); '+ul+; +os+us/a/um': 上同; 'ac+id+os+i+s': 轉成接辭(名詞←形容詞); 'ac+id+ot+ic': 轉成接辭(形容詞$_b$←형용사$_a$)

(자-05) Ⓗ acou+st+ic; acoustic, adj., 청각적;

◆: akuō, vt., 듣다;

◉: 'akuein': 古典라전어의 古典희랍어 로마자轉寫; 'acou+': 古代불어의 通用희랍어 로마자 轉寫; '+st+': 轉成接辭(분사←동사); acoustical, adj.; acoustically; adv.; acoustician, sb./adj.; acoustics, sb.

(자-06) acr+id, acrid, adj., 매운·쓴;

◆: acer, acris, acre, adj.(III-c), 뾰죽한·날카로운;

◉: acridity, ab.; acridly, adv.; acrid+in(轉成接辭; 명사←형용사)+e, sb.

(자-07) ac+u+i+t+y; acuity, sb., 예리함;

◆: ácuo, ŭi, útum, ĕre, vt.(III-A), 벼리다; acus, us, m.(IV-A), 가시·바늘·침; acútus, a, um, adj.(II-I-II-a), 날카로운;

◉: aculeate, adj.; acumen, sb.; acuminate, adj.; acutance, sb.; acute, adj.; acutely, adv.; acuteness, sb.

(자-08) Ⓗ aden+oid, adenoid, sb./adj., 아데노이드(의);

◆: adēn, enos, m./f., 腺;

◉: adenoidal, adj.; adenoidally, adv.; adenoids/adenoma/adenomata/adenomatas, sb.

(자-09) aed+il+e, aedile, sb., 造營官;

◆: ædes, is, f.(Ⅲ-B), 집; ædilis, is, m.(Ⅲ-B), 토목건축관리관;

◉: aedileship, sb.

(자-10) Ⓗ all+o+, allo-, prefix, 異-;

◆: allos, ē, o, adj., 다른;

◉: allogamy/allomorph, sb.; allomorphic, adj.; allopath, sb.; allopathic, adj.; allopathist/allopathy/allophone, sb.; allophonic, adj.; allotrope, sb.; allotropic/allotropical, adj.; allotropy, sb.

(자-11) ax+i+al; axial, adj., 軸性的;

◆: axis, is, m.(Ⅲ-B), 굴대·軸;

◉: axiality, sb.

(자-12) brev+i+ar+y; breviary, sb., 抄錄·聖務日禱;

◆: brevis, e, adj.(Ⅲ-b), 짧은; brevárium, i, n.(Ⅱ-D), 上同;

◉: brevity, sb.

(자-13) cortex, sb., 외피·피질·피층·나무껍질;

◆: cortex, tǔcis, c.(Ⅲ-A), 나무껍질;

◉: cortex/cortices, sb.; cortical/corticate/corticated, adj.

(자-14) dic+ø+t+ion; diction, sb., 말씨;

◆: dico, dixi, dictum, ĕre, Σvt.(Ⅲ-A), 말하다;

◉: diction/dictionary/dictum/dicta/dictums, sb.

- 163 -

(자-15) dic+ø+t+a+e; dictate, vt., 구술하다;

◆: dícĕre: 上同; dicto, ávi, átum, +áre, vtf.(I), 구술하다;

◉: dictation/dictator, sb.; dictatorial, adj.; dictatorially, adv.; dictatorship, sb.

(자-16) duc+al; ducal, adj., 公爵의;

◆: dúcere: 上同; ducális, e, adj.(III-b), 장군의·공작의; ducátus, us, m.(IV-A), 사령관직;

◉: ducally, adv.; ducat, sb.

(자-17) ⒣erg, sb., 에르그, 일의 단위;

◆: ergon, u, n., 일;

◉: ergative(=nominative), sb.

(자-18) err, vi., 정도에서 벗어나다;

◆: error, óris, m.(III-A), 방황·오류; erro, ávi, átum, +áre(I), 헤매다;

◉: errant, adj.; errancy, sb.; erratic, adj.; erratically, adv.; erratum/errata, sb.; erroneous, adj.; erroneousness/error, sb.

(자-19) fácio, feci, factum, ĕre, vt.(III-B), 하다;

◆: fácies, éi, f.(V), 얼굴; fácilis, e, adj.(III-b), 쉬운; fáctio, ónis, f.(III-A), 행위; fáctum, i, n.(II-D), 사실;

◉₁: ⒧fácere∞ᵖ/ˢⓀ 흥+다;

◉₂: façade/face, sb.; faced/facing/faceless, adj.; facelessly, adv.; faceness/facet, sb.; faceted, adj.; facetiae/facia, sb.; facial/-facient, adj.; facies, sb.; facile, adj.;

facilely, adv.; facileness, sb.; facilitate, vt.; facilitation, sb.; facilitative, adj.; facilitator/facility/ fact/factice/faction/-faction, sb.; factional, adj.; factionalism, sb.; factionalize, vt.; fact- ionally, adv.; factious, adj.; factiously, adv.; factiousness, sb.; factitive, adj.; factoid/ factor, sb.; factorable, adj.; factorage, sb.; factorial, sb./adj.; factorially, adv.; factorize, vt.; factorization, sb.; factual, adj.; factuality, sb.; factually, adv.; factualness, sb.; factum/factums/facta/facture, sb.; facultative, adv.; facultatively, adv.; faculty, sb.

(자-20) Ⓗ gam+et+e, gamete, sb., 배우자·생식체;
◆: gamos, u, m., 결혼;
◉: gametic, adj.

(자-21) horr+e+nd+ous, horrendous, adj., 무시무시한;
◆: hórreo, ŭi, ére, vi./vt.(II), 경악하다·겁내다; horror, óris, m(III-A), 소름끼참;
◉: '+e+nd+ous': 활용幹모음(中期)·轉成접사(當爲분사←동사)·英語형용사어미(← '+os+us/a/um'); horrendously, adv.; horrendousness, sb.; horrent/horrible, adj.; horribleness, sb.; horribly, adv.; horrid, adj.; horridly, adv.; horridness /horror, sb.

(자-22) +jac+e+nt+; +jec+ø+t+;
◆: ico/ício, ĭci, ictum, ĕre, vt.(III-A/B), 치다; jácio, jĕci, jactum, ĕre, vt.(III-B), 던지다;
◉: '+jac+e+nt+; +jec+ø+t+': 現在·過去시칭語幹; '+jec+': 접두사의 前接에 의한 高活化

(자-23) junc+ø+t+ion, junction, sb., 연접;

◆: jugum, i, n.(II-D), 멍에·유대; jugo, junxi, junctum, ĕre, Σvt.(III-A), 멍에를 씌우다·잇다;

◉: juncture, sb.

(자-24) jur+or, juror, sb., 배심원·선서자;

◆: jus, juris, n.(III-C), 법·권리; juro, ávi, átum, +áre, vt.①, 맹세하다·선서하다; justus, a, um, adj.(II-I-II-a), 정의로운; justítia, æ, f.(I), 정의;

◉: jury, sb.; just, adj.; justly, adv.; justness/justice/justiceship, sb.; just-iciability, sb.; justiciary, adj./sb.; justiciable, adj.; justiciableness, sb.; just-iciably, adv.

(자-25) +juv+;

◆: júvo, ávi, átum, áre, vt.(I), 돕다

(자-26) ju+dic+a+t+ur+e; judicature, sb., 사법(권);

◆: jus, juris, n.(III-C),法 dícere: 上同; júdico(←jus+dícere), ávi, átum, +áre, vt.(I), 판결하다;

◉ⅰ: 'judicáre'는 'jus+dícere'의 합성어로 구성되었으나 連結모음(+i+)의 不在로 말미암아 단일어로 이에서 분류된다. cf.: jurisonus, a, um, adj.('jur+i+son+';II-I-II-a), 법을 인용하는;

◉ⅱ: judicial, adj.; judicially, adv.; judiciary/judicious, adj.; judiciously, adv.; judiciousness, sb.

(자-27) Ⓗ log+ic, logic, sb., 논리;

◆: logos, u, m., 말·원리;

◉: logical, adj.; logicality, sb.; logically, adv.; logician/logion/logia, sb.

(자-28) manus, us, f.(Ⅳ-A), 손;

◉: manual, sb.; manual, sb./adj.; manually, adv.

(자-29) Ⓗ meter/metre, sb./vt./vi, 계량기·측정하다·계량하다;

◆: metron, u, n.→metrum, i, n.(Ⅱ-D), 측정기;

◉: metric/metrical, adj.; metrically, adv.; metricate, vi./vt.; metrication, sb.

(자-30) minor, minus, minóris, adj.comp.(Ⅲ-a), 더 작은;

◆: miníster, tra, trum, adj.(Ⅱ-Ⅰ-Ⅱ-c), 섬기는; miníster, tri, m.(Ⅱ-C), 하인;

◉: miature, adj./sb./vt.; miaturist, sb.; miaturize, vt.; miaturization/minim, sb.; minimal, adj.; minimalism, sb.; minimally, adv.; minimalist, sb.; minimax, sb.; minimization, sb.; minimize, vt.; minimizer, sb.; minimum/inima, vt.; minister, sb.; ministrable, adj.; ministerial, adj.; ministerialist, sb.; ministerially, adv.; ministration, sb.; ministrant, adj./sb.; ministrative, adj.; ministry, sb.; minor, adj./sb./vt.; minority, sb.; minus, prep./adj./sb.; minuscular, adj.; minuscule, sb.; minute, sb./vt./adj.; minutely, adv.; minuteness/minutia/minutiae, sb.

(자-31) mir+a+c+l+e, miracle, sb., 기적;

◆: mirus, a, um, adj.(Ⅱ-Ⅰ-Ⅱ-a), 이상한·기묘한; miror, átus sum, +ári, Ⅾvt.(D-I),

경탄하다;

◉: miracle(+a+c+l+e; '+a+c+': 호조음; '+l+'←'+ul+': 縮小接辭), sb.; miraculous, adj.; mirac- ulously, adv.; miraculousness, sb.

(자-32) mix, vt./vi./sb., 혼합하다·혼합되다·혼합;

◆: mísceo, míscui, mixtum/mistum, ěre, vt.(III-A), 섞다;

◉: mixable, adj.; mixable/mixed, adj.; mixedness/mixer/mixture, sb.

(자-33) mitto, misi, missum, ěre, Σvt.(III-A), 보내다;

◆: míssio, ónis, f.(III-A), 파견·사명;

◉: mission/missioner, sb.; missionary, sb./adj.; missive, sb.

(자-34) Ⓗ morph, sb., 형태;

◆: morphē, ēs, f., 모양;

◉: morpheme, sb.; morphemic, adj.; morphemically, adv.; morphemics, sb.

(자-35) nomin+al, nominal, adj., 명의상의;

◆: (g)nosco, novi, notum, ěre, vt∫.(III-A), 알다; nomen, mǐnis, n.(III-D), 이름;

◉: nominally, adv.; nominalism/nominalist, sb.; nominalistic, adj.; nominalization, sb.; nom- inalize/nominate, vt.; nomination, sb.; nominatival/nominative, adj.; nominee, sb.

(자-36) opt, op+t, vt., 선택하다;

◆: opto, ávi, átum, +áre, vt.(I), 골라잡다;

◉: optant, sb.; optative, adj./sb.; optatively, adv.; option, sb.; option, sb.;

optional, adj.; op- tionality, sb.; optionally, adv.

(자-37) Ⓗ opt+ic, optic, adj., 눈의;

◆: optikos, ē, on→ópticus, a, um, adj.(Ⅱ-Ⅰ-Ⅱ-a), 上同;

◉: optical, adj.; optically, adv.; optician/optics, sb.

(자-38) opt+im+al, optimal, adj., 최선의;

◆: óptimus, a, um, adj.superl.(Ⅱ-Ⅰ-Ⅱ-a), 上同;

◉: optimism/optimist, sb.; optimistically, adv.; optimization, sb.; optimize, vt.; optimum/optima, sb.

(자-39) op+ul+ent, opulent, adj., 풍족한;

◆: ops, opis, f.(Ⅲ-A), 힘; opuléntus, a, um, adj.(Ⅱ-Ⅰ-Ⅱ-a), 上同;

◉: opulently, adv.

(자-40) or+a+c+l+e, oracle, sb., 神託;

◆: os, oris, n.(Ⅲ-C), 입; oro, ávi, átum, +áre, vt.(Ⅰ), 祈禱하다; oráculum, i, n.(Ⅱ-D), 神託;

◉: oracular, adj.; oracularity, sb.; oracularly, adv.; oracy, sb.; oral, adj.; orally, adj.; orate, vi.; oral, adj.; oration/orator, sb.; oratorial, adj.; oratory, sb.

(자-50) orn+a+ment, ornament, sb./vt., 장식(하다);

◆: orno, ávi, átum, +áre, vt.(Ⅰ), 꾸미다;

◉: ornate, adj.; ornately, adv.; ornateness/ornamental/ornamentalism/orn- amentalist,sb.; ornamentally, adv.

(자-51) Ⓗ path+et+ic, pathetic, adj./sb., 감동적·그러한 표현;

◆: pathos, u, m., 病·同情;

◉: pathetically, adv.

(자-52) Ⓗ phon, sb., 폰(音强度의 단위);

◆: phōnē, ēs, f., 목소리;

◉: phonate, vi.; phonation, sb.; phonatory, adj.; phone/phoneme, sb.; phonemic, adj.; phonemics, sb.; phonetic, adj.; phonetically, adv.; phoneticism/phoneticist, sb.; phoneticize, vi.; phonetician/phontics, sb.; phonic, adj.; phonically, adv.

(자-53) ren+al, renal, adj., 콩팥의;

◆: rēn, rēnis, m.(Ⅲ-A), 콩팥; renális, e, adj.(Ⅲ-b), 腎臟의

(자-54) scribo, scripsi, scriptum, ĕre, Σvt.(Ⅲ-A), 긁다·쓰다;

◆: scríptio, ónis, f.(Ⅲ-A), 글쓰기; scriptúra, æ, f.(Ⅰ), 글자쓰기;

◉: scribble, vt./vi./sb.; scribbler, sb.; scribbly, adv.; scribe, sb./vt.; scrival, adj.; scriber/script, sb.; scriptorial, adj.; scriptorium/scriptoria/scriptoriums, sb.; scriptural, adj.; scripturally, adv.; scripture

(자-55) sord+id, sordid, adj., 지저분한;

◆: sordes, is, f.(Ⅲ-B), 때·먼지; sórdidus, a, um, adj., 더러운;

◉: sordidly, adv.; sordidness, sb.

(자-56) tot, totted, totting, vt./sb., 더하다·합계;

◆: totus, a, um, adj.(gen.sg.: totíus; 잔존형 관형사), 온, 모두; totális, e, adj.(Ⅲ-b), 전체의

(자-57) Ⓗ troph+ic, trpophic/tropic, adj., 영양적;
◆: trophē, ēs, f., 營養;
◉: trophy, sb.; trophical, adj.; trophically, adv.; tropism, sb.

(자-58) Ⓗ -troph+ic, -trpophic/-tropic, adj., ~한 영양을 필요로 하는;
◆: trophē: 上同

(자-59) +√ul+: vi., 가다;
◆: '+ul+': L adulári/adoléscere/aduléscere/ambuláre(<to fawn/grow$_{lg}$/stroll>)∞ Ak alaqum(<to walk>)∞Hb halaq(<he walked>)∞H eleusomai(<I went>)∞J$_o$/J aruk+(<to walk>)

(자-60) umbra/umbras/umbrae, sb., 그늘;
◆: umbra, æ, f.(I), 上同;
◉: umbral, adj.; umbrage/umbrella, sb.

(자-61) vec+ø+t+or, vector, sb./vt., 벡터·유도하다;
◆: veho, vexi, vectum, ĕre, Σvt.(Ⅲ-A), 끌다;
◉$_1$: '+ø+': veh+→vec+/_+t+;
◉$_2$: vectorial, adj.; vectorization, sb.; vectorize, vt.

(자-62) ven+ø+t+ur+e, venture, vi./vt., 감행하다·내맡기다;

◆: vénio, veni, ventum, íre, vi.(IV), 오다·가다;

◉$_1$: +i+ → +ø+/＿+t+;

◉$_2$: venture, sb./vt.; venturer, sb.; venturesome, adj.; venturesomely, adv.; venturesomeness/venue, sb.

(자-63) verb, sb., 동사;

◆: verbum, i, n.(II-D), 동사;

◉: verbal, adj./sb.; verballed/verballing, adj.; verbally, adv.; verbalism/verbalist, sb.; verbalistic, adj.; verbalizable, adj.; verbalization, sb.; verbalize, vt.; verbalizer, sb.

(자-64) ver+ø+s+ion, version, sb., 번역;

◆: verto, ti, sum, ĕre, vt.(III-A), 돌리다;

◉: versional, adj.

(자-65) vi+ø+s+ibil+i+t+y, visibility, sb., 可視度;

◆: vídeo, vidi, visum, ére, vt.(II), 보다;

◉: visible, adj.; visibleness, sb.; visibly, adv.; vision, sb.; visional/visionless, adj.; visionariness, sb.; visionary, adj./sb.

(자-66) voc+abl+e, vocable, sb./adj., 낱말·모음, 부를 만한;

◆: vox, vocis, f.(III-A), 목소리; voco, ávi, átum, +áre, vt.(I), 부르다;

◉: vocabulary, sb.; vocal, sb./adj.; vocality, sb.; vocally, adv.; vocalic, adj.; vocalism/vocalist, sb.; vocalic, adj.; vocalization, sb.; vocalize, vt.; vocalizer/vocation, sb.; vocational, adj.; vocationalize, vt.; vocationalism, vt.; vocationally, adv.; vocative, vt./sb.

침팬지는 非분절음인 소리덩어리 50개로 50개의 音聲메시지를 생성하며 이는 人科의 분기(700만년 BC) 이래 오늘날까지 지속되고 있다. 이에 견주면, 우리 알음사람은 사유-언어의 기원(60,100년 BP) 이래 분절음인 音素 50개로 무한대의 어휘항목과 무한대의 통사연쇄체를 생성하며 이는 사유-언어의 기원 때 오로지 하나뿐이었던 語根명사 '*MA'와 이것으로 지을 수 있었던 不備文연쇄체 하나에서 오늘날까지 60,100년 동안 도합 3억 개의 어휘항목을 생성하고 이에서 무한대의 통사연쇄체를 구사하고 있다. 침팬지와 우리 알음사람 간의 이러한 엄청난 격차는 오로지 침팬지(500cc)와 우리 알음사람(1,400cc) 간에 벌어진 대뇌용량의 격차 때문이며 이는 非분절음과 분절음의 음성학적인 변별자질 때문이다. 그 변별성은 변형-생성성 여부에서, 즉, 非분절음의 非변형-생성성으로, 분절음의 변형-생성성으로 말미암아 각각 어사적·통사적인 생산성·임의성 여부로 갈리기 때문이다.

우리의 자연언어 歷代총수 8,912개 가운데 어느 하나도 분절적인 音素 50개를 모두 쓰도록 음운체계를 갖춘 언어는 없으며 이는 언어유형·언어계통에 따라 選好하는 음운체계가 다르기 때문이다. 즉, H·C·H·L·M·L·N·F·M·F·F·S·A·M·E·E 등은 印赫어족 가운데 至近의 어파(헬라스語·이딸리아語·게르만語·로망스語)에다 원래 曲用型언어들이었기 때문에 차용어·신조어의 조어법을 共有할 수 있으며 이는 단일어의 경우 어근을 제외하면 轉成접사 일체와 호조음의 受用·通用을 일컫는다. 派生단일어와 (派生)합성어·복합어·중합어의 접두사·접두어·連結모음·同音탈락을 제외하면, 단일어의 轉成접사·호조음은 모두 차용어·신조어의 모든 語辭층위에서 공통적인 문법범주이며 어근은 평생토록 지속을 요하는 암기의 대상이나 도합 100 가지를 넘지 못하는 轉成접사는 이해의 대상이므로 본서의 語辭분석을 통하여 다만 몇 달이면 통달할 수 있는 것이다. 신조어 초심자는 기존 신조어의 구성을 익히면 오류·非文을 피할 수 있는 왕도이며 오류·非文의 不在는 學者가 누릴 수 있는 無上의 영예이다. 이를 위하여 초심자는 좋은 학습서를 따라 초보적인 것부터 익혀야 옳으며 누구든지 초보자이지 않은 사람은 없다.

Alexander Graham Bell (1447~1922): Telephone (1876)

여섯째 꼭지: 파생단일어

(ᴰ자-01) ab+brev+i+a+t+e; abbreviate, vt., 생략하다;

◆: brevis: 上同; abbrévio, ávi, átum, +áre, vt.(I), 줄이다; abbreviátio, ónis, f. (III-A), 생략;

◉: abbrèviátion, sb.

(ᴰ자-02) ab+dic+a+t+e; abdicate, vt., 포기하다;

◆: abdico, ávi, átum, +áre, vt.(I), 부인하다; abdicátio, ónis, f.(III-A), 자진사퇴; abdicátor, óris, m.(III-A), 포기자;

◉: abdication/abdicator, sb.

(ᴰ자-03) ab+duc+ø+t; abduct, vt., 유괴하다;

◆: dúcere: 上同; abdúco, ávi, átum, +áre, vt.(I), 끌어가다;

◉: abductee/abduction/abductor, sb.

(ᴰ자-04) ab+err+ant; aberrant, adj./sb., 常度를 벗어난, 그 사람;

◆: error/erráre: 上同; abérro, ávi, átum, +áre, vt.(I), 방황하다; aberrátio, ónis, f.(III-A), 기분전환;

◉: aberrance/aberrancy/aberration, sb.; aberrational, adj.

(ᴰ자-05) ab+hor; abhor, vt., 혐오하다;

◆: horrére: 上同; abhórreo, ŭi, ére, vi./vt.(II), 기피하다;

◉: abhorrer/æbhorrence, sb.; abhorrent, adj.

(ᴰ자-06) ab+jec+ø+t; abject, adj., 영락한·비참한;

◆: ico/ício, īci, ĭtum, ĕre, vt.(III-A/B), 치다·때리다; jácio, jeci, jactum, ĕre, vt.(III-B), 던지다; abjácio, jeci, jectum, abjícĕre, vt.(III-B), 내던지다; abjéctio, ónis, f.(III-A), 낙심·낙담;

◉₁: 'abjéctum'(←jactum): 高舌化; '+ø+'(←'+ĕᵢ+'): 초기幹모음의 탈락;

◉₂: abjection, sb.; abjectly, adv.; abjectness, sb.

(ᴰ자-07) ab+jur+e; abjure, vt., 거짓맹세하다;

◆: jus, juris, n.(III-C), 법·권한; (ab)+juro, ávi, átum, +áre, vt.(I), 위증하다·맹세하다;

◉: abjuration, sb.

(ᴰ자-08) ab+l+a+t+ion; ablation, sb., 제거·절제;

◆: ferre: 上同; áffero, áttuli, allátum, afférre, Avt., 가져오다/가다; áu(←ab)+fero, áb+s+tuli, ab+l+á+t+u+m, au(←ab)+férre, Avt., 가져가다; ablatívus, a, um, adj.(II-I-II-a), 탈격의;

◉: ablative, sb./adj.

(ᴰ자-09) ab+lu+ø+t+ion; ablution, sb., 세척·洗淨;

◆: luo, lŭi, lúitum, ĕre, vt.(III-A), 씻다; ábluo, ŭi, útum, ĕre, vt.(III-A), 씻어버리다; ablútio, ónis, f.(III-A), 씻음·세척;

◉: ablutionary, adj.

(ᴰ자-10) ab+neg+a+t+e; abnegate, vt., 포기하다;

◆: nego, ávi, átum, +áre, vt.(I), 부인하다; ábnego, ávi, átum, +áre, vt.(I), 거절하다;

◉_i: '+nego'←'ne+ago'(ne, adv., \<not\>; ágere: 上同);

◉_ℓ: abnegation, sb.

(ᴰ자-11) ab+norm+al; abnormal, adj., 비정상적;

◆: norma, æ, f.(I), 曲尺·규정; normális, e, adj.(III-b), 규칙적;

◉_i: Ⓔ 'abnormal'←Ⓕ 'anormal';

◉_ℓ: abnormally, adv.; abnormality, sb.; abnormity, sb.

(ᴰ자-12) ab+ol+i+sh; abolish, vt., 철폐하다;

◆: abóleo, évi, lĭtum, ére, vt.(II), 폐지하다; abolésco, évi, ĕre, viſ.(II), 소멸하다; abolítio, ónis, f.(III-A), 폐기;

◉_i: Ⓔ 'abolish'←Ⓕ 'abolir'; abolishable, adj.; abolisher, sb.; abolishment, sb.; aboltionary, adj.; abolitionism, sb.; abolitionist, sb.;

◉_ℓ: cf.: adóleo, évi, adúltum, ére, vt.(II), 祭獻하다; ☞: '+ul+'(二次동원어語根)

(ᴰ자-13) ab+omin+abl+e; abominable, adj., 혐오스러운;

◆: omen, mĭnis, n.(III-C), 흉조; abóminor, átus sum, +ári, Dvt.(D-I), 저주하다; abomvinábilis, e, adj.(III-b), 지겨운; abominátio, ónis, f.(III-A), 혐오;

◉: abominably, adv.; abominate, vt.; abomination, sb.

(ᴰ자-14) ab+or+al; aboral, adj., 입과 반대쪽의;

◆: os, oris, m.(Ⅲ-C), 입; oralis, e, adj.(Ⅲ-b), 입의;

◉: aborally, adv.

(ᴰ자-15) ab+or+i+gin+al; aboriginal, sb./adj., 호주원주민(의);

◆: órior, órtus sum, íri, Dvi.(D-Ⅳ), 일다·오르다; abórior, órtus sum, íri, Dvi.(D-Ⅳ), 소멸하다; Aborígenes, um., m.pl.tt.(Ⅲ-B), 이딸리아 原住民;

◉₁: Aboriginality, sb.; aboriginally, adv.; Aborigines, sb.pl.;

◉₂: Ⓛ 'or+í+r+i'∞ᴾ/ˢⓀ '오+르+으+다'

(ᴰ자-16) ab+or+t; abort, sb./v., 낙태(하다);

◆: oíri/aboríri: 上同; ortus us, m.(Ⅳ-A), 떠오름·출생; abórtus us, m.(Ⅳ-A), 流産; abórtio, ónis, f.(Ⅲ-A), 유산; abortívus, a, um, adj., 유산/낙태의;

◉₁: '+t+': 轉成接辭(명사←동사); '+ion+': 轉成接辭(명사_b←명사_a); '+iv+': 轉成接辭(형용사←명사);

◉₂: abortion, sb./vt.; abortionist, sb.; abortive, adj./sb.; abortively, adv.; abortiveness, sb.

(ᴰ자-17) a+boul/bul+i+a; aboulia/abulia, sb., 의지상실;

◆: Ⓗ bulē, ēs, f. 의지; abulē, ēs, f., 의지상실;

◉: 'a+': pref., <non->; '+oy+'('bulē'): /u/; aboulic, adj.

(ᴰ자-18) ab+rad+e; abrade, vt., 練磨하다;

◆: rado, rasi, rasum, ĕre, Σvt.(Ⅲ-A), 깎다; abrádo, rási, rásum, ĕre, Σvt.(Ⅲ-A),

면도하다; rásio, ónis, f.(III-A), 깎음; abrásio, ónis, f.(III-A), 박탈;

◉: abrader, sb.; abrasion, sb.; abrasive, adj.

(ᴰ자-19) ab+re+ac(←ag)+ø+t; abreact, vt., 消散시키다;

◆: ágere/áctio: 上同; reáctio, ónis, f.(III-A), 반작용;

◉: abreaction, sb.; abreactive, adj.

(ᴰ자-20) ab+rog+a+t+e; abrogate, vt., 철폐하다;

◆: rogáre: 上同; abrógo, ávi, átum, áre, vt.(I), 몰수하다; abrogátio, ónis, f.(III-A), 철폐;

◉: abrogation, sb.; abrogative, adj.; abrogator, sb.

(ᴰ자-21) ab+rup+ø+t; abrupt, adj., 느닷없는;

◆: rumpo, rupi, ruptum, ĕre, vt.(III-A), 꺾다; abrúmpo, rúpi, rúptum, ĕre, vt.(III-A), 찢다; abrúptus, a, um, adj.(II-I-II-a), 성급한;

◉: abruptly, adv.; abruptness, sb.

(ᴰ자-22) ab+s+cess; abscess, sb./vt., 종기·膿瘍을 형성하다;

◆: cedo, céssi, céssum, ĕre, Σvi.(III-A), 가다·오다; abscédo, céssi, céssum, ĕre, Σvi.(III-A), 물러가다; abscéssus, us, m.(IV-A), 퇴거·농양;

◉: '+s+': 호조음; abscessed, adj.

(ᴰ자-23) ab+sciss+ion; abscission, sb., 절단;

◆: scindo, scidi, scissum, ĕre, vt.(III-A), 찢다; abscíndo, scĭdi, scíssum, ĕre, vt.

(III-A), 잘라내다; abscíssio, ónis, f.(III-A), 절단;

◉: abscissa/abscissae/abscissas, sb.

(D자-24) ab+s+con+d; abscond, vi., 도망치다;

◆: do, dedi, datum, dăre, Avt., 주다; condo, dĭdi, ĭtum, ĕre, Avt., 창건하다; abscóndo, dĭdi, ĭtum, ĕre, Avt., 은폐하다;

◉₁: '+s+': 호조음;

◉₂: 'dăre': 準第一活用; 'cóndĕre/abscóndĕre': 準第三A活用

(D자-25) ab+s+enc+e; absence, sb., 부재·결석;

◆: esse: 上同; absum, ábfŭi/áfŭi, abésse, Avn., 있지 않다; absens, éntis, pr.p., 없는·부재하는;

◉₁: '+s+': 호조음; '+enc+e'←'+ent+i+a+m';

◉₂: 'es+ø+s+e': 非幹母音中性動詞(Avn.)이므로 幹母音연쇄체로 구성되는 현재분사는 형의 공백이지만 派生단일어의 경우 ^quasi III-A(準第三A活用)에 따라 'absens, éntis' 등으로 구성되며 이에서 中世紀라전어의 철학용어 'ens; éntia'(<being, beings; 存在>) 등은 고안되었다.

◉₃: absent, adj.; absently, adv.; absentee, sb.; absenteeism, sb.; absent-minded, adj.; absent-mindedly, adv.; absent-mindedness, sb.

(D자-26) ab+sol+u+t+e; absolute, adj., 절대적;

◆: luo, lŭi, lŭĭtum, ĕre, vt., 씻다; solvo(se+luo), solvi, lútum, ĕre, vt.(III-A), 풀다; absólvo, sólvi, lútum, ĕre, vt.(III-A), 풀어주다; absolútus, a, um, adj.(II-I-II-a), 절대적; absolútio, ónis, f.(III-A), 사면;

◉: absolutely, adv.; absoluteness/absolution/absolutism/absolutist, sb.; absolve, vt.; absolver, sb.

(ᴰ자-27) ab+sorb; absorb, vt., 흡수하다;
◆: sórbeo, bŭi, (bĭtum), ére, vt., 빨아들이다; absórbeo, bŭi, sorptum, ére, vt.(II), 흡수하다; absórptio, ónis, f.(III-A), 흡수;
◉: absorbable, adj.; absorbability/absorber, sb.; absorbed, adj.; absorbedly, adv.; absorbent, adj.; absorbency, sb.; absorbing, adj.; absorbingly, adv.; absorption, sb.; absorptive, adj.

(ᴰ자-28) ab+s+trac+ø+t; abstract, sb./adj., 추상(적);
◆: traho, traxi, tractum, ĕre, Σvt.(III-A), 잡아당기다; abstraho, traxi, tractum, ĕre, Σvt.(III-A), 떼어놓다; abstráctio, ónis, f.(III-A), 추상;
◉: abstractly, adv.; abstractor, sb.; abstracted, adj.; abstractedly, adv.; abstraction/abstractionism/abstractionist, sb.

(ᴰ자-29) ab+s+trus+e; abstruse, adj., 심원한·난해한;
◆: trudo, trusi, trusum, ĕre, Σvt.(III-A), 내쫓다; abstrudo, trusi, trusum, ĕre, Σvt.(III-A), 잠복시키다;
◉: abstrusely, adv.; abstruseness, sb.

(ᴰ자-30) ab+surd; absurd, adj., 무모한;
◆: surdus, a, um, adj.(II-I-II-a), 귀먹은; absárdus, a, um, adj.(II-I-II-a), 거슬리는
◉: absurdly, adv.; absurdness/absurdity, sb.

(ᴰ자-31) ab+us+e; abuse, sb./vt., 남용(하다);

◆: surdus, a, um, adj.(II-I-II-a), 귀먹은; absárdus, a, um, adj.(II-I-II-a), 거슬리는

◉: abusive, adj.; abusively, adv.; abusiveness, sb.

(ᴰ자-32) a+byss; abyss, sb., 深淵;

◆: Ⓗ byssos(←bythos), u, m., 깊이; abyssos, u, m., 심연; Ⓛ abyssus, i, f.(II-A), 심연·지옥;

◉₁: abysmal, adj.; abysmally, adv.; abyssal, sb.;

◉₂: 'a+': 上同; '+bys+'←'+byss+'; '+m+': 호조음

(ᴰ자-33) a+carp+ous; acarpous,, adj., 열매 맺지 않는;

◆: Ⓗ karpos, u, m., 열매; acarpos, on, adj., 上同;

◉: 'a+': 上同

(ᴰ자-34) ac+celer+a+t+e; accelerate, vi./vt., 빨라지다·가속하다;

◆: celer, céleris, célere, adj.(III-c), 빠른; accélero, ávi, átum, +áre, vt.(I), 촉진시키다;

◉: acceleration, sb.; accelerative, adj.; accelerator, sb.

(ᴰ자-35) ac+cen+t+; accent, sb./vt., 악센트·강조하다;

◆: cano, cécini, cantum, ěre, vt.(III-A), 노래하다; áccano, ěre, vi.(III-A), ~에 맞추어 노래하다;

◉: accentor, sb.; accentual, adj.; accentuate, vt.; accentuation, sb.

(ᴰ자-36) ac+ces+s, access, sb./vi., 접근·접근하다;

◆: cédĕre: 上同, accédo, céssi, céssum, ĕre, Σvi.(Ⅲ-A), 접근하다; accéssio, ónis, f.(Ⅲ-A), 접근;

◉: accessary, sb./adj.; accessible, adj.; accessibility, sb.; accessibly, adv.; accession, sb.; accessorize, vt.; accessorial, adj.; accessory, sb./adj.

(ᴰ자-37) ac+cid+e+nc+e, accidence, sb., 재해;

◆: cado, cécidi, casum, ĕre, Rvi.(Ⅲ-A), 떨어지다; áccido, cĭdi, ĕre, vi.(Ⅲ-A), 닥치다;

◉: '+e+': 初期活用幹모음; '+nc+e'←'+nt+i+'; accident, sb.; accidental, adj.; accidentally, adv.

(ᴰ자-38) ac+clam+a+t+ion, acclamation, sb., 갈채·환호;

◆: clamo, ávi, átum, áre, vi./vt.(Ⅰ), 소리지르다; acclámo, ávi, átum, áre, vi.(Ⅰ), 환호하다; acclamátio, ónis, f.(Ⅲ-A), 환호

(ᴰ자-39) ac+climat+e, acclimate, vi./vt., 순치되다/시키다;

◆: Ⓗklima, atos, n.; clima, átis, n.(Ⅲ-C), 기후·풍토;

◉: '+climat+e'(←+climat+a+t+e; 어근·活用幹모음·轉成접사; 同音탈락: '+a+t+'); acclimation, sb.; acclimatize, vi./vt.; acclimatization, sb.

(ᴰ자-40) ac+cli+v+i+t+y, acclivity, sb., 오르막;

◆: Ⓗklinō(√KLI), vi.; clino, áre, vi.(Ⅰ), 기울이다; clivus/clivos(←Ⓗ kliƒos), i, m., 언덕·비탈;

◉$_1$: '+cli+v(←iv)+i+t+': 어근·轉成접사(형용사←동사)·호조음·轉成접사(명사←형용사; ←+tat+);

◉$_2$: '+cli+v(←iv)+': 同音탈락; '+ƒ+'(digamma): 音價 [w](와우-音);

◉$_3$: acclivious/acclivitous, adj.; opp. declivity, sb., 내리막

(^{D}자-41) ac+com+mod+a+t+e, accommodate, vt., 적응시키다;

◆: modus, i, m.(Ⅱ-A), 모양·방법·절도; cómmodus, a, um, adj.(Ⅱ-Ⅰ-Ⅱ-a), 적절한;

◉: accommodating, adj.; accommodatingly, adv.; accomodation, sb.

(^{D}자-42) ac+com+pan+i+men+t, accompaniment, sb./vt., 반주·따르다;

◆: panis, i, m.(Ⅲ-B), 빵;

◉: accompanist/accompany/accompanyist/companion, sb.; companionable, adj.; companionableness, sb.; companionbly, adv.; companionate, adj.; companionship/company, sb.

(^{D}자-43) ac+com+plic+e, accomplice, sb., 동료;

◆: pleo, plēre, vt.(Ⅱ), 채우다; cómpleo, évi, étum, vt.(Ⅱ), 上同; complex, plĭcis, adj./c., 연루된·連累者;

◉: accomplish, vt.; accomplishable/accomplished, adj.; accomplishment, sb.

(^{D}자-44) ac+cord, accord, sb./vi./vt., 일치·일치하다·일치시키다;

◆: Ⓗ chordē, ēs, f.; chorda/corda, æ, f.(Ⅰ), 끈·줄;

◉: accordance, sb.; accordant, adj.; accordantly, adv.; according, adj.; accordingly, adv.

(ᴰ자-45) ac+cred+i+t, accredit, vt., 신임하다;

◆: credo, crédidi, dĭtum, ĕre, vt.(III-A), 믿다;

◉: '+i+t': 幹모음(←+ĕᵢ+)·轉成接辭(명사←동사); accreditation, sb.; accredited, adj.

(ᴰ자-46) ac+cre+t+e, accrete, vi./vt., 융합하다·융합시키다;

◆: cresco, crēvi, crētum, ĕre, viʃ.(III-A), 자라다;

◉: '+ø+t+': 幹母音탈락(+ĕᵢ+)·轉成接辭(과거분사←동사); accretion, sb.; accretive, adj.

(ᴰ자-47) ac+cul+t+ur+a+t+e, acculturate, vi./vt., 文化變容에 의하여 변화하다·변화시키다;

◆: colo, lŭi, cultum, ĕre, vt.(III-A), 갈다·가꾸다; cultúra, æ, f.(I), 문화;

◉: '+ø+t+ur+a+t+': 幹母音탈락(+ĕᵢ+)·轉成接辭(과거분사←동사)·轉成接辭(명사←과거분사)·幹모음(第一活用化)·轉成接辭(과거분사←동사); acculturation, sb.; acculturative, adj.

(ᴰ자-48) ac+cumul+a+t+e, accumulate, vi./vt., 싸이다·쌓다;

◆: cúmulus, i, m.(II-A), 더미; cúmulo, ávi, átum, +áre, vt.(I), 쌓다;

◉: accumulation, sb.; accumulative, adj.; accumulator, sb.

(ᴰ자-49) ac+cur+a+c+y, accuracy, sb., 정확도;

◆: cura, æ, f.(I), 걱정; curo, ávi, átum, +áre, vt.(I), 돌보다; accuro, ávi, átum, +áre, vt.(I), 정성껏 행하다;

◉: '+a+c+y'←'+a+t+i+a'; accurate, adj.; accurately, adv.; accurateness, sb.

(ᴰ자-50) ac+cus+al, accusal, sb., 비난;

◆: causa, æ, f.(I), 까닭; causo, ávi, átum, +áre, vt.(I), 야기시키다; accuso, ávi, átum, +áre, vt.(I), 비난하다;

◉: '+cus+'←'+caus+': 高舌化; accusation, sb.; accusative, sb./adj.; accusatively, adv.; accusatorial/accusatory, adj.; accuse, vt.; accuser, sb.; accuse, vt.; accusingly, adv.

(ᴰ자-51) a+cell+ul+ar, acellular, adj., 無세포의;

◆: cella, æ, f.(I), 헛간; cf., celo, ávi, átum, áre, vt.(I), 감추다;

◉: 'a+; +ul+': 上同

(ᴰ자-52) a+cephal+ous, acephalous, adj., 無頭類의(연체동물);

◆: Ⓗ kephalē, ēs, f., 머리;

◉: 'a+': 上同; '/+cephal+/←'kephal-'

(ᴰ자-53) a+cerb+ic, acerbic, adj., 신·떫은;

◆: cerbus, a, um, adj.(II-I-II-a), 上同;

◉: 'a+': 上同; acerbically, adv.; acerbity, sb.

(ᴰ자-54) a+chir+al, achiral, adj., 손없는;

◆: Ⓗ cheir, cheiros, f., 손;

◉: 'a+': 上同

(ᴰ자-55) a+chromat, achromat, sb., 색지움 렌즈;

◆: Ⓗ chrōma, atos, n., 빛깔·색깔;

◉: 'a+': 上同; achromatic, adj.; achromatically, adv.; achromaticity, sb.

(ᴰ자-56) ac+qui+e+sc+e, acquiesce, vt., 묵인하다;

◆: quies, étis, f.(V), 휴식; quiésco, évi, étum, ĕre, viʃ./vtʃ.(Ⅲ-A), 쉬다; acquiésco, évi, étum, ĕre, viʃ.(Ⅲ-A), 上同;

◉: acquiescence, sb.; acquiescent, adj.

(ᴰ자-57) ac+quir+e, acquire, vt., 획득하다;

◆: quæro, quæsívi, sítum, ĕre, vt.(Ⅲ-A), 찾다; acquíro, ívi, ítum, ĕre, vt.(Ⅲ-A), 얻다;

◉: acquirable, adj.; acquirablement/acquisition, sb.; acquisitive, adj.; acquisitively, adv.; acquisitiveness, sb.

(ᴰ자-58) a+dam+ant, adamant, sb./adj., 더없이 단단함/단단한;

◆: Ⓗ 'a+': 上同; damaō, vt., 길들이다; adamas, antos, m., 강철; ádamas, ántis, m.(Ⅲ-A), 강철·금강석;

◉: adamance, sb.; adamantine, adj.; adamantly, adv.

(ᴰ자-59) ad+ap+ø+t, adapt, vt., 적응시키다;

◆: ápio, ĕre; apo, aptum, ĕre, vt.(Ⅲ-A), 동여매다;

◉: adaptable, adj.; adaptability, sb.; adaptably, adv.; adaptation/adaptator/adapter, sb.; adaptive, adj.; adaptively, adv.

(ᴰ자-60) ad+ax+i+al, adaxial, adj., 近軸的;

◆: axis: 上同;

(ᴰ자-61) ad+dic+ø+t, addict, sb./vt., 중독자·중독시키다;

◆: dícere: 上同;

◉: addicted, adj.; addiction, sb.; addictive, adj.

(ᴰ자-62) ad+di+ø+t+ion, addition, sb., 추가·부가;

◆: dăre: 上同;

◉: additional, adj.; additive, adj.; additionally, adv.

(ᴰ자-63) ad+duc+e, adduce, vt., 例證하다;

◆: dúcere: 上同;

◉: adducable/adducible, adj.; adduct, vt.; adduction/adductor, sb.

(ᴰ자-64) ad+ep+ø+t, adept, sb./adj., 숙련자(의);

◆: ápĕre: 上同; adipíscor, adéptus sum, i, Dvt.(D-III-A), 얻다;

◉: adeptly, adv.; adeptness, sb.

(ᴰ자-65) ad+equ+a+t+e, adequate, adj., 적절한;

◆: æquus, a, um, adj.(II-I-II-a), 공정한; adǽquo, ávi, átum, +are, vt.(I), 동등하게 하다;

◉: '+equ+'←'adǽquo': 高活化; adequacy, sb.; adequately, adv.

(ᴰ자-66) ad+her+e, adhere, vi., 유착하다;

◆: hǽreo, hæsi, hæsum, ére, Σvi.(II), 달라붙다; adhǽreo, hæsi, hæsum, ére, Σvi.(II), 上同;

◉: adherence, sb.; adherent, sb./adj.; adhesion, sb.; adhesive, adj.; adhesively, adv.; adhesiveness, sb.

(ᴰ자-67) ad+hib+i+t, adhibit, vt., 사용하다;

◆: habére: 上同; adhíbeo, ŭi, bĭtum, ére, vt.(II), 上同;

◉: 'habére'←'adhibére': 高舌化; adhibition, sb.

(ᴰ자-68) ad+i+t, adit, sb., 입구;

◆: eo, īvi/ĭi, ĭtum, ĭre, Avi, 가다; ádeo, īvi/ĭi, ĭtum, íre, Avi/vt., 찾아가다;

◉: Ⓛ '+i+'∞ᴷⓈ '詣'(/ye/)∞ᴾ/ˢⓀ '예-'

(ᴰ자-69) ad+jac+e+nt, adjacent, adj., 접근한;

◆: ícĕre/jácĕre: 上同; adjácio, jĕci, jectum, jícĕre, vt.(III-B), 던져보내다;

◉: adjacency, sb.; adjectival, adj.; adjectivally, adv.; adjective, sb./adj.

(ᴰ자-70) ad+ju+dic+a+t+e, adjudicate, vt./vi., 판결하다;

◆: judicáre: 上同; adjúdico, ávi, átum, +áre, vt.(I), 판결을 내리다;

◉: adjudication, sb.; adjudicative, adj.; adjudicator, sb.

(ᴰ자-71) ad+junc+ø+t, adjunct, sb./adj., 부속물·부속된;

◆: júngĕre: 上同; adjúngo, júnxi, júnctum, ĕre, Σvt.(III-A), 연결시키다;

◉: adjuctive, adj.; adjuctively, adv.

(ᴰ자-72) ad+jur+e, adjure, vt., 탄원하다;

◆: jus/juráre: 上同; adjúro, ávi, átum, +áre, vt.(I), 맹세하다;

◉: adjuration, sb.; adjuratory, adj.

(ᴰ자-73) ad+juv+a+nt, adjuvant, sb./adj., 보조제·보조의;

◆: juváre: 上同; adjúvo, ávi, átum, áre, vt.(I), 돕다

(ᴰ자-74) ad+min+i+c+l+e, adminicle, sb., 버팀목;

◆: manus: 上同; adminiculum, i, n.(II-D), 上同;

◉: '+min+'←'+man+': 高舌化; '+i+'; +c+': 호조음; '+ul+': 轉成接辭(縮小名詞←一般名詞)

(ᴰ자-75) ad+min+i+ster, administer, sb., 하인;

◆: minus/minister: 上同; administer, tri, m.(II-C), 上同;

◉: administrable, adj.; administrate, vt./vi.; administration, sb.; administrative, adj.; administratively, adv.; administrator/administratorship/administratrix, sb.

(ᴰ자-76) ad+mir+abl+e, admirable, adj., 훌륭한;

◆: mirus, a, um, adj.(II-I-II-a), 이상한·기묘한; miror, átus sum, +ári, Dvt.(D-I), 경탄하다; admiror, átus sum, +ári, Dvt.(D-I), 上同;

◉: admirably, adv.; admiral/admiralship/Admiralty/admiration, sb.; admire, vt.; admirer, sb.; admiring, adj.

(^{D}자-77) ad+miss+ibl+e, admissible, adj., 용납할 수 있는;

◆: míttere/míssio/, 上同; admitto, misi, missum, ĕre, ∑vt.(Ⅲ-A), 용인하다;

◉: admissibility/admission, sb.; admit, vt.; admitted/admitting, adj.; admittance, sb.; admittedly, adv.

(^{D}자-78) ad+mix, admix, vt., 뒤섞다;

◆: míscĕre: 上同; admísceo, míscui, mixtum/mistum, ĕre, vt.(Ⅲ-A), 섞다;

◉: admissibility/admission, sb.; admit, vt.; admitted/admitting, adj.; admittance, sb.; admittedly, adv.; admix, vt./vi.; admixture, sb.

(^{D}자-79) ad+nomin+al, adnominal, adj., 형용사의(명사적 용법);

◆: nomen: 上同; adnómen, mĭnis, n.(Ⅲ-A), 명사轉成형용사(adjectíva ut substantíva)

(^{D}자-80) ad+ol+e$_1$+sc+e$_2$+nc(←nt)+e, adolescence, sb., 청년기·사춘기;

◆: '√ul'(→'+ol+'): 上同; adolésco, évi, adúltum, ĕre, vi∫.(Ⅲ-A), 성장하다;

◉$_1$: '+ol+e$_1$+sc+e$_2$+nc(←nt)+e': 어근·호조음$_1$·起動접사·初期활용간모음$_2$·현재분사接辭·명사어미;

◉$_2$: adolescent, adj./sb.

(^{D}자-81) ad+opt, adopt, vt., 입양하다;

◆: optáre: 上同; adópto, ávi, átum, +áre, vt.(Ⅰ), 골라잡다;

◉: adoption, sb.; adoptive, adj.; adoptively, adv.

(ᴰ자-82) ad+or+abl+e, adorable, adj., 숭배할만 한;

◆: os/oráre: 上同; adóro, ávi, átum, +áre, vt.(I), 欽崇하다;

◉: adorably, adv.; adoration/adorer, sb.; adore, vt.; adoring, adj.; adoringly, adv.

(ᴰ자-83) ad+orn, adorn, vt., 장식하다;

◆: ornáre: 上同; adórno, ávi, átum, +áre, vt.(I), 정비하다;

◉: adornment, sb.

(ᴰ자-84) ad+ren+al, adrenal, sb./adj., 副腎(의);

◆: ren: 上同; adren, rénis, m.(III-A), 副腎;

◉: adrenalin/adrenaline, sb.

(ᴰ자-85) ad+sorb, adsorb, vt., 吸着하다;

◆: sorbére: 上同;

◉: adsorbable, adj.; adsorbabent, adj./sb.; adsorption/adsorbtion/adsorbate, sb.

(ᴰ자-86) ad+ul+a+t+e, adulate, vt., 아첨하다;

◆: '√ul': 上同;

◉: adulation/adulator, sb.; adulatory, adj.; adult, adj./sb.; adulthood, sb.; adultly, adv.; adulterant, adj./sb.; adulterate, adj./sb.; adulteration/adulterator/adulterer/adultereress, sb.; adulterine/adulterous, adj.; adulterously, adv.; adultery, sb.

(ᴰ자-87) ad+umbr+a+t+e, adumbrate, vt., 어둡게 하다·豫示하다;

◆: umbra: 上同;

◉: adumbration, sb.; adumbrative, adj.

(ᴰ자-88) ad+vec+ø+t+ion, advection, sb., 수평기류;

◆: véhere: 上同;

◉: advective, adj.

(ᴰ자-89) Ad+ven+ø+t, Advent, sb., (기독교) 待臨;

◆: veníre: 上同;

◉: Adventism/Adventist, sb.; adventure, sb./vt.; adventure, sb./vt.; adventurer/adventurism/adventurist, sb.; adventuresome/adventurous, adj.; adventurously, adv.; adventurousness, sb.

(ᴰ자-90) ad+verb, adverb, sb., 부사;

◆: verbum: 上同;

◉: adverbial, adj.

(ᴰ자-91) ad+vers+ar+i+al, adversarial, adj., 반대자의;

◆: vértere: 上同;

◉: adversary/adversative, adj.; adversatively, adv.; adversatively, adv.; adverse, adj.; adversely, adv.; adverseness/adversity, sb.

(ᴰ자-92) ad+vi+ø+s+abl+e, advisable, adj., 권고할 만한;

◆: vidére: 上同;

◉: advisability, sb.; advise, vt.; advised, adj.; advisedly, adv.; adviser/advisor, sb.; advisory, sb./adj.

(ᴰ자-93) ad+voc+a+c+y, advocacy, sb., 옹호·지지;

◆: vocáre/vox: 上同;

◉: advocate, sb./vt.; advocatory, adj.

(ᴰ자-94) Ⓗ en+erg+et+ic, energetic, adj., 정력적인;

◆: ergon: 上同;

◉: energetically, adv.; energetics, sb.; energize, vt.; energizer/energy, sb.

Elias Howe (1819~1867): Sewing Machine (1846)

일곱째 꼭지: 합성어

(차-01) ac+id+i+meter; acidimeter, sb., 酸定量器;

◆: ácidus/fácere/ferre: 上同; metrum, i, n.(II-D), 척도; Ⓗmetron, u, n., 上同

◉: acidimetry, sb.; acidify, vt.; acidification, sb.; acidulate, vt.; acidulation, sb.

(차-02) acr+i+flav+in+e; acriflavine, sb., 애크리플라빈;

◆: acer: 上同; flavus, a, um, adj.(II-I-II-a), 노란

(차-03) acr+o+ba+t; acrobat, sb., 곡예사;

◆: Ⓗakros, a, on, adj., 높은; akron, u., 높은 곳; bainō(√BA∞ⁿ Ⓢ 步), vi., 걷다;

◉: '+t+': 轉成접사(분사←동사); acrobatic, adj.; acrobatically, adv.; acrobatics, sb.

(차-04) acr+o+gen; acrogen, sb., 頂生식물;

◆: akros/akron: 上同; gignomai(√GEN), vi., 태어나다;

◉: acrogenous, adj.; acrogenously, adv.

(차-05) acr+o+meg+al+y; acromegaly, sb., 先端비대증;

◆: akros/akron: 上同; megas, megalē, mega, adj., 거대한;

◉: acromegalic, adj./sb.

(차-06) acr+o+nym; acronym, sb., 頭文字語;

◆: akros/akron: 上同; onoma, matos, n., 이름;

●: 'onoma': 語頭音첨가; 'acronym': 同音탈락(連結모음+語頭音첨가); acronymic, adj.; acronymically, adv.; acronymicalous, adj.

(차-07) acr+o+pet+al; acropetal, adj., 向頂的;

◆: akros/akron/pétere: 上同;

●: acropetally, adv.

(차-08) acr+o+phob+i+a; acrophobia, sb., 高所공포증;

◆: akros/akron: 上同; phebomai, vi., 두려워 도망가다; phobos, u, m, 도주·두려움;

●: acrophobe, sb.; acrophobic, adj./sb.

(차-09) acr+o+pol+i+s; acropolis, sb., 城砦;

◆: akros/akron: 上同; polis, eōs, f., 市;

●: acropolitan, adj.

(차-10) acr+o+stic; acrostic, sb./adj., 離合體詩(의);

◆: akros/akron: 上同; stichos, u, m., 詩行;

●: acrostical, adj.; acrostically, adv.

(차-11) ac+u+press+ur+e; acupressure, sb., 指壓;

◆: acúere/acus: 上同; premo, pressi, pressum, ĕre, Σvt.(III-A), 누르다;

●: acupressurist, sb.

(차-12) ac+u+punc+ø+t+ur+e; acupuncture, sb./vt., 鍼術(시술하다);

◆: acúere/acus: 上同; pungo, púpugi/pépugi, punctum, ĕre, Rvt.(III-A), 찌르다;

◉: acupuncturist, sb.

(차-13) aden+o+sin+e, adenosine, sb., 아데노신;

◆: Ⓗ aden: 上同; '+sin+'←'+ribose'

◉: 'aden+o+sin+e'←'adenine+ribose'←'+ribose'←'Arabinose'(<a related sugar>)

(차-14) Ⓗ all+ø+erg+en, allergen, sb., 아알레르겐;

◆: allos/ergon: 上同;

◉: allergenic/allergic, adj.; allergenist/allergy, sb.

(차-15) Ⓛ·Ⓗ cortic+o+troph+ic, corticotrophic, adj., 피질을 자극하는;

◆: cortex/trophē: 上同;

◉: corticotrophin, sb.

(차-16) horr+i+fic, horrific, adj., 무서운·대단한;

◆: horrére/fácere: 上同; '+sin+'←'+ribose'

◉: '+fic'←'fácere': 高活化 '+fic+us/a/um': 轉成연쇄체(형용사←동사); e.g., 'pac+i+fic+us/a/um,' adj., 평화적); horrifically, adv.; horrification, sb.; horrifiedly, adv.; horrify, vt.; horrifying, adj.; horrifyingly, adj.

(차-17) horr+i+pil+a+t+ion, horripilation, sb., 소름끼침;

◆: horrére: 上同; pilus, i, m.(II-A), 털; pilo, ávi, átum, +are, vi./vt(I), 털나다

털뽑다

(차-18) just+i+f+y, justify, vt./vi, 정당화하다·변명하다;

◆: justus/fácere: 上同.

(차-19) fac+ø(LV)+tot+u+m, factotum/factotums, sb., 허드렛일꾼·잡역부;

◆: fácere/totus/totális: 上同;

●: 이는 조어법에 어긋나는 缺格 造語이다.

(차-20) man+u+fac+ø+t+ur+e, manufacture, sb., 수공업·제작;

◆: manus/fácere/míttere/scríbere: 上同;

●: manufactory, sb.; manufacturable, adj.; manufacturability/manufacturer, sb.; manumit, vt.; manumitted/manumitting, adj.; manumission, sb.; manuscript, sb./adj.

(차-21) Ⓗmetr+o+log+ic, metrologic, adj., 도량형학적;

◆: metron/logos: 上同;

●: metrological, adj.; metrology, sb.

(차-22) Ⓗopt+o+meter, optometer, sb., 시력측정장치;

◆: opticos/metron: 上同;

●: optometric, adj.; optometrist, sb.

(차-23) sorb+e+fac+ient, sorbefacient, adj./sb., 흡수촉진성의·흡수촉진제;

◆: sorbére/fácere: 上同

(차-24) ⑪ trop+o+log+y, trpopology, sb., 영양학;

◆: trophē: 上同;

◉: tropological, adj.

(차-25) voc+i+fer+a+t+e, vociferate, vi./vt, 소리나다·소리내다;

◆: vox/ferre: 上同;

◉: vociferance, sb.; vociferant, sb./adj.; vociferation/vociferator, sb.; vociferous, adj.; vociferously, adv.; vociferousness, sb.

합성어는 끼께로의 저술에서 알 수 있듯이 古典라전어의 지배적인 어휘구조가 아니며 그 지배적인 어휘는 派生단일어이다. 둘째 묶음에 들어 있는 英語 신조어의 지배적인 어휘형태는 산업혁명 이래 오늘날의 現代(로마)라전어에 이르기까지 (派生)단일어·합성어로 한정되며 이는 끼께로 시대의 어사적인 추세를 반증한다. (派生)복합어·중합어는 희랍어원으로 신조어되기 마련이며 이는 자연과학의 전문용어를 鑄造하는 데 적합하기 때문이다. **아홉째** 꼭지의 신조어는 본서에서 라전-희랍어원을 뒤섞은 것이며 이는 독자가 (派生)복합어·중합어의 신조어를 감당할 수 있도록 감안한 것이다. 우리의 신조어는 토박이말의 경우를 제외하면 漢字에서, 英語의 신조어는 라전-희랍어근에서 각각 추구해야 옳다. 라전-희랍語根은 각각 日常어휘와 專門용어의 신조어에 적합하며 그 어근의 수효는 각각 4만 개로 추산된다. 따라서 이들 어휘·용어의 신조어를 위하여 갖추어야 할 라전語·희랍語의 어학지식은 그 屈折패러다임의 숙지와, 예를 들면, 신약성경 요하난福音(희랍語本·불가따譯本)을 최소한 읽을 수 있는 수준에 이르러야 하며, 그 수준 이전에라도 기존 신조어를 모방하면 급한 대로 응급처방은 될 수 있다. 이에 필요한 눈썰미는 기존 신조어의 형태소에 대한 분석을 간파하는 것이며 이는 그래도 어느 정도의 수준에 이르지 못하면 불가능하므로 그 연습의 반복은 필수적이다. 신조어의 원만한 능력을 갖추려면 아무래도 라전語·희랍語의 어학지실을 쌓지 않을 수 없다.

Thomas Edison (1847~1931): Electric Bulb (1809)

여덟째 꼭지: 파생합성어

(ᴰ차-01) a+bi+o+gen+es+i+s; abiogenesis, sb., 자연발생론;

◆: Ⓗa+, pref., non+ ; bios, u, m., 생명; gignomai, vi.(genesthai; √GEN), 태어나다;
'+es+': 轉成接辭(명사←동사); '+i+s': 幹모음·단수主格곡용어미

(ᴰ차-02) ac+celer+o+meter; accelerometer, sb., 가속기;

◆: celer/acceláre: 上同; metrum, i, n.(II-D), 척도; Ⓗmetron, u, n., 上同

(ᴰ차-03) ab+or+t+i+fac+ient; abortifacienrt, sb./adj., 낙태촉진(하는);

◆: oríri/aboríri/abórtus/fácere: 上同; '+t+': 轉成接辭(명사←동사); '+ient': 轉成接辭(현재분사←동사; III-B)

끼께로의 '우정론'은 그가 斬殺(43.12.7. BC)되기 1년 전(44 BC)에 집필된 최초의 철학적인 隨筆문학이며 이에 포함된 古典라전어(350 BC~300 AD)의 합성어는 'ædifícium'과 같이 具體的인 명사·동사·형용사 12 개에 지나지 않는다. 이에 견주면, 古代희랍어(1500~300 BC)의 합성어는 그것도 소끄라떼스(c.470~399 BC) 이전에 밀레또스의 탈레스(624/620~548/545 BC)가 신화를 벗어나 自然철학적인 견지에서 造語했을 'philosophía'(<love of wisdom>)를 비롯하여 숱한 具體的인 개념의 哲學용어를 망라했으며 이는 아낙시만드로스(610~546/545 BC), 쀠타고라스(c.570~c.549 BC), 소끄라떼스, 쁠라똔(c.427~c.347 BC), 아리스또뗄레스(384~322 BC)와 오늘날의 철학자들도 沒비판적으로 물려받아 襲用하고 있다. 이미 언급했듯이 철학은 '愛知學'이지 '愛智學'이 아니므

로 탈레스는 애초에 'philognosia'` 天符經의 '妙衍(進化)에 대한 새 생각을 빠드렸기 때문이다. 즉, 물은 화합물의 種이며 이는 無에서 暗黑물질로, 이에서 通常물질로, 기체에서 액체로의 진화(變成)과정을 빠드려 마치 창세기(1장)의 種에 의한 창조나 진배없는 신화적인 견해에 지나지 않는다. 우리 紫府선생의 '一妙衍; 性·命·精; 心·氣·身' 등은 '훈'이 무한순환우주연속체의 제일원인이며 그 '妙衍'의 주체임을 일컫는다. 탈레스의 'philosophía'와 '물'은 紫府선생의 '훈'과 '妙衍'에 견주면 전자는 잔존형 신화이자 準자연철학이며 후자는 沒신화이자 原자연철학이다. 합성어의 견지에서 자연철학을 비롯하여 알음사람의 지성은 {개념}⁷²을 지향하며 합성어는 그 始發이다. 합성어는 끼께로의 경우 具象性에서 벗어나지 못한 것이며 탈레스·소끄라떼스의 경우 어긋난 抽象性에 錯綜的인 것이며 紫府선생의 경우 具象性·抽象性에 통달한 것이므로 그의 天符經은 독창적인 自然哲學사상을 담고 있다.

1,093 개에 달하는 발명특허품 가운데 백열등전구(左)와 축음기(右)는 늦도록 책을 읽거나 음악을 듣는 데 없어서는 안 될 발명품이며 우리는 에디슨의 덕택에 행복하다.

아홉째 꼭지: (派生)복합어·중합어

(카-複合語-1) http://coronavirivaccination/꼬로나바이러스豫防接種.ac: (新案);

◆: coróna, æ, f.(I), 왕관, 꼬로나바이러스; virus, i, n.(II-A), 독·바이러스; vacca, æ, f.(I), 암소;

◉*₁* 'virus': 中性이나 그 곡용어형은 'hortus'와 같다;

◉*₂* 'virus; vacca'→'바이러스; 牛痘·백신'

(카-複合語-2) ⒽHttp://grammatetiology/文字起源論.ac: (新案)

◆: gramma, atos, n., 문자; aition, u, n., 기원; logos, u, m., 말·연구;

◉*₁* 'grammat+ø+et+i+o+n'(←'grammat+o+ait+i+o+n'; '+ø+et+'←'+o+ait+': 同音脫落);

◉*₂* 'et+i+o+n'(←'ait+i+o+n': 中世紀라전어의 通用희랍어 音價·轉寫)

(카-複合語-3) Ⓗ http://graphetiology/印刷起源論.ac: (新案)

◆: graphē, ēs, f., 그림; aition/logos: 上同;

◉*₁* 'graphet+ø+et+i+o+n'←'graphet+o+ait+i+o+n'; '+ø+et+'←'+o+ait+': 同音脫落

◉*₂* 'et+i+o+n': 上同

(ᴰ카-派生複合語-1) http://concoronavirivaccination/위드꼬로나바이러스豫防接種.ac: (新案);

◆: con, prf., <with>; coróna/virus/vacca: 上同

(ᴰ㉮-派生複合語-2) ⓗ http://postgrammatetiology/文字起源論ac: '그 이후' (新案);

◆: post, prf., <after>; gramma/aition/logos: 上同;

◉: 'grammat+ø+et+i+o+n'←'grammat+o+ait+i+o+n': 上同

(ᴰ㉮-派生複合語-3) ⓗ http://antegraphetiology/印刷起源論.ac: : '그이전' (新案);

◆: ante, prf., <before>; graphē/aition/logos: 上同;

◉: 'graphet+ø+et+i+o+n': 上同

(㉤-重合語-1) ⓗ http://harpaxapotomotechnology.ac: 'Mongtang Operation'의 개칭 (新案);

◆: harpax, adv., 한번; harpax-apas, asa, an, adj., 한번의; tomē, ēs, f., 자르기·수술; technē, ēs, f., 기술; logos, u, m., 말·연구

(㉤-重合語-2) ⓗ http://noematoglossetiology/思惟言語起源論.ac (新案);

◆: noēma, atos, n., 思惟; glōssa, as, f., 言語; aition, u, n., 起源; logos, u, m., 말·연구

(㉤-重合語-3) ⓗ http://octatoniciatrology.ac: '八體質醫學' (新案);

◆: octa+, prf.(前接語), 여덟; tonicos, ē, on, adj., 强壯的; iatria, as, f., 치료; logos: 上同;

◉₁: '+tonic+ø+iatr+o+'←'+tonic+o+iatr+o+';

◉₂: 'mono/di/tri/tetra/penta/hexa/hepta/octa/nota/deca+': '하나~열'

(㉤-重合語-4) ⓗ http://tetratoniciatrology.ac: '四相醫學' (新案);

◆: tetra+, prf.(前接語), 넷; tonicos/iatria/logos: 上同;

◉: '+tonic+ø+iatr+o+'; 'mono~deca+': '하나~열': 上同

(^D타-派生重合語-1) ⓗ http://postharpaxapotomotechnology.ac: '單番手術技法以後' (新案);

◆: post+/harpax/harpax-apas/tomē/technē/logos: 上同

(^D타-派生重合語-2) ⓗ http://antenoematoglossetiology/思惟言語起源論.ac: '그 이전' (新案);

◆: ante+/noēma/glōssa/aition/logos: 上同

(^D타-派生重合語-3) ⓗ http://postoctatoniciatrology.ac: '八體質醫學以後' (新案);

◆: post+/octa+/tonicos/iatria/logos: 上同;

◉: '+tonic+ø+iatr+o+'; 'mono~deca+': 上同

(^D타-派生重合語-4) ⓗ http://antoctatoniciatrology.ac: '八體質醫學以前' (新案);

◆: ante+/octa+/tonicos/iatria/logos: 上同;

◉: 'ant+ø+octa+'←'ante+octa+'; '+tonic+ø+iatr+o+'; 'mono~deca+': 上同

(^D타-派生重合語-5) ⓗ http://posttetratoniciatrology.ac: '四相醫學以後' (新案);

◆: post+/tetra+/tonicos/iatria/logos: 上同;

◉: '+tonic+ø+iatr+o+'; 'mono~deca+': 上同

(^D타-派生重合語-6) ⓗ http://antetetratoniciatrology.ac: '四相醫學以前' (新案);

◆: 'ante+/tetra+/tonicos/iatria/logos'; 'mono~deca+': 上同;
◉: 'ante+tetra+'←'ante+tetr+a+'

(하-30-重合語-1) Ⓗ http://chronotopetiology/時空起源論).ac;
◉₁: '一妙衍萬往萬來'('호'이 그윽하게 퍼지므로 모든 것 가고 모든 것 온다): 天符經; '妙衍': 進化(有無·暗黑-通常물질·生命體·存續-消滅);
◉₂: ☞: (하-30-重合語-5)

(하-30-重合語-2) Ⓗ http://scurhaletiology/暗黑後光起源論).ac;
◉: 條阶튼力學(1983)은 '暗黑後光(http://scurenergietiology/scurometrietiology.ac)을 否認한다.

(하-30-重合語-3) Ⓗ http://metriopragmatetiology/通常物質起源論).ac;
◉: 暗黑後光(95%)의 暗黑에너지(68%)에 의하여 현재 조성된 大우주의 暗黑物質과 通常物質은 각각 27%와 5%에 불과하며 후자는 수소(4%; 천체)와 헬리움(1%; 기타)으로 구분된다.

(하-30-重合語-4) Ⓗ http://biorganetiology/生命體起源論).ac;

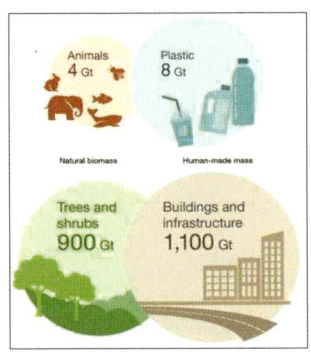

◉: 현재 지구환경의 동물량(4Gt)·식물량(900Gt)과 인공물질량(플라스틱: 8Gt; 건축물 등: 1,100Gt)

(하-30-重合語-5) Ⓗ http://diadochocosmetiology/次畿宇宙起源論).ac;

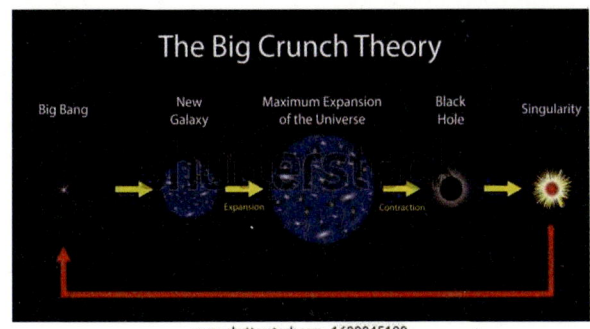

◉₁ 大함몰(singularity; 特異點)이 '次畿宇宙의 大폭발'이라는 자연과학의 새 생각은 天符經의 無限循環宇宙連續體와 가장 가까우며 이는 紫府선생(fl.2707 BC)의 原자연철학적인 創案이다.

◉₂ 大함몰에서 大폭발에 이르기까지 暗黑後光論(暗黑에너지·暗黑물질)의 先制要件은 자연과학에서 빠뜨리고 있는 대목이며 http://原자연철학.ac를 http://純자연철학.ac로 다듬어 살피면 '(一)析三極無盡本'(<('혼')이 세 끝(通性原理·聖旨·第一原因)으로 나뉘어도 그 바탕에 다함이 없다>)에서 通性原理는 永遠性·遍在性, 聖旨는 創造聖旨, 第一原因은 물질계·생물계의 生成-變成(進化)를 위한 원리·원칙·법칙 등으로 각각 補整된다. 大함몰에서 大폭발에 이르는 기간은 편의상 250억년으로 計上되며 이는 現生우주의 大폭발-현재-大함몰을 본뜬 것이다.

◉₃ 'The Big Crunch Theory'는 現生우주 이외의 우주(前生·來生)를 전제로 한 우주관이며 이는 자연과학의 새 생각이 아닐 수 없다. 자연과학에서 前生·來生우주를 거론한 적이 없었던 것에 견주면 'The Big Crunch Theory'의 'Big Bang'으로의 회귀는 기존의 관점에서 逸脫이자 妙衍으로의 접근이다. 말년의 호킹은 '宇宙마이크로背景'을 제기했는데 '우주창조는 神의 작품이 아니라 중력법칙에 따른 것이고 인간의 존재는 자연발생적'(2010.9.6.)이라고 말한 것에 견주면 놀라울 정도로 紫府선생의 '一妙衍萬往萬來'에 다가선 것이며 이는 4,700년 뒤늦은 발견이다.

Elias Howe (1819~1867):
Sewing Machine (1846)

열째 꼭지: 범어·희랍어·라전어 신조어

(㊈-梵語-1) kalp+a+chronic+ø+infinit+y; http://kalpachronicinfinity.ac, sb., 劫;

◆: ^{C}Ⓢ kalpa, as, m., 劫; Ⓗ chronos, u, m., 時間; chronikos, ē, on, adj., 시간적; Ⓛ inifínitas, átis, f.(Ⅲ-A), 무한대;

●$_1$: '+a+': ^{C}Ⓢ 곡용幹모음(=連結모음); '+ø+'(←'+chronic+o+infinit+'): 連結모음(同音탈락);

●$_2$: 'kalpa': 劫=永劫('永': 췌사贅辭); 劫의 數値: '$10^{n/\infty}$'(still far more than 'Centillion': '10^{600}');

●$_3$: 'kalpa'(=Ⓛ ævum, i, n.←Ⓗ aiōn, ōnos, m.), a mythological duration of time covering a complete cosmic cycle from the organization to the destruction of a world system, or a lapidary mass amounting to 4km^3 to be worn out by a touch of a celestial nymph's hem in the respective thousand years; cf., 天符經 '一妙衍萬往萬來'(Since One amazingly extends Itself, gone is all, whereas come is all.)

(㊈-梵語-2) samsār+a+myth+o+philosophic+o+concept; http://samsaramythophilosophicoconcept.ac, sb., '輪廻' 신화-철학적 槪念;

◆: ^{C}Ⓢ samsāra, as, m., 輪廻; mythos/philosóphicus: 上同; concéptus, us, m.(Ⅳ-A), 개념;

●$_1$: '+a+': ^{C}Ⓢ 곡용幹모음;

●$_2$: 'samsāra': syn. Ⓛ resurrectio; Ⓗ anastasis; ^{R}Ⓗ hatqûmâ;

◉₃: 'Since One amazingly extends Itself, gone is all, whereas come is all'; hence derived is an indefinite cyclic cosmic continuum(無限循環宇宙連續體) of this series.

(파-梵語-3) avatār+a+myth+o+theologic+o+concept;http://avatāramythothe-ologicoconcept.ac, sb., '化身' 신화-신학적 概念;

◆: ᶜⓈ avatāra, as, m., 化身; mythos/concéptus: 上同; theológicus, a, um, adj.(II-I-II-a), 신학적;

◉ᵢ: '+a+': ᶜⓈ 곡용간모음;

◉₂: 'avatāra': syn. Ⓛ incarnátio; Ⓗ ensarkōsē;

◉₃: cf., 天符經 '天一地一二人一三~化三; 天二地二三人二三大三; 合六~成環五七 (Property is first; Vitality, second; and Species, third in making of a human~to become an embryo; Mind is a human; Breath, a human; and Body, a human, which becomes a fetus to render a human who is five weeks old.); hence incarnation is pertinent to all humans in case of Heaven-Token Sutra, but to specific ones in case of Brahmanism, Buddhism, Christianity.

(파-梵語-4) brahman+a+myth+o+dei+t+y; http://brahmanamythodeity.ac, sb, '브라만 신화적 神性;

◆: ᶜⓈ brahman, a, n., 브라흐마(√bṛh; <to grow>); mythos: 上同; déitas, átis, f.(III-A), 神性;

◉ᵢ: '+a+': ᶜⓈ 곡용간모음;

◉₂: 'brahman': syn. ᴮⒽ JHWH(출애굽기: III-15)←ᵐᵗⓀ Ḥeper de-Sef(사자의 서: XIX-9);

◉₃: 天符經 '一始無始一'과 '一終無終一'에 '一遍無偏一'을 덧보태면 '훈'은 現代存在論의 永遠性·遍在性을 충족시키는 超存在의 統一性원리를 갖추며 이는 우리 지능의 완전계발(12,00 BC) 이래 超存在에 대한 모든 深耽 가운데 사람의 쪽에서 귀납법적으로 가장 타당하고 몬터규文法 진리치의 잣대로 거짓(오류)을 추려낼 수 없는 유일한, 참 진리치의 創世記문학이다. 야웨는 브라흐마이나 헤페르 제-세프처럼 種에 의하여 자신과 만물을 명령문으로써 창조했는데, 이는 물질계·생물계 일체가 '훈'의 妙衍(進化)에 의하여 生成된 것과 변별적이며 天符經의 原著者 紫府선생이 지녔던 물질觀·세계觀·자연철학觀이 여타의 경우와 견주면 그 수준이 比較대상이 될 수 없는 것으로 드러난다.

(㈜-梵語-5) nirvān+ a+ myth+ o+ theologic+ o+ concept; http://nirvānamythotheologicoconcept.ac, sb., '涅槃 신화-신학적 槪念;

◆: ᶜⓈ nirvāna, as, m., 涅槃·寂滅; mythos/theológicus/concéptus: 上同;

◉₁: '+ a+': ᶜⓈ 곡용幹모음;

◉₂: 'nirvāna': syn. ᴹⓁ 'vísio beatificáta'(<blessed vision; 至福直觀>); cf., 天符經 '明人中天地一'(<The intelligent perceive that Heaven and Earth (plus Human) are caused by One>;明人=上懇; 즉, 上懇中無限循環宇宙連續體之恒存而自我之無化; <The intelligent perceive the everlasting existence of indefinite cyclic cosmic continuum and their own nihilization as well>); hence the 'blessed vision' and 'nirvana' of higher religions are considered positively greedy and negatively so, respectively, whereas 'the perception by the intelligent as to self-nihilization' is regarded as counter-soteriology of super-religion.

(㈜-梵語-6) yog+ a+ psych+ o+ somatic+ o+ meditation; http://yogapsychosomaticomeditation.ac, sb., '요가' 心體的 冥想;

◈: ᶜⓈ yoga, as, m., 요가·合一; psychosomatic(←psychē, ēs, f., 精神; sōma, atos, n., 肉體), adj., 心體的; meditation(←meditátio, ónis, f.(Ⅲ-A), 冥想), sb., 上同;

◉: 요가의 典據는 빠딴잘리(200 BC)의 '요가經典'이며 여러 유파 가운데 요가난다(1893~1952)의 '한 요기의 자서전'(1920)에서 '크리야 요가'로 美國에 소개되었다. 微明에 跏趺坐로 會陰·橫經膜·素髎·陽白은 곧추 세우고 눈은 半開로, 吸氣·調息·呼氣는 참을 수 있을 만큼 길게 수행하면 淸雅한 옴-音(Aum)이 들리면서 심신의 건강과 叡智力을 얻는다고 하며 이는 天符經의 自我無化에 대한 理通과 사뭇 다르다.

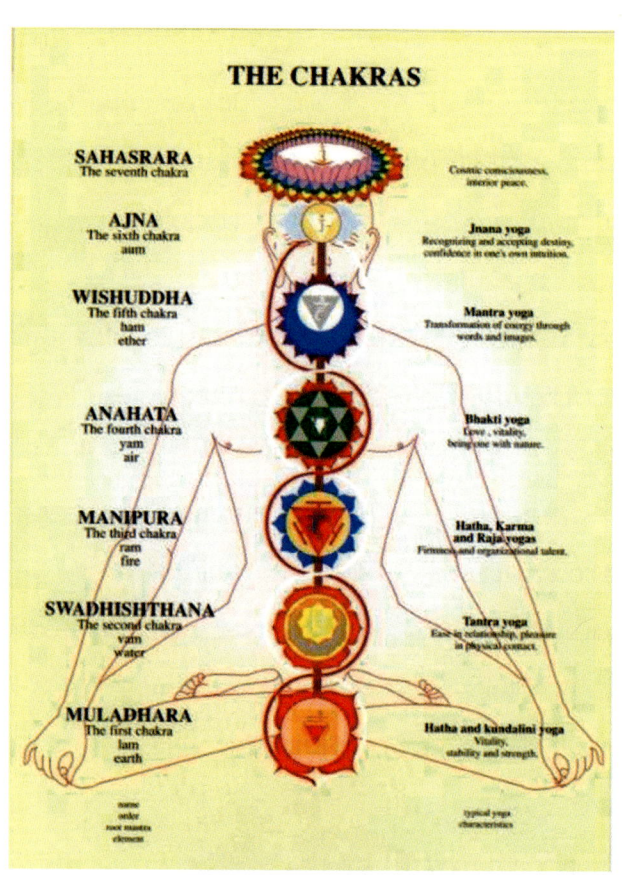

크리야 요가의 任脈

꼬리말 둘

新造語는 借用語의 中世영어 語形을 지배적으로 따른 것이며 다만 합성어 이상의 (派生) 복합어·중합어는 지배적으로 희랍어의 語根($R_{3/4}$)과 連結모음($LV_{2/3}$)을 (派生)합성어에 첨가한 것이다. 라전語根($R_{1/2}$)의 신조어는 사용빈도가 높은 日常용어이고 희랍語根($R_{1\sim4}$)의 신조어는 사용빈도가 낮은 專門용어이며 양자의 어근은 뒤섞여 英語의 신조어로 구성되는데 이는 로망스語·게르만語에서 語尾만 갈아 차용되므로 이들 英語의 신조어는 印赫語 전반의 단어장을 살찌우는 공장이다. 逆으로, 여타 인혁어나 非인혁어에서 주조된 신조어도 公認된 경우 英語에 차용되며 본서의 신조어도 조어법을 잘 준수한 것이고 가치가 있는 것이면 公認을 거쳐 그렇게 될 수 있다. 이미 말했듯이 평화상을 제외하면 나머지 노벨상은 신조어의 가치와 공헌에 대한 우등상이며 이는 새 이론·학리·발견을 담은 용어가 모두 라전-희랍어근으로 본서에서처럼 빚어진 신조어이다. 'Mongtang Operation'과 같은 愛國的·非조어법적인 語句는 심사대상에 오를 수 없었으므로 當年度 외과의학상의 수상은 해당될 수 없기 마련이며 당시 그만큼 우리는 세계정세에 어두웠을 뿐만 아니라 라전-희랍어학과 그 신조어의 鑄造에 개안되어 있지 않았기 때문이다. 자연과학자의 라전-희랍어학知識은 신조어의 鑄造에 요구되는 만큼이며 이는 당시 醫大의 라전語 강의는 이를 모르는 神學者강사가 짠 敎案에 따른 것이었다.

　인문학·사회과학·자연과학을 막론하고 새로운 이론·학리·발견을 논거·논증할 매체를 위한 전문용어는 라전-희랍어근에 의한 신조어로 鑄造되는 것으로 20세기 이래 默認되었으며 여타 언어의 것은 또한 빼뜨리기로 默認되었다. 우리는 그것도 모르고 라전語·희랍語의 학습·교습·강의를 기독교학계를 제외하면 근래에 全廢시켰으며 A대학교의 B학과에서는 라전語·희랍語·梵語를 '특수언어'로 設講할 만큼 현실과 동떨어진 실정이다. '특수언어'는 고전어를 지칭하는 교과목의 전문용어가 아닐 뿐만 아니라 여하한 언어도 그 대상이 될 수 있는 전문성이 결여된 잘못이며 이러한 오류가 지속되는 한 古典語교육의 중흥은 요원하지 않을 수 없다. 非전문가의 어학교육에 대한 여하한 언급도 보탬이 되지 않을 뿐만 아니라 오히려, 특히, 古典語교육의 大計를 망치며 '몰입교육·특수언어'가 그러한 사례이며 이는 이승만의 '한글간소화파동'(1949)에까지 가닿는 沒지각이다. 본서는 英語지식이 좋은 사회과학자·자연과학자이면 비록 응급처방이지만 中世영어의 차용어類型을 이해하고 現代영어의 旣存신조어를 모방하여 자신의 새 생각을 담을 수 있는 신조어법의 要綱을 제시하기 위한 것이며 그 要綱의 要諦는 同音脫落(haplology) 한 가지에 대한 완벽한 이해인데 이는 녹록한 사안이 아니므로 오류를 범하지 않으려면 둘째 묶음에서 신조어의 旣存 어휘항목을 본뜨는 것이다.

'haplology'의 '+lo+lo+'가 同音이지만 어느 하나가 脫落하지 않는 까닭은 'hapl+o+log+y'로 분석되기 때문이며 이는 어휘구조와 조어법(즉, 連結모음)에 대한 이해를 요한다. 連結모음의 實現위치는 同音탈락의 자리이고 모든 모음은 同音으로 간주, 後續어근의 初聲모음은 保全되고 連結모음은 脫落하며 이와 달리 後續어근의 初聲이 자음인 경우 先行 連結모음은 保全되고 派生語의 경우 어근$_{2-4}$에 前接·重疊되는 접두사의 初聲모음은 先行 連結모음의 脫落을 招來한다. 이는 조어법의 要諦이며 이 要諦에 따라 旣存 신조어의 형태구조를 분석할 수 있는 능력을 키우는 것은 신조어의 實際工程에서 오류를 배제하는 연습이 되나 그렇지 않으면 잘못을 저지르게 마련이다. 더욱이, 이러한 要諦를 記述한 조어법이나 이를 다룬 강의는 찾아볼 수 없으므로 公認된 韓國産 신조어는 없는 것으로 보지 않을 수 없으며 이는 우리의 학문이 처한 현실을 代辯한다. 그 원인의 所在는 고전어의 어학지식과 그 自覺의 不在이며 이는 古典어학교육의 당위성을 知悉한 전문교육의 어느 한 사람도 없었기 때문이다.

본서는 이러한 反학구적인 병폐에 대한 임시방편이며 그 本처방은 물론 고전어학자에 의한 라전語·희랍語의 강의이다. 1개 대학교에서 인문대학에 최소한 2학기의 교육과정(90시간)을 설치하고 이를 全校나 他대학에 開放과목으로 設講한다면 그것이 本처방이며 이에 따라 신조어능력을 갖춘, 국제경쟁력을 지닌, 인문학자·사회과학자·자연과학자를 다만 몇 년 사이에 대거 배출할 수 있는 기반이 조성될 것이다. 이에 덩달아, 평생토록 닦지 않으면 안 될 英語뿐만 아니라 佛語·伊語·西語·葡語의 어휘력은 超고속으로 살찌울 것이며 우리의 학문적인 기반은 단지 4년이면 600년에 對等한 교육효과를 거둘 것이다. 우리 대학이 世界랭킹의 상위권에 들지 못하는 이유는 고전어학지식의 함양을 위한 교과목·교수진·강의시간·연구실적에 달려 있으며 우리의 歐美留學대학교수가 라전어·희랍어 강의를 신청, 들을 수 없었던 사정은 高校에서 기초과정을 마친 저들의 原講을 들을 수 없었기 때문이다. 우리의 留學대학교수를 위하여 기초과정을 가르쳐 대학의 권위를 실추시킬 수 없기 때문이다.

나는 그러한 이들이 무척이나 많은 것을 서울에 앉아 알게 되었으며 이는 그들이 留學에서 들은 강의가 고전어학·고전문헌을 전제로 한 것이었으므로 그 손해가 컸을 것을 뜻한다. 본서의 독자는 신조어법을 터득하고 本총서(2022)의 '古典라전어와 끼께로의 우정론'을 면밀하게 읽으면 라전어학지식을 갖출 것이므로 留學하면 그 원강을 넉넉히 들을 수 있을 것이며 희랍語의 학습은 라전어학의 지식으로 쉽사리 자습할 수 있을 것이므로 라전어의 경우처럼 달려들지 않아도 무방하다. 고전어(희랍어·히브리語)·고대어(키엔기르語·케멧語·악카드語)·현대어(로망스語·게르만語)의 어학능력 그 함양은 라전語의 정복이 신생아의 귀빠짐과 같으며 내가 받았던 高校의 라전어強化교육은 이미 1987년(廢校)에 끝났기 때문에 본서의 이러한 妙方은 불가피한 선택이다. 본서와 라전어학(2022)은 내가 받은 어학적인 행운을 독자와 공유하기 위한 유일한 방도이며 나는 라전語를 그냥 좋아서 파고들었지 라전語의 위대성을 전혀 감지하지도 못했었다. 누가 '라전어'라고 일컬으면 나의 이름으로 誤聽했는데 이는 오늘도 마찬가지이며 나의 독자가 그렇게 된다면 나는 무척이나 잘 산 셈이다. 라전語의 학습은 결코 쉬운 일이 아니지만 이를 잘 극복하면 그 노고의 여러 배에 달하는 특권을 누릴 수 있다.

Marcus Túllius Cícero (106~43 BC):
De Senectúte & De Amicítia (44 BC)

부록: 라전語의 屈折패러다임

Ⓐ 명사곡용幹모음:

(1) 初期 i_1-곡용幹모음增음절명사 (초기上古라전어; 單數·複數 주격·호격·속격·여격·대격·탈격):

ⓐ (III-A): sol, sol.i.s, m., 해:

   sol   sol   sol.i.s   .i.e.m   .e   sol.e.s   .e.s   .u.m   .$\breve{i}$.bus   .e.s   .$\breve{i}$.bus

ⓑ (III-C): sil, sil.i.s, n., 황토:

   sil   sil   sil.i.s   .i sil   .e   sil.a   .a   .u.m   .$\breve{i}$.bus   .a   .$\breve{i}$.bus

◉$_1$: 'sol; sil'은 先·上古·初期라전어(60,000~40,000~20,000 BP~350 BC)를 일관하여 語根명사([-主格(/對格)])였으며 양자는 古典·中世紀·現代라전어(350 BC~300 AD~1300~2100)에서 주격(/대격)代用格([+主格(/對格)])으로 통사적으로 할당된다.

◉$_2$: 곡용유형(III-A/C) 가운데 'sol; sil'은 초기上古라전어에서 轉成(어근←語根명사)되고 이에 曲用어미(.s/m.: 末音; .bus: 音節곡용어미)를 連接(자음충돌의 해소)하고자 第二어족분기(40,000 BP) 이후 고안된 好調音(初期 i_1-곡용幹모음)은 語根(root)과 더불어 語幹(stem)으로 형성되었으며 이는 아프리카·코카시아祖語(60,100~40,000 BP)의 문법범주에 대한 言主의 集團批評眼에서 창안된 위대한 新案 문법범주이다. 만일 그 때 그렇지 않고 만 년만 뒤늦었다면 우리 지능의 완전계발(12,000 BC)도 連動, 뒤졌을 것이므로 우리는 지금도 석기시대를 살고 있을 것이며 이제 비로소 본질질문에 대한 의문을 품고 창세억측으로 왕을 神으로 섬기며 신화종교의 人身供養을 연출할 것이었다.

(2) 中期 *i*-곡용幹모음同音節명사 (중기上古라전어):

ⓐ (III-B): avis, is, f., 새:

    av.*is* .*is* .*is* .*i* .*e*m .*e* av.*e*s .*e*s .*ĭ*um .*ĭ*bus .*e*s .*ĭ*bus

ⓑ (III-D): mare, is, n., 바다:

    mar.*e* .*e* .*is* .*i* .*e* .*i* már.*i*a .*ĭ*a .*ĭ*um .*ĭ*bus .*ĭ*a .*ĭ*bus

◉ *i*: (III-A/C)의 어간類型(增音節어간)은 도합 122개에 이르며 이는 (III-B/D)의 어간類型(同音節어간)은 각각 한 가지로 확 줄었는데 언어의 진화는 알음사람의 문화문명을 종합적(아날로그)인 것에서 분석적(디지털)인 것으로 이끌었던 것으로 입증된다. 즉, 호조음(幹모음)은 기록(문자의 기원) 이전 우리의 지난날을 살필 수 있는 明示的인 물증이며 이는 언어과학의 영역이다. 역사–비교언어학은 이를 표방했으나 '아리얀'에 홀려 일을 그르치고 幹모음이 지닌 역사–대조언어학적인 眞價를 놓치고 말았다.

(3) 末期 *o*-곡용幹모음同音節명사 (말기上古라전어):

ⓐ (V): dies, éi, c., 날:

    di.*ē*s .*ē*s .*ē*i .*ē*i .*ē*m .*ē* di.*ē*s .*ē*s .*ē*r.um .*ē*.bus .*ē*s .*ē*bus

ⓑ (I): porta, æ, f., 문:

    port.*a* .*a* .*æ* .*æ* .*a*m .*a* port.*æ* .*æ* .*á*r.um .*i*s .*a*s .*i*s

ⓒ (IV-A): fructus, us, m., 열매:

    fruct.*u*s .*u*s .*u*s .*u*.i .*u*m .*u* fruct.*u*s .*u*s .*ŭ*um .*ĭ*bus .*u*s .*ĭ*bus

ⓓ (IV-B): cornu, us, n., 뿔:

    corn.*u* .*u* .*u*s .*u* .*u* .*u* corn.*u*a .*ŭ*a .*ŭ*um .*ĭ*bus .*ŭ*a .*ĭ*bus

ⓔ (II-A): hortus, i, m., 정원:

    hort.*u*s .*e* .*i* .*o* .*u*m .*o* hort.*i* .*i* .*ó*r.um .*i*s .*o*s .*i*s

ⓕ (II-B): puer, púeri, m., 소년:

    puer puer .*i* .*o* .*u*m .*o* puer.*i* .*i* .*ó*r.um .*i*s .*o*s .*i*s

ⓖ (II-C): ager, agri, m., 밭:

ager ager .*i* .*o* .*u*m .*o*   agr.*i* .*i* .*ó*.r.um .*i*.s .*o*.s .*i*.s

ⓗ (II-D): donum, i, n. 선물:

don.*u*m .*u*m .*i* .*o* .*u*m .*o*   don.*a* .*a* .*ó*.r.um .*i*.s .*a* .*i*.s

◉*i*: (III-B/D) 中期*i*-곡용幹모음에 의한 同音節어간 각각 한 가지는 분석적(디지털)이지만 알음사람은 단순함의 효율성에서 말미암는 지루함 때문에 末期*o*-곡용幹모음同音節명사의 다양화는 우리의 체질인류학적인 변별자질이며 그 語譎的인 물증은 말기上古라전어 *o*-幹모음의 곡용유형에서 확보된다.

Ⓑ 동사활용幹모음:

(1) 初期*ĕ₁/₂*-활용幹모음: díc.*ĕ₁*.r.e(III-A), fác.*ĕ₂*.r.e(III-B); (2) 中期*ī/é*-활용幹모음: aud.*ī*.r.e (IV), del.*é*.r.e(II); (3) 末期*ā*-활용幹모음: a.m.*ā*.r.e(I); <말하다, 만들다, 듣다, 허물다, 사랑하다>:

◉*i*: 'a.m.*ā*.r.e': 語頭音첨가어근(←^mt Ⓚ <survey between the inundations of the Nile>).*ā*.r.e;

◉*z*: 본항의 패러다임은 신조어와 연관된 事案에 한정된다.

ⓐ 능동태命令法현재 (單數·複數 2人稱):

dic   fac   áud.*i*   del.*e*   a.m.*a*
díc.*i*.te   fác.*i*.te   aud.*í*.te   del.*é*.te   a.m.*á*.te

◉: 'dic; fac'은 先라전어의 語根동사에서 傳承되었지 'dic.e*; fac.e*'에서 變化되지 않았다.

ⓑ 능동태直說法현재 (單數·複數 1~3人稱):

dic.o   fác.*i*.o   áud.*i*.o   dél.*e*.o   a.m.o
dic.*i*.s   fac*i*.s   áud.*i*.s   del.*e*.s   a.m.*a*.s

dic.*i*.t	fac.*i*.t	áud.*i*.t	del.*e*.t	a.m.*a*.t
díc.*i*.mus	fác.*i*.mus	aud.*í*.mus	del.*é*.mus	a.m.*á*.mus
díc.*i*.tis	fác.*i*.tis	áud.*í*.tis	del.*é*.tis	a.m.*á*.tis
dic.u.nt	fác.*i*.u.nt	áud.*i*.u.nt	del.*e*.nt	a.m.*a*.nt

◉₁: 인칭어미는 PHI인칭대명사(*MA,*SA, *TA; *MA-SI, *TA-SI, *AN-TI→.m, .s, .t; .mus, .tis, .nt)에서 轉成되었으며 單數1인칭(.o)은 '.m'에서 代替되었다. 이에서 동사는 'mi-동사; o-동사'로 구분되며 이는 梵語의 경우 모두 mi-동사, 희랍어의 경우 4:6, 라전어의 경우 'es.s.e'(繫辭·存在詞)를 제외하면 모두 o-동사이다.

◉₂: '.i./.í.; .e./.é.; .a./.á.' 등은 활용幹모음이며 '.u.'는 호조음이다.

ⓒ 능동태직설법반과거:

dic.*é*.b.a.m	fac.*ié*.b.a.m	aud.*ié*.b.a.m	del.*é*.b.a.m	a.m.*á*.b.a.m
dic.*é*.b.a.s	fac.*ié*.b.a.s	aud.*ié*.b.a.s	del.*é*.b.a.s	a.m.*á*.b.a.s
dic.*é*.b.a.t	fac.*ié*.b.a.t	aud.*ié*.b.a.t	del.*é*.b.a.t	a.m.*á*.b.a.t
dic.*e*.b.á.mus	fac.*ie*.b.á.mus	aud.*ie*.b.á.mus	del.*e*.b.á.mus	a.m.*a*.b.á.mus
dic.*e*.b.á.tis	fac.*ie*.b.á.tis	aud.*ie*.b.á.tis	del.*e*.b.á.tis	a.m.*a*.b.á.tis
dic.*é*.b.a.nt	fac.*ié*.b.a.nt	aud.*ié*.b.a.nt	del.*é*.b.a.nt	a.m.*á*.b.a.nt

◉₁: '.é./.e.; .ié./.ie; .á./.a.'는 활용幹모음, '.b.'는 半過去接辭, '.a./.á.'는 호조음 등이다.

◉₂: 半過去는 大過去와 더불어 그 活用패러다임이 완벽하게 갖추어져 있다.

ⓓ 능동태직설법전과거:

dix.i	fec.i	aud.*í*.v.i	del.*é*.v.i	a.m.*á*.v.i
dix.í.sti	fec.í.sti	aud.*í*.v.í.sti	del.*e*.v.í.sti	a.m.*a*.v.í.sti
dix.i.t	fec.i.t	aud.*í*.v.i.t	del.*é*.v.i.t	a.m.*á*.v.i.t
díx.i.mus	féc.i.mus	aud.*í*.v.i.mus	del.*é*.v.i.mus	a.m.*á*.v.i.mus

dix.í.stis   fec.í.stis   aud.*i*.v.í.stis   del.*e*.v.í.stis   a.m.*a*.v.í.stis
dix.é.r.u.nt fec.é.r.u.nt aud.*i*.v.é.r.u.nt del.*e*.v.é.r.u.nt a.m.*a*.v.é.r.u.nt

ⓘ₁: 과거語幹시제는 아오리스트動詞(III-A), 重複音節동사(III-B), v-接辭동사(IV/II/I)에 따라 구성되며 (III-A/B)는 인혁語의 공통적인 문법범주이고 (IV/II/I)는 희랍語의 k-接辭동사의 경우와 마찬가지로 라전語의 專一的인 문법범주이다.

ⓘ₂: 'fec.i.t'←'f.e.fac.i.t'←'fh.e.fhak.e.d'(Præneste Inscription);

ⓘ₃: '.u.': 호조음

ⓔ 능동태直說法대과거:

díx.eram   féc.eram   aud.*i*.v.eram   del.*e*.v.eram   a.m.*á*.v.eram
díx.eras   féc.eras   aud.*i*.v.er.as   del.*e*.v.eras   a.m.*á*.v.eras
díx.erat   féc.erat   aud.*i*.v.erat   del.*e*.v.erat   a.m.*á*.v.erat
dix.erámus fec.erámus aud.*i*.v.erámus del.*e*.v.erámus a.m.*a*.v.erámus
dix.erátis fec.erátis aud.*i*.v.erátis del.*e*.v.erátis a.m.*a*.v.erátis
díx.erant   féc.erant   aud.*i*.v.erant   del.*e*.v.erant   a.m.*á*.v.erant

ⓘ₁: 'dix./fec.; aud.*i*.v./del.*e*.v./a.m.*a*.v.'는 과거시제語幹이며 '.eram~.erant'(←'es.s.e'의 半과거)는 大過去接辭로 轉成되었다;

ⓘ₂: '.eram~.erant'←'er.a.m, er.a.s, er.a.t; er.á.mus, er.á.tis, er.a.nt'←'*es.a.m, *es.a.s, *es. a.t; *és.a.mus, *és.a.tis, es.a.nt' 등에서 '.a.; *es./*és.'는 半과거接辭·語根/上古라전어强勢악센트 등이다.

ⓕ 分 詞:

현재: dic.*e₁*.ns   fác.*ie₁*.ns   áud.*ie₂*.ns   del.*e₂*.ns   a.m.*a*.ns
과거: dic.t.u.s   fac.t.u.s   aud.*i*.t.u.s   el.*é*.t.u.s   a.m.*á*.t.u.s
미래: dic.túr.u.s   fac.túr.u.s   aud.*i*.túr.u.s del.*e*.túr.u.s a.m.*a*.túr.u.s
當爲: dic.*é*.nd.u.s fac.*ié*.nd.u.s aud.*ié*.nd.u.s del.*é*.nd.u.s a.m.*á*.nd.u.s

◉$_1$: 동사는 定動詞·準動詞로 양분되며 전자는 직설법·접속법·명령법·청유법으로, 후자는 不定詞·동명사·분사·顚位詞로 각각 구분된다. 定動詞는 本동사이며 準動詞는 명사類(부정사·동명사)·형용사類(현재·과거·미래·當爲분사)·부사類(대격·탈격顚位詞)로 구분된다.

◉$_2$: 분사는 명사를 수식하는 附加語의 경우 형용사이나 홀로 실현되는 경우 명사로 轉成되고 이는 性·數·格에 따라 곡용어형으로 구성된다. 이는 一般형용사와 마찬가지로 級(원급·비교급·최상급)에 따라 도합 108가지 곡용어형을 이루며 이를 수식하는 전치사同伴句(時候·場所·原因부사구 등)가 달리기도 하고 追加補語(additional complements)로도 실현된다.

ⓖ 顚位詞:

| 대격: | dic.t.u.m | fac.t.u.m | aud.*í*.t.u.m | del.*é*.t.u.m | a.m.*á*.t.u.m |
| 탈격: | dic.t.u | fac.t.u | aud.*í*.t.u | del.*é*.t.u | a.m.*á*.t.u |

◉$_1$: 'dic.t./fac.t.'는 아오리스트動詞 重複音節동사이므로 활용幹모음은 형의 공백이다;
◉$_2$: '.u.m/.u'는 (IV-A)의 單數대격·탈격曲用어미이다.

ⓒ 형용사곡용(非)幹모음:
(1) 초기非幹모음형용사(III-a)·중기*i*$_2$-幹모음형용사(III-b/c):
vigil, vigílis, 守直하는(III-a); fortis, e, 강한(III-b); acer, acris, acre, 날카로운(III-c; m./f./n.):

vigil vigil vigil	fort.*i*.s .*i*.s .e	acer acr.*i*.s acr.*e*
vigil vigil vigil	fort.*i*.s .*i*.s .e	acer acr.*i*.s acr.*e*
vigíl.*i*.s .*i*.s .*i*.s	fort.*i*.s .*i*.s .*i*.s	acr.*i*.s .*i*.s .*i*.s
vigíl.*i* .*i* .*i*	fort.*i* .*i* .*i*	acr.*i* .*i* .*i*
vigíl.*e*.m .*e*.m vigil	fort.*e*.m .*e*.m .*e*	acr.*e*.m .*e*.m .*e*

vigíl.*i*	.*i*	vigíl.*i*	fort.*i*	.*i*	.*i*	acr.*i*	.*i*	.*i*
vigíl.*e*s	.*e*s	.*i*.a	fort.*e*s	.*e*s	.*i*.a	acr.*e*s	.*e*s	.*i*.a
vigíl.*e*s	.*e*s	.*i*.a	fort.*e*s	.*e*s	.*i*.a	acr.*e*s	.*e*s	.*i*.a
vigíl.*i*.um	.*i*.um	.*i*.um	fórt.*i*.um	.*i*.um	.*i*.um	ácr.*i*.um	.*i*.um	.*i*.um
vigíl.*i*.bus	.*i*.bus	.*i*.bus	fórt.*i*.bus	.*i*.bus	.*i*.bus	ácr.*i*.bus	.*i*.bus	.*i*.bus
vigíl.*e*s	.*e*s	.*i*.a	fort.*e*s	.*e*s	.*i*.a	acr.*e*s	.*e*s	.*i*.a
vigíl.*i*.bus	.*i*.bus	.*i*.bus	fórt.*i*.bus	.*i*.bus	.*i*.bus	ácr.*i*.bus	.*i*.bus	.*i*.bus

◉₁: 코카시아祖語(先라전어)의 품사항목은 語根명사·語根동사·冠形詞(語根형용사); 指示·量化·性相관형사)·原來부사뿐이었으며 관형사는 명사를, 부사는 동사를 각각 수식(근칭·원칭; 현재·과거·文)하였다. 이들 네 품사는 沒형태론적인 구조로 구성되었으며 第二어족분기(40,000 BP) 이후 유라시아祖語 최소 세 곳(準배어형·準교착형·準곡용형)에서 批評문법의 시각으로 형태-통사론적인 新案을 각각 모색하였다. 準곡용형(초기·중기上古라전어)에서 語根명사·語根동사가 각각 초기·중기幹모음(곡용幹모음: .*ĭ*$_{1/2}$; 활용幹모음: .*ĕ*$_{1/2}$.)을 고안, 屈折어형(單數주격·호격 제외)으로 구성되었듯이, 性狀관형사는 명사單數주격·호격의 경우와 마찬가지로 男·女·中性단수主格·呼格을 제외하고 初期·中期곡용幹모음(.*ĭ*$_{1/2}$.)에 의하여 곡용어형으로 구성되었으며 이는 초기·중기上古라전어의 新案 품사항목인 '형용사'(IIIa~c)로 일컬어진다.

◉₂: '형용사'의 等價品詞類는 韓語의 경우 '冠形語'이며 이는 동사(動作·狀態)의 어근에 '轉成어말어미'(+ㄴ/는/ㄹ; 과거·현재·미래)의 連接에 의하여 형태-통사적·분석적으로 구성된다. 이는 라전語의 경우 性(남·여·중성)·數(단수·복수)·格(주격·호격·속격·여격·대격·탈격)·級(원급·비교급·최상급) 등 도합 324 개 곡용어형에 의하여 형태론적·종합적으로, 商語의 경우 단지 형용사 한 가지에 의하여 통사적으로 각각 구성된다.

◉₃: 殘存形 관형사는 'sic'(라전語)과 'so; such'(英語)이나 公認되어 있지 않으며 指示관형사는 指示형용사·대명사로, 量化관형사는 數詞(基數)로 각각 분류된다.

(2) 말기 *o*-幹모음형용사 (II-I-II-a~c):

firmus, a, um, 튼튼한(II-I-II-a); asper, ĕra, ĕrum, 거친(II-I-II-b); piger, gra, grum, 게으른(II-I-II-c):

firm.*u*.s	.*a*	.*u*.m	asper	.*a*	.*u*.m	piger	pigr.*a*	.*u*.m
firm.*e*	.*a*	.*u*.m	asper	.*a*	.*u*.m	piger	pigr.*a*	.*u*.m
firm.*i*	.æ	.*i*	ásper.*i*	.æ	.*i*	pigr.*i*	.æ	.*i*
firm.*o*	.æ	.*o*	ásper.*o*	.æ	.*o*	pigr.*o*	.æ	.*o*
firm.*u*.m	.*a*.m	.*u*.m	ásper.*u*.m	.*a*.m	.*u*.m	pigr.*u*.m	.*a*.m	.*u*.m
firm.*o*	.a	.o	ásper.*o*	.a	.o	pigr.*o*	.a	.o
firm.*i*	.æ	.a	ásper.*i*	.æ	.a	pigr.*i*	.æ	.a
firm.*i*	.æ	.a	ásper.*i*	.æ	.a	pigr.*i*	.æ	.a
firm.ár.um	.ár.um	.ár.um	asper.ár.um	.ár.um	.ár.um	pigr.ár.um	.ár.um	.ár.um
firm.is	.is	.is	ásper.is	.is	.is	pigr.is	.is	.is
firm.*o*.s	.*a*.s	.*a*	ásper.*o*.s	.*a*.s	.*a*	pigr.*o*.s	.*a*.s	.*a*
firm.is	.is	.is	ásper.is	.is	.is	pigr.is	.is	.is

◉ 1: (III-a~c)·(II-I-II-a~c)는 原級의 곡용패러다임이며 그 비교급·최상급은 각각 어근에 '.i.or/us, .i.or.*i*.s'(III-a), '.i.ssim.*u*.s/*a*.ø/*u*.m'(II-I-II-a)을 각각 連接, 구성되나 신조어와 무관하므로 줄인다.

◉ 2: 품사別 암기요령은 명사의 경우 주격·호격, 속격·여격, 대격·탈격으로, 동사의 경우 단수1·2·3인칭, 복수1·2·3인칭으로, 형용사의 경우 男女中性주격·호격, 男女中性속격·여격, 男女中性대격·탈격으로 각각 둘씩 묶어서 읽으면서 그 소리가 잘 들리면 좋으며 녹음하여 모니터하면 더욱 좋다.

◉ 3: 古典라전어의 품사別 곡용어형이 지니는 문법범주의 資質은 명사의 경우 [格] 이외에 [性·數]이 [+剩餘的]이며 형용사의 경우 [意味] 이외에 [級·性·數·格]이 모두 [+剩餘的]이나 동사의 경우 [態法·時稱·人稱]이 모두 [-剩餘的]이다.

◉ 4: 르네상스(1300~1500) 이전까지 大문자뿐이었으며 小문자·띄어쓰기·구두점은 비로

소 고안되었다. 따라서 그 이전의 문헌에 찍혀 있는 구두점은 原著者의 것이 아니라 寫本학자들의 것이므로 오류의 예측은 합리적인 것이 아닐 수 없다. 本총서의 第二卷 (2022; 古典라전어와 '우정론')에서 입증되었듯이 구두점의 오류는 非一非再하며, 특히, '합성문'(단문/중문을 내포한 복문)의 專有的인 구두점인 세미콜론은 잘못 찍은 것이므로 언어별 譯本의 意味相通은 緣木求魚이다. 古典語의 연구는 신조어의 경우를 넘어서면 구두점을 비평하면서 읽어야 할 문헌 때문이며 그 진리치의 與否판정 때문이다.

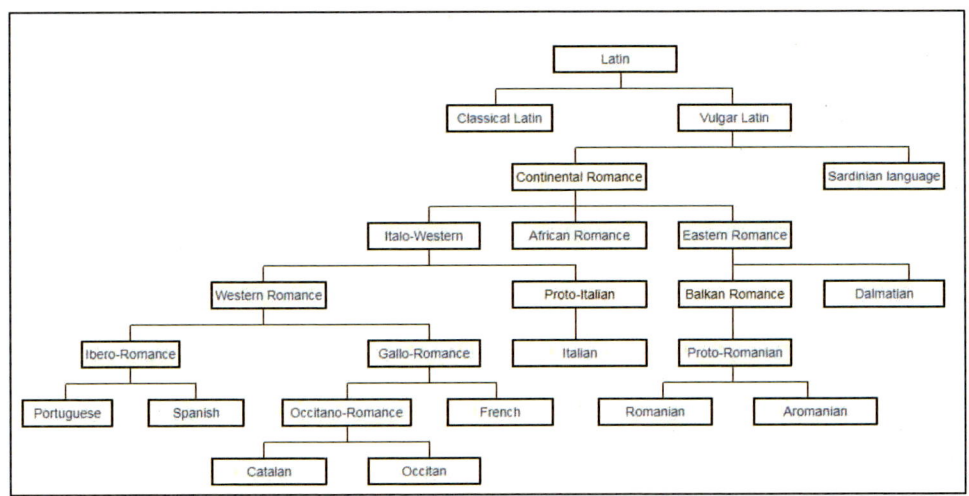

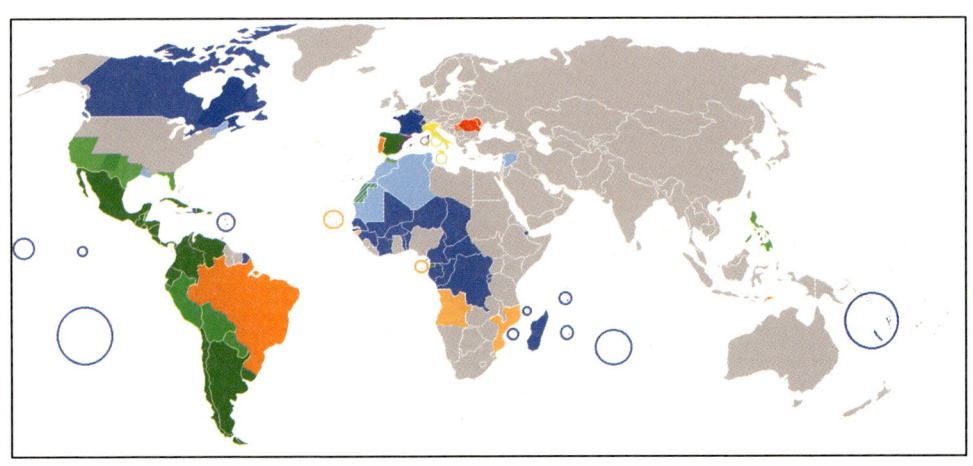

로망스語의 계통 및 분포

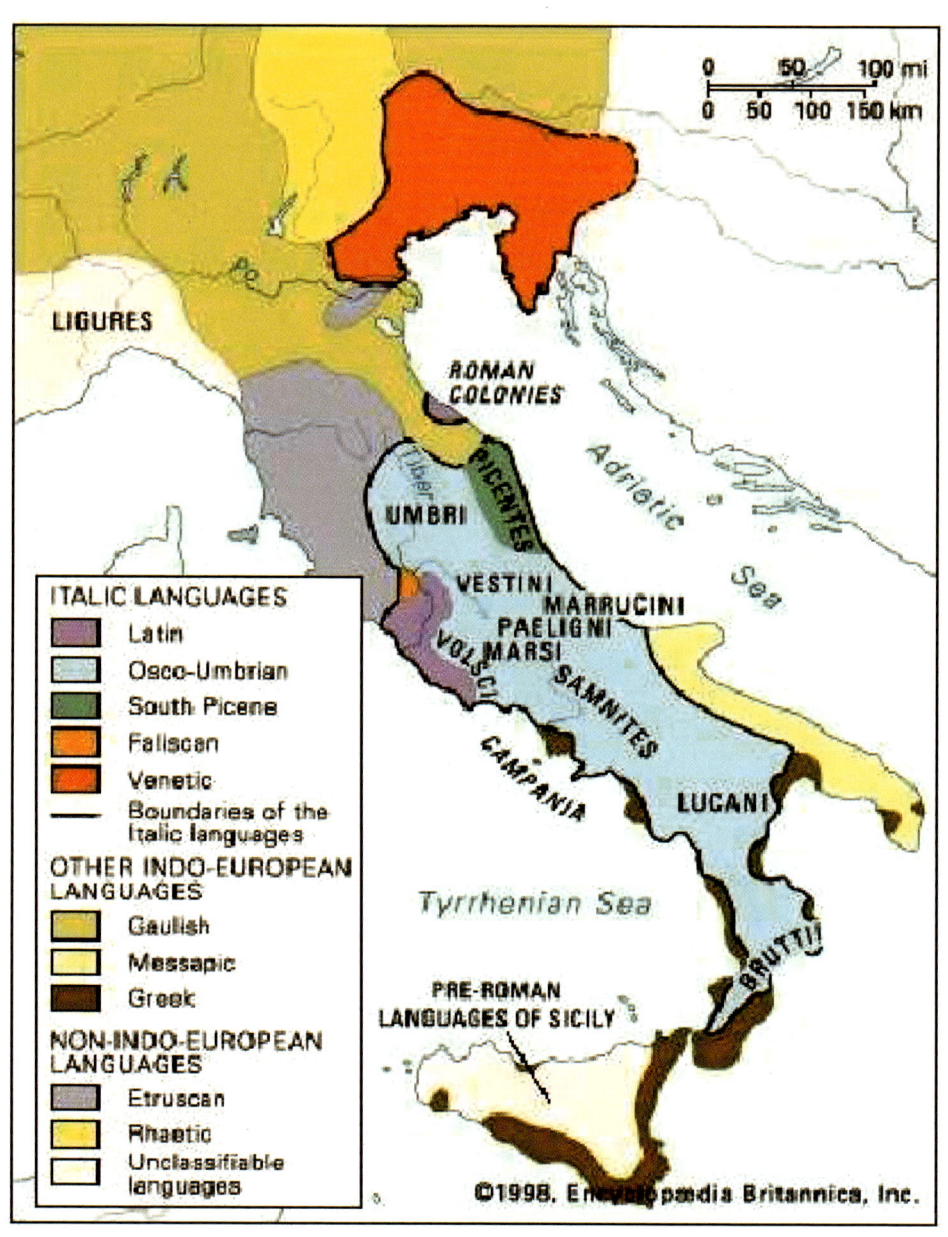

이딸리아語派